東京市立図書館物語

——戦前の市立図書館網計画をめぐる夢と現実

吉田 昭子 著

日本図書館協会

History of the Tokyo Municipal Libraries : Dreams and Realities of the Municipal Library Network Project before World War II

東京市立図書館物語 : 戦前の市立図書館網計画をめぐる夢と現実 / 吉田昭子著
東京 : 日本図書館協会, 2024
xii, 234 p ; 21 cm
ISBN 978-4-8204-2401-7

機器種別 : 機器不用
キャリア種別 : 冊子
表現種別 : テキスト
表現形の言語 : 日本語
著作の優先タイトル : 東京市立図書館物語 ‖ トウキョウ シリツ トショカン モノガタリ
創作者 : 吉田昭子 ‖ ヨシダ, アキコ
BSH4:　東京市立図書館
NDC10:　016.2136

はじめに

　本書が取り上げる東京市立図書館は，東京都立図書館と都心部にある区立図書館の前身にあたる図書館である。東京といえば，東京23区部や多摩地域市町村部で構成された「東京都」を思い浮かべる方も多いかもしれない。しかし，東京は明治時代以降，東京都の成立までにはさまざまな変遷を経ている。まず1868（明治元）年に東京府が設置され，次に1889（明治22）年にその東京府下に東京市が誕生する。東京都が誕生したのは，1943（昭和18）年に東京都制施行にともない，東京府と東京市が廃止された時期である。

　東京都の前身にあたる東京市が設立した第1番目の東京市立図書館は，1908（明治41）年に，日比谷公園の一角に日比谷図書館として誕生した。それはどのような図書館だったのだろうか。日比谷図書館の落成を伝える新聞記事[1]によると，1階入口には天井にシャンデリアが輝く切符売り場があり，1階には新聞雑誌室，児童閲覧室，婦人閲覧室などがあった。2階に通じる階段を上がると広く美しい閲覧室が設けられ，天井から6個のシャンデリアが垂れ，周囲にローマ式の大窓が設けられていたという。

　書誌学，歴史学の分野で知られる森銑三（1895-1985）は開館時の日比谷図書館について，次のように回想している。雑誌『少年世界』口絵の洋館の写真を見て，森少年は上京したら一番にこの図書館に行ってみようと決心した。1910（明治43）年に高等小学校を卒業し，上京し一日休みがもらえると，さっそく日比谷図書館を訪れた。紺がすりの着物に袴をつけたくりくり頭の少年は，児童室で子どもの読み物が並んだ本棚から「アラビアンナイト」の一話を描いた本を取り出して読み始めた。数えで16歳だった森少年は上京してほどなく2階での閲覧，大人の空間に興味を持つようになったという[2]。この回想から，日比谷図書館が東京だけではなく地方で生活していた少年にもあこがれの存在だったこと，学校を卒業した少年にとっての大人の世界，まさに社会教育の入口であったことがわかる。

　東京市は日比谷図書館の開館後も次々に図書館を建設し，東京市立図書館網

を構築する。東京市立図書館は第二次世界大戦前の都市の代表的公共図書館とされる発展を示した。こうした図書館の発展自体について書かれた図書は多いが，都市東京の形成に図書館の形成を関連づけて論じているものはない。森少年もその一人だが，東京に農村部から人口が流入し，街が膨張し大きく変貌する過程で，いかなる都市問題が発生し，どのような行政需要や財政問題が増加したのか。図書館はそうした課題にどのように応えるものだったのか。本書の目的は，図書館史の分野だけではなく，近代都市東京の発展，都市財政，都市問題の発生等と関連づけながら東京市立図書館の発展をとらえ直すことにある。

　本書は7章で構成し，東京市立図書館設立論議から東京市立図書館網の構築，解体まで，1900（明治33）年頃から1931（昭和6）年までの時期に焦点をあてた。第Ⅰ章と第Ⅱ章では東京市立図書館設立以前の状況を取り上げた。第Ⅰ章では，東京という都市の変遷，120年前の東京と現在の東京を比較してその範囲や違い等について書いた。第Ⅱ章は市立図書館がなかった頃の東京の図書館の状況，どのような市立図書館が必要かという設立に関する論議を取り上げた。

　第Ⅲ章から第Ⅴ章では，東京市立日比谷図書館やそのほかの学校付設図書館の建設，図書館組織の構築，組織改正による図書館網の形成までを追った。東京市立図書館はどのような図書館であったのか，その設立経緯を公文書等の一次資料を手がかりに読み解いた。

　第Ⅵ章は関東大震災前後の東京市と東京市立図書館を比較しながら，関東大震災による被災状況や復旧復興について，東京府や東京市の変貌と東京市立図書館の姿を関連づけながらたどった。江東区立深川図書館に残されている業務関係資料を基に，東京市立図書館規模拡張計画とはどのようなものかを探った。

　第Ⅶ章では，1931（昭和6）年の東京市立図書館網の解体，市立図書館長にあたる今澤慈海（1882-1968）の退任と彼の中央図書館構想について述べた。その後の状況として，1932（昭和7）年の市域拡張以後の東京と東京市立図書館，東京都制により東京都立図書館になるまでを取り上げた。

　本書は博士論文（「東京市立図書館の成立と変遷：設立論議から黄金期まで」

2020 年 7 月　慶應義塾大学大学院文学研究科博士論文）を元に加筆修正を加えた。本書の完成までには多くの方にお世話になった。博士論文の審査の労に当たってくださった，主査の池谷のぞみ，副査の田村俊作，山梨あや，三浦太郎の諸先生に深く感謝を申し上げたい。

　修士課程からの指導教員である田村俊作先生には，本書執筆にあたっても励ましとご指導をいただいた。また，日本図書館協会からの本書刊行にあたり，日本図書館協会出版委員会，長谷川豊祐氏にご助言をいただいた。あわせてお礼を申し上げたい。

　本書は明治末から昭和初期における東京市立図書館の成長と繁栄，衰退の足跡を東京都公文書館等に残る原資料から実証的にたどった。その背景となる東京の状況と図書館の変化を対照させ，図書館活動の変化とその要因を歴史的に解明することをねらいとしている。公共図書館は社会教育機関であると同時に行政の一機関であるという観点に立ち，公共図書館の経営史的な視点から東京市と東京市立図書館の関係に注目した。本書が図書館史だけではなく，日本の近現代史や都市東京の発達史等，さらに広範囲な分野に関心のある方に読んでいただき，近現代の図書館について，より深く知っていただく端緒になればと願っている。

2023 年 12 月

吉田　昭子

注・参考文献

1)　"日比谷の図書館落成". 工業新聞. 1908（明治 41）年 8 月 5 日.（新聞集成図書館　第 2 巻：明治編（下）. 大空社，1992，395p.）
2)　森銑三. 日比谷図書館児童室の思い出. ひびや：東京都立中央図書館報. 1973, vol.16, no.2, p.17.

目次

120 年前の東京と図書館

　東京市立図書館は，第二次世界大戦前の代表的な東京の公立図書館である。そして，現在の東京都立図書館や都心部にある区立図書館の前身となる図書館である。本書はこの東京市立図書館をテーマとするが，図書館自身について語る前に，まずこの図書館の設置母体である東京という地域とわが国の公共図書館の明治時代から第二次世界大戦時にわたる変遷について，その概略をたどってみたい。

東京府，東京市から東京都へ

　現在の東京都は 23 の特別区と多摩地域（26 市と西多摩郡 3 町 1 村）および島嶼部（2 町 7 村）で構成されている。しかし，江戸が東京となり，東京府や東京市が誕生し，東京都になるまでには，多くの行政区画の変遷を経ている[1),2)]。現在の東京と 120 年前の東京を比較すると，その状況は大きく異なる。明治維新を契機に日本政府は近代化や産業化に向けて，近代的な制度や技術を導入した。1868（慶応 4）年 7 月に江戸は東京と改称され，そして東京は江戸の市街地を残しつつ，首都として特異な地位と性格を与えられた。

　明治初年から 20 年初頭の日本では，近代国家形成のための制度整備が行われた。1871（明治 4）年 7 月の廃藩置県では，全国の藩を廃止し，府県が設置された。これにより全国は 3 府（東京，大阪，京都）302 県の行政区画に分けられ，さらに，11 月には 3 府 72 県に統合され，中央集権国家の基盤が形成された。

　1878（明治 11）年 7 月に郡区町村編制法が制定され，全国は府県の下に，郡，区，町村に分けられた。東京府では 15 区，6 郡が設置された。15 区とは現在の千代田・中央・港・新宿（一部）・文京・台東・墨田（一部）・江東区（一部）である。その範囲は山手線内側の東南部と隅田川東南部までに及び，現在の 23 区より狭い範囲である（図 I-1）。

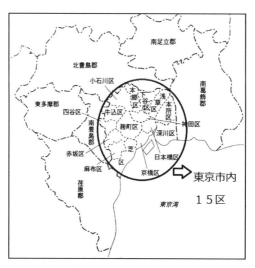

図 I-1　東京府，東京市と郡部（1889 年）

出典：『みる・よむ・あるく東京の歴史　3』[1] p.59 を基に作成

　1889（明治 22）年には市制・町村制の施行によって，15 区の範囲に基礎的自治団体としての東京市が設置され，区はその下部組織として位置づけられた。しかし，東京，京都，大阪の 3 市では一般の市制が適用されず，市制特例として市長，助役は置かず，市長の職務は府知事，助役の職務は府書記官が行うことになった。

　1893（明治 26）年には神奈川県に属していた 3 郡（西多摩，南多摩，北多摩），18 町 160 か村が東京府に編入された。さらに，1896（明治 29）年に東多摩郡と南豊島郡とが合併され豊多摩郡となり，東京府は市部 15 区，郡部 8 郡体制になった。1898（明治 31）年に市制特例が廃止され，10 月 1 日に東京府庁内に東京市役所が開設された。東京府下 6 郡で町村合併が行われ，85 町村で町村制が実施された。

　1932（昭和 7）年に，隣接する 5 郡 82 か町村が東京市に編入された。旧 15 区に加えて新たに 20 区（品川，目黒，荏原，大森，蒲田，世田谷，渋谷，淀橋，中野，杉並，豊島，滝野川，王子，荒川，板橋，足立，向島，城東，江戸川，葛飾）をあわせ，35 区からなる「大東京市」が誕生した（図 I-2）。この市域

拡張によって多摩 3 郡以外の郡は廃止された。

　さらに，1943（昭和 18）年に東京都制が公布され，東京府と東京市は廃止され，東京府の範囲に東京都が設置された。この後，東京都では 1947（昭和 22）年 3 月に 35 区が 22 区に整理統合され，8 月に板橋区から練馬区が分離された。これによって，現在のような 23 区（図 I -3）が誕生することになる。

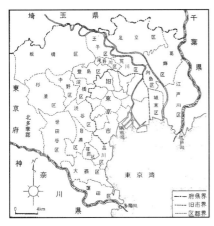

図 I -2　大東京市の区域

図 I -3　現在の東京 23 区

出典：『東京都の歴史』[2]［p.331］を基に作成

120 年前の日本の図書館

　日本の公共図書館のはじまりは，1873（明治 6）年に設立された京都府立図書館の前身である集書院（しゅうしょいん）といわれる。1872（明治 5）年には，後に国立の図書館となる文部省書籍館（しょじゃくかん）が東京湯島博物館内に設立された。本格的な公共図書館が誕生するのは，図書館令公布以後の明治 30 年代とされる。1899（明治 32）年に図書館の単独法規として図書館令が制定公布されるまで，公共図書館は小学校令などの施策のもとに定められ，学校教育の延長線上に位置づけられていた。図書館令の公布により，図書館は運営などに関する法的な根拠が与えられ，それまでの書籍館は「図書館」と称され，図書館の設置が奨励された[3]。

　歴史的にみると，都道府県立図書館には，教師や教育関係者を中心に各地で結成された教育会によって設置経営された教育会図書館を前身としているもの

が多い。教育会図書館には，埼玉，長野，京都，高知などのように教育会が図書館を設置した後に府県に移管するものと，東京，秋田，岡山，山口，福岡などのように，教育会が中心となって建議し，公立図書館を設立するものがみられる。

　公共図書館数は1898（明治31）年度の『日本帝国文部省年報』[4]-[12]によると，日本全体で合計32館（公立10，私立22）にすぎない。しかし，1903（明治36）年度には85館（公立28，私立57），1908（明治41）年度には199館（公立64，私立135）と約6倍に増加している。全体の約7割が私立図書館によって占められ，明治期の公共図書館の主流は私立図書館にあり，成田図書館，大橋図書館，南葵文庫などがよく知られている。

120年前の東京の図書館

　現在の東京には約390館の公立図書館が存在し，蔵書数は約5000万冊に及んでいる。しかし，明治末になるまで東京には東京市が設立した市立図書館は1館もなかった。120年前の東京で，市民が利用できる図書館は，国立国会図書館の前身である帝国図書館，帝国教育会書籍館，三康図書館の前身にあたる大橋図書館の3館のみしか存在しなかった。

図 I-4　東京市立日比谷図書館一覧にみる図書館の外観（1908年）

出典：『東京市立日比谷図書館一覧』明治41年－42年

　東京市が実施する公共事業として，図書館設立に関する論議が活発化したのは，1898（明治31）年の市制特例法廃止以後のことである。そして，1908（明治41）年に初めての東京市立図書館として開館したのが東京市立日比谷図書館である（図I-4）。

　建設中の日比谷図書館に関する「文明尺度と日比谷図書館談」[13]（1908年7月11日付『工業新聞』）と題した記事が残されている。この記事では，図書館発達の歴史は文明開化の程度だけではなく，地方民族の公益に関する事業の程度を測るための尺度となると指摘している。日本国内の図書館の状況と建設中の東京市立日比谷図書館について次のように述べている。

　　パリーの国立図書館には三百五十万部の図書を蔵して居る，倫敦の博物館図書館にも二百万部，彼得堡のも百五十万部，米国の議院図書館にも百三十万部を蔵して居るさうだ，然るに我日本では官公私立を合して未だ二百万部余にしか達して居らない，一国を合して未だ二百万余部にしか達して居らない，一国を合して欧米の一附属図書館にだも及ばないのである

　　更に内地に就て調べると秋田県が八ケ所，新潟県が七ケ所，千葉及び島根県が五ケ所で，之れに亜ぐは滋賀，福島，奈良，兵庫，山口等が何れも四ケ所で東京，京都，大阪の如きは寧ろ其下位に居る，即ち図書館の点から云へば，千葉県は全国の三番目に居るのである　比較的千葉県は地方だけには振つて居る

　　怎く観じ来れば図書館は啻に文明開化の程度を測るところの，メートルたるのみならば併せて地方民族の公益に関する事業のメートルともなる訳であれば，将来此図書館をして，唯だ日比谷公園の装飾物と云ふが如き観念を持たずに将来益々発展させて貰いたいのである，（中略）吾輩は尚ほ最後に云つて置く，図書館が出来た其処で一ト通りの書籍が集まつたからと云つて，決して図書館の目的と云ふものは達し得られたものではない，閲覧者あり読者あり初めて此効果を完ふするものである，上の好むところは即ち下之れに倣ふて，市内の有志家等が暇ある毎に此処に来たつて閲覧せらるゝ様になれば一層厳粛にその体面が保てるだろうと思ふ，折角の図書館をして単だ書生

隊のみの縦覧に任せ，書生倶楽部的にするのは甚だ望ましくないのだ

　この記事では，図書館発達の歴史は文明開化の程度だけではなく，地方民族の公益に関する事業の程度を測るための尺度となると述べている。国内外の図書館の状況を比較し，建設中の東京市立日比谷図書館について，図書館を日比谷公園の装飾物にするのではなく，将来繁栄させる必要があること，図書館は書籍を集めるだけではなく，閲覧者，読者がいて，はじめてその目的が達成される。図書館は書生だけではなく，より広い利用者により利用される必要があるとしている。

　東京は江戸時代から政治，経済の中心地であり，首都として文明開化の中心的な役割を担ってきた。明治維新以降も日本の政治は東京を中心に展開され，東京への一極集中化は強まった。東京は常に文明開化の推進の中心に位置していたにもかかわらず，図書館の発達という点では，大幅に立ち遅れていた。この記事からも，首都東京に新たな市立図書館設立に対する要望や期待がかなり大きかったことがうかがえる。

注・参考文献

1) 池享. みる・よむ・あるく東京の歴史　3. 吉川弘文館，2017，152p.
2) 竹内誠ほか著. 東京都の歴史. 山川出版社，1997，349p.
3) 奥泉和久. 近代日本公共図書館年表：1867-2005. 日本図書館協会，2009，467p.
4) 文部大臣官房文書課. 日本帝国文部省年報：第 26（明治 31－32 年）　第 1-3 篇. 文部省，1889．http://dl.ndl.go.jp/info:ndljp/pid/809165（参照 2023-6-29）
5) 文部大臣官房文書課. 日本帝国文部省年報：第 31（明治 36－37 年）　第 1-3 篇. 文部省，1905．http://dl.ndl.go.jp/info:ndljp/pid/809170（参照 2023-6-29）
6) 文部大臣官房文書課. 日本帝国文部省年報：第 40（明治 45－大正 2 年）　上巻. 文部省，1925．http://dl.ndl.go.jp/info:ndljp/pid/809180（参照 2023-6-29）
7) 文部大臣官房文書課. 日本帝国文部省年報：第 49（大正 10－11 年）　上巻. 文部省，1926．http://dl.ndl.go.jp/info:ndljp/pid/937287（参照 2023-6-29）
8) 文部大臣官房文書課. 日本帝国文部省年報：第 52（大正 13 年 4 月－大正 14 年 3 月）　上巻. 文部省，1934．http://dl.ndl.go.jp/info:ndljp/pid/1448745（参照 2023-6-29）
9) 文部大臣官房文書課. 日本帝国文部省年報：第 57（昭和 4 年 4 月－昭和 5 年 4 月）　上巻. 文部省，1934．http://dl.ndl.go.jp/info:ndljp/pid/1448808（参照 2023-6-29）
10) 文部大臣官房文書課. 日本帝国文部省年報：第 59（昭和 6 年 4 月－昭和 7 年 4 月）　上巻.

　　　文部省．1937．http://dl.ndl.go.jp/info:ndljp/pid/1446402（参照 2023-6-29）

11)　文部大臣官房文書課．大日本帝国文部省年報：第 63（昭和 10 年 4 月－昭和 11 年 3 月）
　　　下巻．文部省，1939．http://dl.ndl.go.jp/info:ndljp/pid/1452394（参照 2023-6-29）

12)　文部大臣官房文書課．大日本帝国文部省年報：第 67（昭和 14 年 4 月－昭和 15 年 3 月）
　　　下巻．文部省，1946．http://dl.ndl.go.jp/info:ndljp/pid/1451051（参照 2023-6-29）

13)　"文明尺度と日比谷図書館談"工業新聞．明治 41 年 7 月 11 日(新聞集成図書館　第 2 巻：
　　　明治編（下）．大空社，1992，395p.）

●第 II 章●
東京に市立図書館がなかったころ
——明治 30 年代の東京の図書館

1　明治 30 年代の東京

独立した自治体としての東京市の誕生

　明治 30 年代に東京市立図書館の設立論議が活発になるよりも前，明治 20 年代の 1889（明治 22）年 4 月には市制・町村制が施行された。この制度の導入によって，選挙で選ばれた議員で構成する市会・町村会，市会・町村会で選出する市長・町村長，市や町村行政は市町村の公民が担うという大日本帝国憲法下における地方自治の仕組みが構築された。

　ところが，東京市，大阪市，京都市の 3 市については特例が設けられた。市会は置かれたが，市長や市役所は設けられず，府知事が市長を務め，府参事官が助役を務めることになった。特例が設けられた理由は，江戸以来の 3 府の重要性を踏まえ，府知事と市長が別々であることは不都合と考えられたためとされる。府知事は官選で選ばれた国家官僚が務めており，実際は 3 市の市長・助役の人事は国（内務省）が握り，その支配下に置かれていた[1]。

　この三市特例は自治権を侵害するものとして批判され，市制特例撤廃運動が活発化した。帝国議会でも廃止が提案され，1898（明治 31）年 10 月に市制特例が撤廃された。そして，東京市は市独自の市長を選出できるようになった。地方自治という観点からみると，東京市が独立した自治体として誕生したのは，三市特例の廃止以降ということができる。そして，東京市立図書館の設立論議が活性化し始めたのは，まさにこの時期にあたる。

明治 30 年代の東京の人口急増とその影響

　市制特例が撤廃された明治 30 年代の東京は，地方から多くの人口が流入し，

東京の人口が急速に増加し始め，東京の環境が大きく変化し始める時期でもあった。江戸の人口は江戸時代の最盛期には約130万人であった。明治維新直後の東京の人口は一旦78万人に減少したものの，明治10年代から急激な回復をみせる。明治維新以後は国の富国強兵，殖産興業政策により，地方から東京への人口流入が急速に進み，都市部に人口が集積し始めた。

『東京市統計年表』第6回[2]に基づき，明治10年代から30年代の東京市の人口を表Ⅱ-1に示した。1902（明治35）年と1878（明治11）年の東京市の現住人口を比較してみると，約2倍に増加している。東京は明治30年代の末，1906（明治39）年には200万人を超える大都市となっていることがわかる。

表Ⅱ-1　東京市の人口（1878〜1906年）

年次	男	女	合計
1878（明治11）年	423,365	390,035	813,400
1888（明治21）年	709,041	589,620	1,298,661
1898（明治31）年	776,860	648,506	1,425,366
1902（明治35）年	940,661	764,867	1,705,028
1906（明治39）年	1,150,156	913,672	2,063,828

出典：『東京市統計年表』第6回[2]より作成

東京への急激な人口流入は都市の行財政，教育等のさまざまな面に影響を与えた。人口増加にともない，必要な交通や上下水道等のインフラ整備や教育施設（小学校）の増設などが追いつかず，都市のひずみが生じ始めた。東京は産業革命期に始まる著しい人口増加にもかかわらず，職を求める人々に職場を十分に供給することができなかった。失業者の増大，貧困問題や都市環境の悪化など，東京は深刻な都市問題を抱えることになった。

明治10年代の東京では東京府の財政規模が急速に膨張し，特に警察関係費が飛躍的に増大した。さらに，明治20年代はじめには地方制度が改革され，1889（明治22）3月の市制特例法の制定によって，土木費，特に水道建設事業が多くの比重を占めるようになった。1898（明治31）年の市制特例法廃止で，水道建設事業は一段落し，東京市の事業の重点的課題は，教育問題，小学校建設問題になった。

2 明治30年代の東京の図書館

明治30年代の図書館の状況

　東京の図書館を取り上げる前に，明治30年代の日本の図書館の状況をみてみよう。1897（明治30）年4月には帝国図書館官制が公布されて国立の図書館が認められた。1899（明治32）年には公共図書館に関する初めての法規として図書館令が公布された。この図書館令の制定が契機となって，日本各地で図書館の設置が進められた。1898（明治31）年に京都府立，1899（明治32）年に秋田県立，1902（明治35）年に宮崎県立，山口県立などの県立図書館が相次いで設立された。大阪では1900（明治33）年2月に第15代住友吉左衛門友純（1864-1926）が中之島の敷地を寄付し，1904（明治37）年3月に大阪図書館が開館し，1906（明治39）年に大阪府立図書館と改称された。

　1902（明治35）年に東京市の人口は170万人を超え，東京はさまざまな階級や生活状態の異なる人々が暮らす大都市となっていた。東京市には1872（明治5）年8月に文部省が国立の書籍館を設立した。1877（明治10）年2月に国立の東京書籍館は政府の諸経費節約の必要上廃止された。1880（明治13）年5月までの間は東京府書籍館として経営されたが，国の財政事情の好転により，再び文部省の所轄となり，東京図書館と改称された。1897（明治30）年に帝国図書館官制が公布され，新しい国立図書館建設の第一歩を踏み出した。1906（明治39）年3月に竣工し，開館した[3]。

　東京府書籍館の所轄変更後の東京は，府立や市立の図書館が存在しない時代が長く続いた。東京は文化政策の面では大幅に立ち遅れていた地域ということができる。そして，この時期に活発な活動を展開し，その立ち遅れを補ったのが，大日本教育会附属書籍館と大橋図書館の2館の私立図書館である。

　『千代田図書館八十年史』[4]によると，大日本教育会附属書籍館は東京における私立図書館の第一号として誕生した。大日本教育会は1883（明治16）年に発足し，1887（明治20）年3月に神田一ツ橋通町の大日本教育会の事務所内に書籍館を設置した。

　文部省は1889（明治22）年3月に，東京図書館を学芸技芸の研究のために高

尚な図書を主に館内を提供する参考図書館とする方針をとった。一方，大日本
教育会附属書籍館は，一般大衆向けの平易な通俗図書を貸し付ける普通図書館
とすることを諭示した。その趣旨を了承した教育会は，1889（明治22）年7月
に書籍館を神田区柳原河岸に移転し，会員や著訳者，書肆などに寄贈を促し，
図書を収集した。

　しかし，1893（明治26）年に東京図書館との関係が一変し，東京図書館から
の貸付図書の過半を返却し，7月に再び一ツ橋に帰って開館した。1896（明治
29）年に帝国教育会と名称を変更し，書籍館はそのまま活動を継続した（図Ⅱ
-1）。その後，帝国教育会書籍館は1911（明治44）年に東京市に移管され，東
京市立図書館に編入されて東京市立神田簡易図書館となった。

図Ⅱ-1　1898年頃の帝国教育会書籍館
出典：『千代田図書館八十年史』[4]

　『大橋図書館四十年史』[5]によると，大橋図書館（現在の三康図書館の前身）は，
当時の出版界で中心的存在だった博文館の社主大橋佐平（1835-1901）の遺志を
受け継ぎ，その嗣子大橋新太郎（1863-1944）が1902（明治35）年6月に開館し
た図書館である。設立資金10万円を投じて建設された。大橋佐平がヨーロッ
パ旅行の際に，市民の学習要求に活発な活動を通じて応えている図書館の様子
を目にし，日本にも図書館を設立する必要性があることを痛感したことが，図
書館設立の発端である。

3館（帝国図書館，帝国教育会書籍館，大橋図書館）の比較

　明治30年代の国立の帝国図書館，私立の帝国教育会書籍館，大橋図書館とは，
果たしてどのような図書館だったのだろうか。『東京市統計年表』[6]-[11]を基に，

それぞれの蔵書数，閲覧人数，閲覧書籍数を比較したのが，表Ⅱ-2 である。1902（明治35）年の蔵書数は，帝国図書館が20万冊，帝国教育会書籍館が3万冊，大橋図書館が4万5千冊規模であった。蔵書構成をみると，帝国図書館と帝国教育会書籍館ともに，蔵書の80％以上を和漢書が占めていた。

　大橋図書館の和漢書と洋書の割合については，『東京市統計年表』では記載されていないため，『大橋図書館四十年史』[5][p.93]をみると，1903（明治36）年6月末の蔵書数は，和漢書36,433冊，洋書3,185冊，合計39,618冊になっている。つまり，大橋図書館も和漢書が約90％を占めていたことがわかる。

表Ⅱ-2　3館（帝国図書館，帝国教育会書籍館，大橋図書館）の蔵書数，閲覧数状況

年	図書館名	開館日数	閲覧人数	蔵書数和漢書	蔵書数洋書	和漢洋合計	閲覧数和漢書	閲覧数洋書	閲覧冊数合計
1902	帝国図書館	332	138,650	168,098	43,285	211,383	667,237	53,139	720,376
	帝国教育会書籍館	347	14,720	25,912	4,477	30,389	*54,990	1,490	56,480
	大橋図書館	248	67,551		44,510	44,510	243,031	10,874	253,905
1904	帝国図書館	332	133,829	180,196	46,380	226,576	647,256	53,962	701,218
	帝国教育会書籍館	329	11,063	26,204	4,665	30,869	*53,530	1,345	54,875
	大橋図書館	341	71,724	項目無	項目無	項目無	208,565	8,713	217,278
1906	帝国図書館	340	191,772	194,500	49,983	244,483	912,369	75,206	987,575
	帝国教育会書籍館	331	5,127	27,343	4,786	32,129	14,982	230	15,212
	大橋図書館	341	81,084	49,976	3,697	53,673	290,302	9,966	300,268

出典：『東京市統計年表』第2，4〜8回[6]-[11]により作成　　＊は雑誌を含めた数字

　1902（明治35）年の閲覧人数は帝国図書館が13万8千人，帝国教育会書籍館が1万4千人，大橋図書館が6万7千人である。表Ⅱ-2の数値から，1日平均の閲覧人数と閲覧冊数，閲覧者1人あたりの閲覧冊数を算出したのが表Ⅱ-3である。1人あたりの閲覧冊数は，1902（明治35）年は帝国図書館が5.2冊，帝国教育会書籍館と大橋図書館が3.8冊になっており，いずれの場合も和漢書がよく利用されていることがわかる。

　帝国図書館についてみると，洋書の閲覧冊数は蔵書数の1.2倍に達している。大橋図書館でも1万冊の閲覧冊数の数値を示しており，洋書については蔵書割合が低かったにもかかわらず，その需要は高かったことがわかる。

表Ⅱ-3　閲覧人数，冊数平均値（帝国図書館，帝国教育会書籍館，大橋図書館）

年	図書館名	閲覧人数/1日（人）	閲覧和漢書/1日（冊）	閲覧洋書/1日（冊）	和漢洋閲覧合計/1日（冊）	和漢洋閲覧冊数/1人平均（冊）
1902	帝国図書館	418	2,010	160	2,170	5.2
	帝国教育会書籍館	42	158	4	163	3.8
	大橋図書館	272	980	44	1,024	3.8
1904	帝国図書館	403	1,950	163	2,112	5.2
	帝国教育会書籍館	34	163	4	167	5.0
	大橋図書館	210	612	26	637	3.0
1906	帝国図書館	564	2,683	221	2,905	5.1
	帝国教育会書籍館	15	45	1	46	3.0
	大橋図書館	238	851	29	881	3.7

表Ⅱ-2の数字から算出した平均値

3　近代都市東京にふさわしい図書館像──東京市立図書館構想

　全国各地での図書館設置の動きを受けて，東京においても近代都市東京にふさわしい市立図書館を設立しようという論議が活発に行われるようになった。近代都市東京にふさわしい市立図書館とはどのような図書館なのか。明治30年代にはどのような論議が行われていたのだろうか。

　1900（明治33）年以後には，伊東平蔵（1857-1929）等，坪谷善四郎（1862-1949），

寺田勇吉（1853-1921）によって，東京市立図書館設立に関する論議が展開されている。そうした論議を経た末に，東京市議会において，1904（明治37）年3月に市立図書館設立建議が議決され，東京市立図書館を設立する新たな段階への道を歩み始めた。

　実際にどのような論議が展開されたのだろうか。ここでは，中心となった伊東平蔵等，坪谷善四郎，寺田勇吉による提案をみた上で，最終的には誰の意見による形で，どのような図書館に具体化していったのか，その詳細をみてみることにしよう。

伊東平蔵等による図書館設立案の作成

　1900（明治33）年11月に東京市教育会調査部の伊東平蔵等による図書館設立案が作成された。伊東平蔵は，フランス，イタリアに留学し，1889（明治22）年に帰国，帝国教育会書籍館に勤務し，1902（明治35）年には大橋図書館の主事となった人物である（図Ⅱ-2）。1905（明治38）年には，東京市通俗図書館建設設計案調査委員，1906（明治39）年9月日比谷図書館開館準備主事となり，1908（明治41）年5月に日比谷図書館を辞している。

　東京都公文書館に残されている伊東の履歴書によると，1899（明治32）年9月東京外国語学校講師伊語担当，1900（明治33）年9月に東京外国語学校教授に就任している。東京市教育会で図書館設置方法を調査していたのは，この時期にあたる [12]。

図Ⅱ-2　伊東平蔵
出典：『大橋図書館四十年史』[5]

　東京市教育会は，1900（明治33）年7月，皇太子御成婚大典により東京市に下賜された8万円を資本として設立された組織である。松田秀雄（1851-1906）東京市長が市助役収入役，市参事会員，市学務委員，市会正副議長等を集めて東京市教育会の創立を協議し，市会議員，区長，区学務委員，区会議長，市立小学校長，私立小学校設立者等，教育家，名士に呼びかけて創設された。東京市教育会は事務所を東京市役所内に置き，東京市から補助金の交付を受けて，市の教育普及を目的とした半官半民の組織であった。

　この東京市教育会の「東京市教育会規則」には「図書館其他通俗教育に関する事業を経営すること」があがっている。1900（明治33）年8月に開催された，東京市教育会経営事業調査委員会には，「図書館設置方法を調査する事」が必要調査事項のうちの1つとして示された。東京市教育制度ならびにその行政に関する一切の事項および会長諮問の事項を調査審議するための機関として，教育調査部が常設されている。この教育調査部で「通俗図書館設置方法の事」等を調査することが決議されたのである。

　伊東は，1928（昭和3）年10月29日東京市立図書館館友会の講演「廿年前に於ける我が国図書館事業を顧みて」[13]の中で，「図書館設置の方法」の作成について回顧している。1900（明治33）年寺田が文部省参事官になり，東京市教育会の副会長に就任し，伊東は東京市における図書館につき調査するように依頼された。その原案となるべきものとして「図書館設置の方法」を作成したとして，次にあげる項目を示している。

一，各区ニ図書館ヲ設置スル事
一，新築ノ場所ハ公園，社寺境内其他便宜ノ場所ヲ選ヒ設置スヘシ
一，設置ノ当時ハ学校若クハ公衙ニ仮設スルモ妨ケナシ
一，私設ノ図書館或ハ私有文庫アル場所ニ於テハ之ヲ利用シ又ハ相当ノ補助金ヲ与ヘテ使用スルヲ得
一，設置ノ費用ハ市ノ負担タルヘキ事　但建築費（煉瓦造二十坪）凡三千円，創業費一千円
一，主トシテ通俗ノ図書ヲ備フル事　但各図書館最初ニ在テハ三千部乃至

五千部ニテ足ルヘシ
一，図書ハ購入スル事勿論タルヘシト雖モ有志者又ハ書林，著述者ニ寄贈セ
　　シムル方法ヲ採ル事
一，開館ハ昼夜タルヘキ事　但当初ハ夜間ノミ開館スルモ妨ケナシ
一，維持費ハ一館一ヶ年凡ソ八百四十円トス　但役員給料役員二名月給十円
　　小使一名月給五円二十五円，書籍費三十円，雑費十五円

以上

　図書館設置の方法として次のような点があげられている。各区に1館の図書
館を設置し，新築の場合は公園や社寺などの便利な場所，学校や公官庁に仮設
で設置してもよい。私設文庫を利用し，私有文庫の補助金により運営すること
もかまわないが，設置費用は市が負担する。建設は煉瓦造り20坪（66㎡），建
築費は3,000円，創業費は1,000円に設定する。各館は3,000部から5,000部の
通俗図書を備える。図書は購入，書店や著者などの寄贈により収集する。開館
時間は昼夜とするが，最初は夜間開館のみでもよい。図書館の維持費用は1か
月70円（人件費25円，書籍費30円，雑費15円），年間840円に設定する。
　教育会調査部内には分担委員会が設けられ，『東京市教育時報』第3号[14]に
よれば，1900（明治33）年11月7日に原主事，伊東委員，辻委員による「図
書館設置の方法」に関する協議が行われている。伊東が東京市立図書館館友会
の講演で原案として示している項目は，この『東京市教育時報』第3号に残さ
れている「図書館設置の方法」に関する協議内容の9項目と合致している。1
点異なるのは，第9項目の書籍費である。伊東の講演記録では30円になって
いるが，『東京市教育時報』第3号では書籍購入費3,000円と記載されている。
図書館の維持費用840円の内訳として3,000円は高額すぎるため，『東京市教
育時報』の誤植と考えられる。
　東京市教育会は1902（明治35）年10月10日，松田秀雄東京市長あてに「通
俗図書館設立建議」を提出している。この建議では，帝国の首都として，主と
して下層社会の通俗的知識の普及に資すため，最も普通な実益ある書を収集し
て，学生，職工，労働者，その階級長幼の如何を問わず，閲覧料を徴さず観覧

を許す，通俗図書館の設置が急務であるとしている。少なくとも各区1か所の割合で東京市の公共事業として建設することを要望している。

　ペンネーム「STU」なる人物による「東京市立図書館の話」[15]によると，1900（明治33）年11月17日，日本文庫協会（日本図書館協会の前身）は東京で開いた秋季例会の席上「近く設立せられようとしてゐる，東京市立図書館の規模等に就て，東京市から本会へ諮詢せられるように申込む件」を議決している。この議決は同協会員で東京市立図書館の設立に関係していた伊東平蔵を介して東京市に伝達されたとある。伊東は，1900（明治33）年11月7日には東京市教育会調査部に「図書館設置の方法」の原案を提示し，11月17日に日本文庫協会の議決を東京市に伝達している。1902（明治35）年10月10日の東京市教育会の「通俗図書館設立建議」は，伊東の1900（明治33）年11月7日案に近い形で提案されたものと考えられる。

坪谷善四郎の東京市立図書館論

　坪谷善四郎は，1902（明治35）年6月に大橋図書館の開館に携わっている。1904（明治37）年3月には東京市議会議員として，東京市立図書館設立建議の決議に貢献した。東京市立日比谷図書館設立に大きな影響を及ぼし，東京市立図書館創設の立役者といわれた人物である（図Ⅱ-3）。

図Ⅱ-3　坪谷善四郎
出典：『大橋図書館四十年史』[5]

坪谷は東京専門学校（早稲田大学の前身）政治経済科と行政学科を卒業し，
1899（明治32）年2月，牛込区議会議員，1901（明治34）年5月には東京市議
会議員に当選している。坪谷は，図書，雑誌の出版社であり，洋紙販売や印刷
製本などを含めた総合事業を行っていた博文館で出版，著述に携わり，議員と
しての政治家活動も行っていた。それらを背景に，大橋図書館長や日本図書館
協会会長等として，図書館界において広範で重要な業績を残した人物である。
東京市教育会が社団法人となった1901（明治34）年12月には，調査部委員に
選定されている。

　1902（明治35）年10月「東京市立図書館論」[16]を発表し，広く市会ならび
に教育界の首脳者の啓発にあたった。東京市立図書館論において，坪谷は全国
第一の都府東京市にわずかに国立の帝国図書館，私立の大橋図書館と帝国教育
会書籍館の3図書館しか存在せず，いずれも常時満員であり，市立図書館を設
置する必要があるとしている。そして，造営中の日比谷公園は，交通の便もよ
く，四方から閲覧者が集まることに着目し，図書館を設置することの必要性を
主張した。

　当時40万円の経費をかけて建設中の美術館にかえて，図書館を建設するこ
とを提案した。本館および書庫と蔵書をあわせて15万円あれば図書館1館を
建設できる。市内に2館を建設し，なおかつ10万円が残る。この残金を基本
財産として利殖し，さらに入館者から閲覧料を徴収すれば，維持費が捻出でき
るとしている。

　東京市に最も必要なのは読書普及のために通俗図書を公衆の閲覧に供する通
俗図書館であり，1館に必要な収集冊数を10万冊，1冊30銭に見積もると，
資料費は3万円で足りる。閲覧室の収容能力を500人，書庫をあわせても創立
費は15万円あればよい。維持費は，毎月500円（俸給300円，消耗品，営繕費，
火災保険料，その他諸雑費200円）で年額6,000円を必要とする。

　閲覧料として1人3銭を徴収し，1日平均の収入を12円と仮定すると，毎
月360円，年額4,200円から4,300円の閲覧料が見込まれる。これを図書購入
費にあて，新刊書の中で閲覧者の減ったものは，漸次払い下げ，書庫の狭隘化
を防ぎ，新刊書の購入にあてる。建設には2年以上を要するので，3か年の継

続事業とし，1年間に5万円を支出すれば実現できる。

　坪谷の図書館構想の特徴は，1902（明治35）年に開設した，大橋図書館の設立運営経験に基づいた実践的図書館設立論の展開にある。それは，閲覧料を徴収して図書購入費にあてることにも表われている。1902（明治35）年10月10日には，前述の東京市教育会から「通俗図書館設立建議」が出される。この建議と坪谷の考え方には，図書館規模や閲覧料等に対する考え方に相違はあるが，通俗図書館設立促進を意図して執筆した案と考えられる。

寺田勇吉の東京市立図書館創立設計案

　寺田勇吉は，明治から大正初期に教育行政官僚として活躍しただけではなく，東京高等商業学校長や精華学校を創立するなど，実際の教育家としても活躍した人物である[17]（図Ⅱ-4）。寺田は1900（明治33）年11月に，「東京市の将来経営すべき教育事業」[18]で，東京市は帝国中央政府の所在地であり，東洋最大の都市であるが，教育については立ち遅れていると指摘している。彼は東京市が経営すべき事業として，12の事業を取り上げ，その第11番目に図書館設置の件をあげている。寺田は東京市教育会調査部の副会長であり，調査部会長として，東京市教育会の図書館構想の検討に携わり，大橋図書館協議員も務めていた。

図Ⅱ-4　寺田勇吉
出典：『寺田勇吉経歴談』[17]

　1902（明治35）年10月に，寺田は「東京市に通俗図書館設置に関し富豪家に望む」[19]と題した論文を発表している。坪谷善四郎の「東京市立図書館論」と同じ『東京教育時報』に，東京市教育会の「通俗図書館設立建議」に先立っ

て掲載された。この論文の中で，寺田は，小僧も丁稚も車夫も馬丁にも便利な通俗図書館，遠隔の地ではなく東京市では各区ともに比較的多数の図書館を設置することによる利便性を確保する必要があることを説いている。普通教育やそれ以上の教育を受けたものだけではなく，下層社会のために便利な図書館が必要であるとしている。図書館といえば広大な建物と完全な設備，数多の書籍を網羅したものを考えがちだが，通俗図書館は必ずしも莫大な費用を要するものではない。学校や社寺の一室を利用し，交通に便利な市街地で若干の有益な書物を所蔵している施設として位置づけている。

寺田は，北米マサチューセッツ州では通俗図書館の事業が大いに発達し，州政府は各所に図書館を設置し図書館税を課して，その設立を奨励し，有志家の寄付金が 500 万ドル以上の額に達していると紹介している。このほかイギリスやドイツ，フランスの図書館の例をあげ，図書館建設事業は本来市の公共事業として経営すべきだが，現状では市の事業として通俗図書館を経営することが困難である。東京においても大阪の住友家の義捐のように富豪家の投資が実施されることを希望している。

その後，寺田は 1904（明治 37）年 3 月の東京市立図書館設立建議後，同年 7 月に，「東京市図書館の創立に就て」[20] と題した文章を掲載する。東京市立図書館の建築には，図書館事業に精通し実験に富む創立委員を当てる必要があると述べ，委員にふさわしい人物として帝国図書館長田中稲城（1856-1925）や東京外国語学校教授伊東平蔵の名を例示している。また，建築技師については欧米諸国の図書館を模造するにとどまらず我が国に適した図書館を作る必要があるとしている。さらに，東京市に図書館を設立するための卑見を開陳するとして，次の「東京市図書館創立に関する設立案」を提案している。

「東京市図書館創立に関する設立案」
　目的　普通卑近にして読者の多き図書を収集して専ら中等教育及び其れ以上
　　　の教育のあるものを収容すること
　　　市の沿革又は市の文物を窺知するに足る図書も亦其収集すること
　図書　開館前に三万冊を集むること但其選択は周到綿密なるを要す

敷地　少くとも五百坪を要すること但其理由は他日拡張の時機に逢着したる
　　時書庫其の附属家舎の建増を要することありと認むればなり

建物　本館　木骨煉瓦または木造様式二階建にて百五十坪を要すること但此
　　坪数中には一坪に付閲覧人三人を収容すべき割合にて現員四百人一日平均
　　五百人を収容すべき各種閲覧室を設くることを得べし一坪金二百円の見積

書庫　煉瓦三階建又は低き四階建にて四十坪，三階建として平均に引直すと
　　きは百二十坪の割合にて一坪に付千二百冊の図書を蔵置するを得べしとせ
　　ば優に百五十万冊を蔵収するを得べし但一部と金五百円の見積

　　其他器具，備品，及び室内装飾の諸費として金七千五百円，柵，塀，電気，
　　瓦斯，水道，装置費等を五千円及び創立諸費一切を一万円と予算する時は
　　建設費総額は左の如き計算となるなり

本館　三〇，〇〇〇円，書庫　二〇，〇〇〇，器具及び備品費　七，五〇〇，柵，
　　塀，其他附属工事費 五，〇〇〇，図書一五，〇〇〇，諸雑費一〇，〇〇〇，
　　計　八七，五〇〇，竣工期限二ヶ年

　　経常費　俸給及び諸給　三，五〇〇円，図書購買費及び製本費　三，〇〇〇，
　　庁費　一，七〇〇，計　八，二〇〇

　　収入閲覧料一ヶ年開館日数三百二十日閲覧人（開館以降三ヵ年間）一日平
　　均三百人一ヶ月九万六千人とし且閲覧料一人平均二銭と仮定する時は其総
　　額千九百二十円の割合となる但四ヶ年目より一日平均四百名以上に達する
　　見込なり

　　職員　館長　一名　　書記　一名　　司書　四名　　貸付係　四名　　出
　　納掛　五名　　巡視　三名　　小使　三名

　　以上は極めて経費を節約し立案したるものにして，創立に凡金九万円，維
　　持に毎年六千円の市費を支出するを要す，而して吾輩の見るところを以て
　　すれば，先づ第一に建設すべき地は，日比谷公園若は芝公園近傍とす。

　1928（昭和3）年10月の講演の中で，伊東は最初一般向きの通俗図書館を作
る考えで，各区に3〜4万円で1館ずつ設立し，年に1,000円くらいの経費で
1館を維持しうるものにしたいと思い，その第一着手が日比谷図書館であった

と述べている。しかし，原案では区の図書館であって市の図書館にはならない。市の図書館として設計したいという論が多く，万事原案に相違をきたして，設計も何度もやり直した。書庫約 30 坪（99㎡）その他すべて大橋図書館の 1 倍半の大きさに相当するものだったが，規模が小さいということで閲覧室，会議室，館長室等を増大しまたは付け加えて大きくした。書庫の拡張も申し出たが採用されなかったと説明している。そして，1906（明治39）年 9 月に主事に就任後，「市設図書館建設方針」を完成したとしている。

　しかし，ここで注目すべきことは，伊東が「市設図書館建設方針」として取り上げている内容と，寺田が 1904（明治 37）年 7 月に発表した「東京市図書館創立に関する設計案」の内容が似ていることである。両案を比較すると，伊東が目的を「普通近易の図書を蒐集して中等以下の教育あるものを収容すること」としているのに対して，寺田は「中等教育及び其れ以上の教育ある者」としていること，竣工期限を伊東は 1 年半，寺田は 2 か年で見積もっていること，本館費用を伊東は 37,500 円，寺田は 30,000 円に見積もっていることが異なる。さらに，寺田案では建設地が「日比谷公園若は芝公園近傍」となっているが，内容は酷似している。

　清水正三（しみずしょうぞう）（1918-1999）は，永末十四雄（ながすえとしお）（1925-1995）の『日本公共図書館の形成』[21] における，「日比谷図書館は本来東京市の一地区に対するサービスのための図書館として設立されたが，中央図書館の機能を付与され，各区図書館の実態はその分館と化した。その是非はともかく，当初の構想は大きな変更を加えられ，市全体として図書館の規模は圧縮されたものとなった」という文章に対して，伊東の 1928（昭和 3）年 10 月の講演の文章を引用し，「本来の案は何か」という疑問を呈している。清水は，東京市教育会の 1900（明治 33）年 11 月 7 日の「図書館設置の方法」案を伊東の第 1 次案とし，伊東案が是であったかどうかは問題とするところであるがとしながらも，「市設図書館建設方針」を伊東の第 2 次案として位置づけている。

　しかし，「市設図書館建設方針」として伊東が説明した案は，寺田の「東京市図書館創立に関する設立案」と酷似している。1904（明治 37）年 3 月の市立図書館設立建議後も一向に進展しない図書館建設を促進するため，寺田案とし

て 1904（明治 37）年 7 月に発表された設計大要を踏襲したものと考えられる。

4　図書館をめぐる規模の異なる 3 つの構想

3 つの図書館構想の比較

　伊東，坪谷，寺田の 3 案について，図書館創設にかかる費用，維持費，当初
想定していた蔵書数，閲覧者数，閲覧料の徴収，図書館設立のために要する建設
期間，図書館建設予定地等の項目で，図書館構想を比較したのが表Ⅱ-4 である。
　表の右端には「東京市立図書館論」と『大橋図書館四十年史』から大橋図書
館の数値を添えた。大橋図書館の費用負担と維持費は，東京都公文書館の財団
法人大橋図書館設立願の寄付行為証書を参考にした。

表Ⅱ-4　3 つの図書館構想の比較

	伊東等（1900 年）	坪谷（1902 年）	寺田（1907 年）	参考：大橋図書館（1902 年）
典拠	「廿年前に於ける我が国図書館事業を顧みて」	「東京市立図書館論」	「東京市立図書館の創立に就て」	「東京市立図書館論」「大橋図書館四十年史」）「寄付行為証書」
費用負担	東京市	東京市	東京市	大橋佐平寄付 125,000 円
創設費	建築費 3,000 円 創業費 1,000 円	150,000 円	90,000 円	建築費 40,000 円 書籍費 10,000 円
維持費	年 840 円 70 円（人件費 25 円，書籍購入費 30 円，雑費 15 円）× 12 ヶ月	年 6,000 円 500 円（人件費 300 円，消耗品費，営繕費，火災保険料，諸雑費 200 円）× 12 ヶ月	年 6,000 円 （人件費 3,500 円，図書購買及び製本費）	年 4,800 円 （月額 400 円× 12 ヶ月）
蔵書	3,000〜5,000 冊（通俗の図書購入及び寄付）	100,000 冊（通俗にして読者範囲の広い図書）	30,000 冊（普通卑近にして読者の多き図書と市の沿革，文物を窮地する図書）	50,000 冊（購入 40,000 冊 寄付 10,000 冊）
開館時図書購入費		30,000 円（30 銭／冊）	15,000 円	10,000 円

書籍購入費	360 円 (30 円 / 月 × 12 ヶ月)	4,300 円 閲覧料 (12 円 × 30 日 × 12 ヶ月) 充当	3,000 円 (図書購買費及び製本費)	1,800 円 (150 円 / 月 × 12 ヶ月)
職員	役員 2 名 (月給 10 円) 小使 1 名 (月給 5 円)		館長 1 名,書記 1 名,司書 4 名,貸付係 4 名,出納係 5 名, 巡視 3 名,小使 3 名 (計 21 名)	
俸給	300 円 (月給 25 円 × 12 ヶ月)	3,600 円 (俸給)	3,500 円 (俸給及び諸費)	
閲覧者数		1 日 500 人	3 ヶ年間平均 300 人 / 日 (4 ヵ 年目以後平均 400 人 / 日)	
閲覧料金		3 銭 (収入額 4,300 円)	2 銭 (開館日数 320 日 × 平 均 300 人 × 2 銭 = 収入額 1,920 円)	3 銭
建設期間		3 ヵ年	継続 2 年以内	10 ヶ月半
建設地	公園社寺境内	日比谷公園	日比谷か芝公園近傍	麹町大橋佐平邸
建物	煉瓦造 20 坪 3,000 円		本館 (木骨煉瓦又は木造様 式 2 階建 150 坪 30,000 円) 書庫 (煉瓦 3 階建又は 4 階建 120 坪 20,000 円)	建物坪数 (114 坪 8 合 32),本館 (木 造 2 階建),書庫 (煉 瓦 3 階建)

職員数と俸給

　職員数と俸給は伊東等の案では合計 3 名で 300 円,坪谷案には職員数は示していないが,俸給は 3,600 円になっている。寺田案は館員数 21 名,俸給は 3,500 円になっている。『大橋図書館四十年史』には,1903 (明治 36) 年頃の大橋図書館の館員数は 15 名,1907 (明治 40) 年度館員数 21 名に対する報酬および諸給与は,3,065 円 16 銭とある。坪谷案も寺田案も館員数 21 名以上,大橋図書館よりも多い人数を想定していたものと思われる。

閲覧人数と閲覧料金

　閲覧人数は坪谷が 1 日平均 500 人,寺田は開館後 3 か年を 1 日平均 300 人,4 か年目以後を 400 人に見込んでいる。表Ⅱ-3 の帝国図書館と大橋図書館の閲覧人数をみると,帝国図書館の閲覧人数はすでに 400 人を超えており,坪谷も寺田も大橋図書館以上,帝国図書館を上回る閲覧者数を予測している。

　閲覧料金については，伊東等の 1900（明治 33）年 11 月 7 日の案には，徴収するかどうかが明記されていない。坪谷案では 3 銭で，寺田案では 2 銭になっており，いずれも大橋図書館の閲覧料 3 銭を踏まえたものと考えられる。寺田は「東京市に通俗図書館設置に関し富豪家に望む」の中で，公共団体の設立によるものは閲覧料を徴収すべきではないと主張している。本来は無料案を提示したかったところを，大橋図書館の閲覧料を参考にやや低い閲覧料を設定したものと考えられる。

図書館建設期間と建設予定地

　図書館建設期間は，伊東等の案には数値はなく，坪谷案の 3 か年に対して寺田案では継続 2 か年以内を提案している。継続費による予算確保と建設期間をできるだけ短縮して，図書館設立を早期に実現したかった寺田の意図を読み取ることができる。また，図書館の建設地については，伊東等の案が新築の場合は公園，社寺境内等，学校仮設や私有文庫等に補助金を与える方法も可としているのに対して，坪谷案では，1902（明治 35）年の「東京市立図書館論」も 1904（明治 37）年の市立図書館設立建議ともに日比谷公園を主張している。一方，寺田案では日比谷公園または芝公園を想定している。

　坪谷が設立を予定していた日比谷公園は，日本最初の洋風公園として，1902（明治 35）年に起工し，1903（明治 36）年 6 月 1 日に開園した。1900（明治 33）年に「日比谷公園造営委員会」が設立され，日本の「公園の父」と呼ばれる本多静六（1866-1952）に設計を依頼し，ドイツのコーニッツ市の公園図案を参考に計画された。市民に西洋を提供する，国家的広場としての性格を持つ公園として建設された。1902（明治 35）年当時の大規模公園としては，上野公園，芝公園，浅草公園，日比谷公園，深川公園等があったが，交通の便や公園規模を考えて，日比谷と芝が候補としてあげられたと考えられる。

　当初伊東等が提案した小規模図書館案が，市立図書館規模としては小さすぎるということで，何度もやり直しが行われているようである。3 案を比較してみると，小規模図書館が伊東等の案，市立図書館であることを勘案した大規模図書館が坪谷案，市立図書館としての規模を考えながらも，より実現可能な現

実的姿を求めたのが寺田の中規模図書館案であると考えられる。坪谷案と寺田案ともに，常に大橋図書館の数値を参考にしている点は共通している。寺田の「東京市図書館創立に関する設立案」は発表時期からみると，次に述べる「東京市図書館設立建議」の可決後に，建設促進のために発表された案と考えられる。

5　東京市立図書館設立建議

東京市立図書館の設立は，東京市議会議員であった坪谷が東京市議会に「東京市立図書館設立建議」を提出し，1904（明治37）年3月に決議にこぎつけたことで，新たな段階を迎えた。坪谷は1935（昭和10）年「東京市立図書館創立の由来」[22] の中で，東京市議会議員在職中の後世に伝うべき功績として，東京市立図書館の創立をあげている。通俗図書館設立建議の決議に至る経過は次のようなものであった。

誰もが知りたいことを知ることができる場としての図書館

1904（明治37）年3月7日，当時東京市会において，市会議員であった坪谷は「日比谷公園に市立図書館を建設する為に理事者は案を具して提出せられんことを望む」という建議を東京市会議長の大岡育造（1856-1928）に提出し，満場一致で可決される。設立の理由として，図書館には普通教育機関として各種学校と並び研究者に図書を提供するところ，公衆の娯楽場，公私の必要事項調査所として誰もが知りたいことを知ることができる社会公共の常設顧問所であること，および，貴重な図書を所蔵して安全に保管し提供する書籍博物館としての役割があることをあげている。

利便性の最も高い日比谷公園の図書館設立

東京市内日比谷公園にまず市立図書館を設立したい。日比谷公園における設立は，従来図書館の利便性が最も少なかった東京市南部各区市民の利益になる。さらに，市街鉄道の便がよいため，全市民にとって利便性も高く，散歩の便も

よい。設計は華美を避けて，実用を旨とすること，他日全市の各地に設立されることを望むことが提案された。

　設立建議では，具体的に図書館の規模や館数にはふれていないが，東京市に存する帝国図書館，大橋図書館，教育会図書館の3図書館がいずれも北端に位置し，恩恵に浴することができない東南部の市民を満足させるには，数個の図書館を設立する必要があるとしている。まず交通の便がよく，四方から閲覧者が集まる場所を選ぶ必要があり，日比谷公園が最も便利である。

　日比谷公園には図書館を設立する場所もあり，公園と図書館の効用を発揮することができるとしている。1902（明治35）年の坪谷の「東京市立図書館論」における主張に近い形で，市立図書館設立建議は提案された。1906（明治39）年4月に建設場所が日比谷図書館に決定され，同年7月の東京市会予算決議が行われ，ようやく東京市立図書館の設立準備が本格化した。

　『日比谷公園：100年の矜持に学ぶ』[22]は，日比谷公園は完全な西洋式公園でもなく，和洋折衷式公園でもない，西洋式を下敷きにして「和」をとり込んで消化した「洋風公園」であり，それは当時の日本人にとって輝かしい洋風であったとしている。そのシンボルが「3つの洋」（洋花，洋食，洋楽）であり，西洋の花と花壇のある公園で，西洋式にナイフとフォークを使い食事をし，音楽を聴く。東京市公園課長を務めた造園家井下清（1884-1973）は庶民が新時代を体験し教化されるのに「洋風公園・日比谷」は重要な役割を果たしたと指摘しており，東京市民はこのようにして，文明開化の新文明を少しずつ学びながら受け入れたと述べている。

　なぜ図書館の設置場所として，芝公園ではなく，日比谷公園が選ばれたのか。明治時代以降，図書館は日本人に新たな西洋文物の一つとして紹介され，人々が文明開化に対応するために必要なさまざまな知識を提供し，すべての人に対して開かれた施設が図書館である。設置場所としては，交通の便や立地条件のよさだけではなく，市民が文明開化の新文明を学ぶ場として，まさに洋風の日比谷公園がふさわしいと評価されたのではないだろうか。

注・参考文献

1) 池享. みる・よむ・あるく東京の歴史 3. 吉川弘文館, 2017, 152p.
2) 東京市統計年表 第6回. 東京市役所, 1909, 1199p.
3) 帝国図書館の歴史. https://www.kodomo.go.jp/about/building/history/index.html.（参照 2023-6-29）
4) 千代田図書館八十年史. 千代田区, 1968, 337p.
5) 坪谷善四郎編. 大橋図書館四十年史. 博文館, 1942, 306p.
6) 東京市統計年表, 第2回. 東京市役所, 1904, 526p.
7) 東京市統計年表, 第4回. 東京市役所, 1907, 1117p.
8) 東京市統計年表, 第5回. 東京市役所, 1908, 1145p.
9) 東京市統計年表, 第6回. 東京市役所, 1909, 1199p.
10) 東京市統計年表, 第7回. 東京市役所, 1911, 1273p.
11) 東京市統計年表, 第8回. 東京市役所, 1911, 1275p.
12) 吉田昭子. 伊東平蔵とその実践的図書館思想. Library and Information Science. 2012, no.67, p.1-38.
13) 伊東平蔵. 廿年前に於ける我が国図書館事業を顧みて. 東京市立図書館と其事業. 1928, no.48, p.4-9.
14) 会報 東京市教育会記事. 東京市教育時報. 1900, no.3, p.56-61.
15) STU. 東京市立図書館の話（一）. 市立図書館と其事業. 1922, no.9, p.10-11.
16) 坪谷善四郎. 東京市立図書館論. 東京教育時報. 1902, no.25, p.8-12.
17) 寺田勇吉. 寺田勇吉経歴談. 精華学校, 1919, 173, 217p.
18) 寺田勇吉. 東京市の将来経営すべき教育事業. 東京市教育時報. 1901, no.2, p.1-2.
19) 寺田勇吉. 東京市に通俗図書館設置に関し富豪家に望む. 東京教育時報. 1902, no.25, p.1-8.
20) 寺田勇吉. 東京市立図書館の創立に就て. 教育時論. 1904, no.693, p.5-6.
21) 永末十四雄. 日本公共図書館の形成. 日本図書館協会, 1984, 352p.
22) 坪谷善四郎. 東京市立図書館創立の由来. 図書館雑誌. 1935, vol.29, no.12, p.417-419.
23) 進士五十八. 日比谷公園：100年の矜持に学ぶ. 鹿島出版会, 2011, 223p.

●第Ⅲ章●
東京市立日比谷図書館の開館
──初めての東京市立図書館の誕生

1 東京市立日比谷図書館の設立準備

　1908（明治41）年11月に，初めての東京市立図書館として日比谷図書館が開館した。日比谷図書館は交通の便がよく，市民に西洋を提供する広場として設立された日比谷公園に誕生した。ここでは東京市立日比谷図書館の誕生までの経緯を設立準備，設立場所や予算，コレクションの構築，図書館職員等の観点から取り上げてみたい。

図書館設置予定地
　第Ⅱ章で取り上げたように，1904（明治37）年3月の東京市立図書館設立建議では，図書館の建設予定地として日比谷公園が提案された。しかし，当時の新聞記事でその経過をたどってみると，建設位置の問題は順調に進んだわけではない。図書館設立建議決議後1906（明治39）年はじめになっても，その設置位置は定まっていなかった。
　『報知新聞』1905（明治38）年12月29日「市設図書館」[1]の記事では，「市設通俗図書館は市学務委員会にて日比谷公園に設置せらるべしとの説ありしが，右は未だ決定したる位置にはあらず」としている。文部省は，日比谷公園では手狭なので，通俗的なものは，公園にこだわらずに交通の便のよい場所に設置したほうがよいという意見もあると伝えている。この時点で文部省は，まだ検討の余地があると考えていたようである。
　『東京朝日新聞』1906（明治39）年1月17日「簡易図書閲覧場設置案」[2]の記事には，「簡易図書閲覧場は一般市民に自由に図書を閲覧できる場所とすること」，「主として簡易なもの，実業思想や知能，道徳の向上に役立つものを収

集すること」,「差当り市は特種小学校に簡易なものを付設し，将来は直営の小学校に付設すること」,「市は各区に勧誘し各1箇所以上の閲覧場を設置させること」,「閲覧場の開設費用や維持費の補助を与えること」,「学校付設の場合は学校職員を事務にあてること」,「一般市民のための図書説明会や図書講読会の開催」,「貸出の実施と貸出料金の徴収」,「無料閲覧」,「市内在住富有者に寄付を求め，維持費にあてること」,「著者又は出版者に新版図書の寄贈を求めること」としている。東京市教育会では一般市民向けには，図書館よりも簡易な閲覧場の設置がふさわしいと考えられていた。市民のための図書閲覧施設に対する考え方は，それぞれに異なっていたことがわかる。

『時事新報』1906（明治39）年7月7日「市立図書館設立趣旨」[3] では，日比谷公園を選定した理由について，「日比谷公園設計当時図書館建設予定地が公園内西側におかれたこと」,「帝国図書館，大橋図書館等との利用分布比較してみると市の南部に設備がないこと」,「読書環境の維持から図書館は公園地である必要があること」の3点をあげている。

日比谷公園設計当時の状況については，『上野図書館八十年略史』[4],「田中稲城と帝国図書館の設立」[5] によると，帝国図書館を新たに建てる際に，当初は予算の関係で日比谷原の東南隅に指定されていた。しかし，地盤の関係で図書館の所在地として不適当という指摘があり，本格的に場所を選ぶ際には，日比谷原の旧教導団の敷地があがった。ところが，この場所も内務省所管のために承認が得られなかった。その結果，帝国図書館の敷地は，1898（明治31）年には上野公園内の音楽学校敷地内に決定されたという。そのため，東京市立図書館設立検討にあたって，帝国図書館の予定地であった日比谷が候補地となったものと考えられる。

それでは，東京市議会では設置場所に関してどのような論議が行われていたのだろうか。『東京市会議事速記録』明治39年第16号[6] の1906（明治39）年7月24日市立図書館建設費の審議の中で，日比谷公園以外の芝公園など適当な場所があるのではないかという質問が出された。

東京市議会議員であり，図書館設立建議の決議に貢献した坪谷善四郎は，この質問に次のように反論している。朝から晩まで図書館で勉強や本を読んでい

て時々散歩をするには公園に近いほうがよい，交通の便がよく，市役所にも近く市役所内部の職員が調査できる。実地踏査やボーリング調査を実施したところ，日比谷公園の都新聞前が適切であることがわかっている。規模が小さいという批判もあるが，大阪府立図書館と上野の帝国図書館を除けば最大規模の図書館が実現できると述べている。坪谷の図書館設置場所検討の視点には，読書環境の整備，場としての図書館，行政支援のために市役所の近くに設置すること，交通の便の重視等，図書館設置上で今日にも共通する要素が含まれている。

　東京都公文書館に残る，1906（明治39）年11月の文部省への市立図書館設立認可願の設置要領に関する文書[7]では，設置位置は東京市日比谷公園内，名称は東京市立日比谷図書館となっており，敷地720坪（2,380㎡）で，1907（明治40）年12月末日の竣工を予定している。1906（明治39）年のはじめは定まっていなかった建設位置の問題は，同年7月に日比谷公園への設置予算が決定され，11月に許可願が作成されたものと考えられる。

図書館設置予算

　1904（明治37）年3月の東京市立図書館設立建議により，図書館が設立されることになったにもかかわらず，図書館の建設は予算の面でも順調に進んではいなかった。1905（明治38）年11月11日の『東京市会議事速記録』第18号[8]によると，坪谷はいっこうに進まない図書館設立について質問し，図書館の設立を要請している。尾崎行雄（1858-1954）市長は，日比谷公園での図書館設立は，専門家にも相談して草案を検討していると答えている。「東京市明治三十九年度歳入出追加総計予算（市立図書館建設調査予算）」により，1906（明治39）年4月7日には「ボーリング試験并樹木植替」（152円50銭），「杭打試験并に樹木植替」（145円），「設備調査嘱託報酬」（50円），「図書調整費」（22円50銭）をあわせた370円が追加予算として認められている[9]。

　この時期の図書館予算関連記事を新聞で追ってみると，『都新聞』1906（明治39）年2月16日「日比谷公園の図書館」[10]の記事では，東京市立図書館は，最初の設計は新たに土地を買収し閲覧室を煉瓦造りとする予定であった。しかし，今回の改正設計で，位置を日比谷公園内とし，閲覧室を木造とするために当

初の予算 15 万余円を 10 万円に切り詰め，市当局としてはこの種の小規模図書館を少なくとも 5 館以上市内各所に設立する予定であると報じている。また，『東京朝日新聞』1906（明治 39）年 4 月 16 日「東京市立図書館の設計」[11] の記事では，東京市立図書館は 10 万円の予算で日比谷公園都新聞前の地所をあてる予定で，過日の市会で調査費 370 円を可決し，近々調査に取りかかるとしている。

　1906（明治 39）年 7 月 10 日の『読売新聞』[12]「市立図書館の予算」では，市立図書館を日比谷公園に設立する件は，学務委員会等が調査中で 7 月 11 日に予算案が提出される予定であるとしている。同年 7 月 13 日の『読売新聞』紙面の「東京市会特別委員」では，一昨日大岡議長により市立図書館建設予算，39 年度予算委員として，坪谷善四郎等 7 名が指名されたとある。同年 7 月 14 日『読売新聞』の「市図書館委員会」によると，坪谷を委員長とする東京市会の委員が日比谷公園を実査し，帝国図書館，大橋図書館を参観して，大橋図書館で設備，予算について決定したとある。同年 7 月 25 日の「市立図書館決定」では，日比谷公園に建設する通俗図書館は原案 117,800 円より材料買入費 920 円だけを減じ，ほかすべて原案のまま可決したと報じている。

　1906（明治 39）年 7 月 24 日の『東京市会議事速記録』[6] によると，市立図書館建設継続予算建設費は 134,100 円を 133,180 円に修正し可決された。建築設備費として 117,780 円，図書購入費 10,000 円，開館準備費は 5,400 円であった。予算は 2 か年で，1906（明治 39）年度 66,374 円，1907（明治 40）年度 66,805 円となっている。

　この間に坪谷は 1904（明治 37）年の通俗図書館設立建議に携わるとともに，日露戦争の影響でなかなか進展しない通俗図書館設立の進捗状況について東京市会で質問している。また，図書館に関する予算委員長を果たすなど，予算面でも積極的な働きかけを行った。こうした背景のもとで，実際の図書館の建設予算は 133,180 円と，事前構想 3 案のうちで坪谷案に近い額で決定されたとみられる。

日比谷図書館の収集方針，選択基準の検討

　図書館開館準備として資料の収集方針はどのように定められ，収集実務は進

められていったのだろうか。1906(明治39)年7月の予算案の提出にともない「市立図書館設立趣旨」が『時事新報』1906（明治39）年7月7日[3]，『東京毎日新聞』1906（明治39）年7月10日[13]に，関連記事が『東京市教育会雑誌』[14]に掲載された。これらの記事によると，図書館の目的については，「図書館の要は実に万巻の書を蔵せざるものの為に治く古今東西に亘りあらゆる書籍を出来得る限り一定の場所に蒐集し之を系統的に分類排置し最も簡便なる方法を以て一般人の研究調査娯楽の資に供するものである」としている。その効果は人の知能を啓発し趣味を向上し品性を陶冶するばかりでなく，国家社会の地位をも高めることができることであると述べている。つまり，この段階では一般人の研究調査娯楽のための幅広い収集がうたわれるにとどまっている。

　実際に選択基準が明確になるのは，1906（明治39）年10月の備付図書選択標準の公表においてである。『時事新報』1906（明治39）年11月22日「日比谷図書館」[15]の記事では，備付図書選択基準として，次の10項目があげられている。

　　一　市民の日常生活に必要なる参考図書
　　二　読書の趣味を涵養するに適する図書
　　三　実業に関する図書
　　四　一般学生の自修に資すべき図書
　　五　東京市に関する図書
　　六　官公学校及公私団体の刊行書
　　七　内外市政に関する図書
　　八　家庭の読物として適当なる図書
　　九　学術技芸の研鑽に資すべき辞書及百科全書類
　　十　内外新聞雑誌を蒐集する事

　収集範囲は，参考図書，一般図書，実用図書，郷土資料，市政関係図書，新聞雑誌等の多岐にわたっている。『東京市教育会雑誌』[16]にも選択基準が掲載されているが，第10項目の内外新聞雑誌の収集はあげられていない。

第Ⅱ章で取り上げた伊東平蔵は，横浜市立図書館長を辞した後，神奈川県主催で県下図書館職員のための講習会を開催し，図書整理技術全般から経営問題についての講義を行っている[17]。その講演内容を原稿用紙に写した横浜市立図書館所蔵の『通俗図書館の建設管理及経営』[18] の中で，図書の選択について土地の状況，読者の種類，智識の程度，館の資力によるとし，下記5項目の方針をあげている。さらに，伊東は図書館が小規模なほど，図書の選択はますます困難になると指摘している。

　　一　日常生活に必須の参考書
　　二　風教に稗益あるもの
　　三　民衆の読書趣味を促進するに適するもの
　　四　家庭の読物に適するもの
　　五　地方の自治及び産業の発達に資するもの

　大橋図書館や日比谷図書館，横浜市立図書館等の数多くの図書館設立準備にあたった伊東は，1928（昭和3）年10月に行った講演の中で，1906（明治39）年の春から夏にかけて，戸野教育課長と数回面会をして図書館設置に関する事務的協議をしていたと回想している。開館準備時期の教育課長であった戸野周二郎（1867-1955）は，日比谷図書館開館準備期の経験を基に『学校及教師と図書館』[19] をまとめている。一般公衆に対して図書館の概念の普及，図書館関係者には図書館経営に必要な予備知識を示すことを目的に編纂された『図書館小識』[20] は戸野の『学校及教師と図書館』を下敷し，影響を受けたと思われる箇所が存在するとされている。『図書館小識』では備付図書選択の中で，次のように日常生活に必要な図書や実業，産業に関する図書，郷土関係資料等の収集の必要性を指摘している。

「備付図書選択標準」
　　一　国民性の養成に資する図書
　　二　日常生活に必須なる参考図書

三　風尚を高め智徳を進むる図書

四　一般公衆の健全なる読書趣味を涵養するに適する図書

五　学術技芸の研鑽に資すべき図書

六　産業の発達を促すに必要なる図書

七　自修及び補習に適する図書

八　家庭の読物として適当なる図書

九　所在地方に関する図書，記録及其地方人士の著述に係る図書，記録類，其他曩に郷土関係図書中に挙げたるもの

コレクション形成に大きな影響を与えた日英文庫の寄託

　日比谷図書館のコレクションは，市民のために通俗的な図書を選択することを方針として展開されてきた。しかし，そのコレクション形成に大きな影響を与えたのが，ゴルドン夫人により寄託された日英文庫である。日英文庫とは，宗教学者であった高楠順次郎（1866-1945）がイギリスに留学した際に，親日家英国人エリザベス・アンナ・ゴルドン（Elizabeth Anna Gordon，1851-1925）と親交を結んだことにより，日本に寄贈されることになった10万冊の洋書コレクションのことである。寄贈された図書を基に，当初は独立図書館設立を目指していた。しかし，それが困難になり，建設中の日比谷図書館に寄託されることになった[21]。

　日英文庫は1905（明治38）年10月23日の『タイムズ』，『テレグラフ』その他の新聞に英国の有志者の賛同を得て広告が掲載されたのをきっかけに集められた。英国の家庭は恵まれているが，日本の家庭に清新で健全な読み物が少ないと語ったのをゴルドン夫人が聞き，発起人となって呼びかけが行われた。受贈された図書を基礎として，公開図書館を開くという趣旨に賛同した人々から多くの図書が贈られた。図書館名は東京戦役記念図書館 Dulce Cor Library（略称DCL），ロンドン本部はゴルドン夫人宅に置かれた。高楠が『時事新報』に投稿した1906（明治39）年8月7日「英国図書受贈顛末」[22]の記事によると，日本に寄贈された図書は，大倉組や日本郵船の図書運搬協力を得て，東京外国語学校に仮保管された。

『日本』1906（明治39）年12月1日「第二図書館と建築費」[23]の記事は，日比谷図書館は工事中だが，英米両国の有志から寄贈された外国図書と本邦の図書を備付けた図書館を，神田一ツ橋通り付近に建築する見込みである。建築予算の12万円はなるべく富豪の寄付に求める方針で交渉を進め，不足分は市の負担とする予定である。寄付の集まり方によっては，明年の臨時費として要求し工事に着手する予定であるとしている。

　その後も高楠は文部省に働きかけた。しかし，日露戦争後の経費問題等で第二図書館の建設は実現せず，東京市に寄託することになった。東京都公文書館には，この間の事情を物語る，1907（明治40）年9月12日付の高楠の「日英図書館の義に付請願」と題した東京市長あての請願書[24]が残っている。

明治三十七八年戦役中我同盟国タル英国ニ於テゴルドン夫人等ノ発起ニテ同国内ヨリ寄附セル書籍，図画，楽譜等ヲ蒐集シ我国ニ寄贈スルコトヲ計画セラレシニ忽数万ノ多キニ達シ将来尚引続キ蒐集得ベキ見込ニ付ゴルドン夫人自ラ其事務ヲ担当シ書記二名ヲ使用シ万般ヲ整理シ郵船会社等ニ託シテ東京外国語学校ヘ宛テ運送セラレタルモノ今日迄総数百五十六函凡六万二千余冊有之候

右発起ノ旨趣ハ戦後ノ日本ニ於ケル英語教育ノ幇助トナサントノ好意ニ外ナラス故ニ之ヲ我国ノ主脳タル東京市ニ置キ広ク英語ヲ解スルモノ，需用ニ供シ度精神ニ有之茲ニ左ノ数項ヲ情陳致候

一．現今受領ノ書籍并ニ将来受領スヘキ書籍，図画等一切ヲ東京市日比谷図書館ニ保管シ整理登録ノ上公衆ニ閲覧ニ供セラレタキコト

二．近キ期間ニ於テ適当ノ場所ニ独立図書館ノ建築ヲ規画セラレタク成立ノ上ハ該図書ハ挙テ同館ノ所有ト為スコト

三．独立ノ図書館建設ノ上ハ本名ノ外別名トシテ英名 Dulce Cor Library ヲ付セラレタキコト

四．ゴルドン夫人ヨリ凡一万五千円寄附ノ遺言書登記ノ責任者ハ拙者ニシテ委員組織トシテ該金ヲ処置スルノ契約ナルヲ以テ拙者ノ名義ハ何レカノ方法ニテ該図書館ニ連結セシメ置カレタキコト

右及請願候也

明治四十年九月十二日

　　東京府豊多摩郡代々幡村字代々木百八十五番地

　　文学博士　高楠順次郎

　　東京市参事会

　　東京市長　尾崎行雄　殿

　この請願を受けて，東京市は 1907（明治 40）年 10 月には日比谷図書館においてこれらの図書を公衆縦覧に供するための準備費を図書館建設継続総計予算に追加する。1907（明治 40）年度の支出にすることを決定し，整理費として 5,175 円を支出することになった。請願書からみると，収集された資料は書籍だけではなく，絵画や楽譜など多岐にわたっていた。1906（明治 39）年 8 月 7 日の「英国図書受贈顛末」の時点での収集数は，40,000 冊余とあるので，1 年余りのうちに 22,000 冊増加し，1907（明治 40）年 9 月の段階で 62,000 冊に達していた。

　高楠は東京市に独立図書館の設立を望んでいたが，第二図書館は実現できなかった。そこで，日比谷図書館が大量の洋書を所蔵することになった。この日英文庫の寄託は，コレクション構築のみではなく日比谷図書館職員の採用等の開館準備にも大きな影響を与えることになる。

日比谷図書館開館前に寄贈された図書

　日比谷図書館には開館以前から，図書の寄贈が行われている。これらの図書は日比谷図書館のコレクションを特徴づける資料である。1906（明治 39）年 10 月 24 日には坪谷から，『江戸名所図会』ほか 55 種類 87 冊が寄贈されている[25]。その経緯がわかる資料として，坪谷の郷里である新潟県加茂市立図書館所蔵の自筆日記がある。1906（明治 39）年 10 月 24 日によると，「此日東京日比谷図書館へ江戸名所図会他五十五種八十四冊寄附」と記載され，冊数は異なるが寄贈をしている[26]。寄贈について，『図書館雑誌』に掲載された「東京市立図書館創立の由来」で，坪谷は自分の寄贈が図書寄贈の最初のはずであるとしてい

る。

　『江戸名所図会』ほか55種類については，東京都立中央図書館特別文庫室の
東京誌料収蔵の『江戸名所図会』（請求記号：東025-016ア）のほか，『東都歳時記』
（請求記号：東074-008ア）にも「寄贈／坪谷善四郎」の朱色の印が押印されている。
『江戸名所図会』には，4cm×2.5cmの楕円の印に，坪谷善四郎の名前と1906（明
治39）年10月の寄贈日付が見られる。

　しかし，当時の原簿は戦災で焼失しており，原簿や目録類も簡略で旧蔵者や
寄贈者が記されていない。そのため，坪谷が寄贈した55種87冊の全貌につい
ては不明である。『江戸名所図会』や『東都歳時記』のような和装本は貴重資
料として特別文庫室に残されている。しかし，洋装本の場合には一般図書とし
て登録されているものもある。たとえば，東京都立中央図書館所蔵の1914（大
正3）年刊の『東京市史稿　変災篇』[27] にも「坪谷水哉蔵書」の蔵書印が押さ
れている。坪谷は東京市史の編纂にもかかわっており，開館後にも図書の寄贈
を続けている。

　伊東は日比谷図書館で行った「廿年前に於ける我が国図書館事業を顧みて」
の講演中で，次のように述べている。出版届の納本が内務省，帝国図書館，内
閣へ各1部となっていたものを明治24，25年頃に内閣分が廃止になった。そ
こで後に司法大臣になった江木課長より日比谷図書館へ寄贈された。江木課長
とは1904（明治37）年1月から1910（明治43）年まで内閣記録課長であった江
木翼（1873-1932）[28]-[31] のことである。納本部数の変更とは1893（明治26）年の
出版法の改訂により納本冊数が3部から2部に変更された[32] ことを示してい
ると考えられる。

　1907（明治40）年11月には国学者福羽美静（1831-1907）旧蔵書の寄贈も行わ
れた。伊東はフランス留学中に園芸学者の福羽逸人（1856-1921）と知り合い，
その養父である福羽美静子爵の遺書の寄贈申し込みがあり，1907（明治40）年
末には1万冊に達していたと回顧している。

　東京都公文書館の1908（明治41）年11月の「賞与の件の上申」関連書類に
付けられた寄付取調表[33] によると，福羽逸人から1907（明治40）年12月に
『輿地誌略』ほか1,223点（3,239冊，価格485円89銭），1908（明治41）年2

38

月に『長秋記』ほか 1,071 点（4,402 冊，価格 517 円 52 銭），計 2,294 点（7,641 冊，価格 1,003 円 41 銭）の図書が寄贈されている。『長秋記』（請求記号：東 9132-006）は現在も東京都立中央図書館特別文庫室の東京誌料に残っている。最終丁には「東京誌料福羽逸人寄贈」の朱色の印と「明治 41.2.28 寄贈」の直径 2.5cm の黒い丸印が押印されている。園芸学者福羽逸人から寄贈された養父福羽美静の遺書は，開館以前の 1908（明治 41）年に 2 月 28 日付で寄贈の受入れが行われ，図書館の蔵書となったことがわかる。

　一方，内閣分の寄贈についても蔵書印を手がかりに東京誌料を調査したところ，『新撰模様当世万職雛形』の第 1 丁表に，「日本政府図書」の 4.5cm の四角い印が押され，最終丁には「日本政府図書」と「明治卅九・十一月内閣記録課贈付」の印がみられる。内閣文庫分についても，その全体像は明らかではないが，蔵書印と「明治卅九・十一月内閣記録課贈付」の印の付いたものは，このほかにもみられる。

　『中央新聞』1908（明治 41）年 7 月 4 日「市民は新に二大図書館を得たり」[34] の記事では，貴族的な図書館として徳川頼倫（1872-1925）候による南葵文庫，通俗的な図書館として日比谷図書館が紹介されている。日英文庫寄贈 10 万冊，福羽逸人寄贈 7,000 部，内閣文庫寄贈 6,000 部がすでに寄贈されていることを報じている。

2　新たな図書館設置にあたった実務家たち

　図書館運営やサービスを支えた職員の俸給は，1906（明治 39）年 7 月に予算案の議決により，2 か年にわたって予算化された。「俸給及雑額」として 1906（明治 39）年 1,783 円 35 銭，1907（明治 40）年 2,214 円 70 銭があてられることになった。1906（明治 39）年 9 月には伊東が主事に就任し，東京市図書館準備事務所が市役所内に設置され，東京市立図書館開館の準備が開始された。

東京市立図書館員の給与

表Ⅲ-1　館員の雇用状況（1907 年 11 月〜1908 年 11 月）

年月	職名	氏名（俸給等）	東京都公文書館所蔵資料簿冊名（請求記号）
1907 年11 月	開館準備事務嘱託任用	渡邊又次郎（年俸 1,600 円）	進退・冊ノ 9-8（602.B5.09）
	開館準備嘱託任用	上野巳熊（月給 40 円）	
	日比谷図書館開館準備事務員	水平三治（月給 40 円）稲葉円治（月給 35 円）	進退・冊ノ 9-1（602.B5.01）
1907 年12 月	開館準備事務嘱託	肥塚麒一（月給 25 円）	進退・冊ノ 9-8（602.B5.09）
	教育課採用（日比谷図書館準備事務所）	保坂藤太（月給 15 円）	進退・冊ノ 9-4（602.B5.05）
1908 年1 月	東京市事務員（日比谷図書館準備事務任用）	今澤慈海（月給 45 円）	第 1 種　秘書　進退・9冊ノ 1（602.A1.01）
1908 年3 月	日比谷図書館事務嘱託任用	伊東平蔵（月給 50 円）上野巳熊（月給 40 円）肥塚麒一（月給 25 円）	進退・冊ノ 9-6（602.A1.05）
	日比谷図書館主事	渡邊又次郎（年俸 1,600 円）	進退・冊ノ 9-8（602.A1.07）
	日比谷図書館事務員専任任用	今澤慈海（月給 45 円）稲葉円治（月給 35 円）片山信太郎（月給 25 円）酒井越夫（月給 25 円）青山千隈（月給 20 円）櫻井直記（事務員と兼任）	
	日比谷図書館雇転勤	清水房之助（月給 20 円）青木久七（月給 18 円）保坂藤太（月給 15 円）森尾津一（月給 15 円）	
	臨時雇	寺尾保治（日給 50 銭）	
1908 年4 月	日比谷図書館事務員	国分彦四郎（月給 20 円吏員転任）	
	日比谷図書館雇	福士直次郎（月給 15 円吏員転任），成瀬正弘（月給 20 円）	
1908 年5 月	日比谷図書館臨時雇	城森繁太郎（日給 40 銭）	
1908 年8 月	日比谷図書館雇	田添三喜太（月給 16 円），吉井佳雄（月給 12 円）	
	日比谷図書館臨時雇	山本三四郎（日給 37 銭）	
1908 年11 月	日比谷図書館臨時雇	奥田啓市（月給 20 円），小泉享茲（月給 12 円），蒔田良吉（日給 40 銭）	

出典：東京都公文書館所蔵（右欄に請求記号記載）の任用関係文書より作成

　当時の俸給の状況を比較するために，『東京市統計年表』を基に，1908（明治41）年12月31日の東京市役所の職員俸給から関連する職名を表にまとめたのが，表Ⅲ-2である。

表Ⅲ-2　東京市役所職員俸給

職員	人数	一人平均年額	月給最高	月給最低
市長	1	6,000		
助役	3	2,000	2,000	2,000
収入役	1	2,000		
技師長	1	5,000		
顧問	2	1,000	1,000	1,000
局長	1	5,000		
課長	8	1,125	1,400	900
主事	1	1,600		
嘱託員	25	362	60	10
事務員	169	386	60	15
雇	369	206	35	8

出典：『東京市統計年表』第7回より作成

東京市立図書館職員の雇用

　伊東平蔵は1906（明治39）年9月から事務嘱託として，月60円で任用されている。準備のためには専任者として相当経験のある人物を任用したいが，適任者を得ることが難しいため，図書館経営に熟練した東京外国語学校教授の伊東が選ばれた。専任でないために，嘱託者に文学士名和長正（月給30円），事務員として，石川源一郎（月給25円），牧田勝（月給25円），文屋留太郎（1878-1917）（月給20円）が任用されている。名和は東京帝国大学文科史学科卒業，文屋は帝国図書館司書で休職中であった。

　伊東は当時，大橋図書館主事と東京外国語学校教授であったため，大橋図書館長石黒忠悳（1845-1941）と東京外国語学校長の高楠順次郎への照会が行われた。事務員の文屋留太郎は帝国図書館司書で休職中のために帝国図書館長に照会してから公表するという書類が残っている。公文書の内容からみても，当時東京市が図書館設立のための実務経験の豊かな人材を求めていたが，それが難

しく，大橋図書館や帝国図書館から人材が登用されていることがわかる。伊東は1908（明治41）年5月本務多忙のため嘱託を辞退しており，その開館準備の功労に対して300円が贈られている。

　1908（明治41）年3月には，渡邊又次郎（1866-1930）が年俸1,600円で主事に任用されている。渡邊は帝国大学文科大学哲学科を卒業し，帝国図書館司書長等を経て，日比谷図書館初代館長に就任し，児童奉仕に力を入れた人物である[35]。渡邊の年俸は助役の下，課長の上に位置しており，かなり高額であったことがわかる。1907（明治40）年11月に任用された水平三治（1862-1944）はアメリカに留学し，英語学，フランス語学を学んでいる。帰国後には，秋田図書館書記，秋田図書館長に就任している。日比谷図書館準備事務への任用は，語学能力と図書館長としての事務経歴が認められたものと考えられる。このほかにも，東京府知事や衆院副議長を務めた肥塚龍（1848-1920）の子息である肥塚麒一（1881-？）のように，早稲田大学英文科を卒業した英文学に堪能な人々が任用されている。

　1908（明治41）年1月には，のちに日比谷図書館館頭に就任し，東京市立図書館の黄金期といわれる時代を築いたとされる今澤慈海（1882-1968）が東京市事務員となり，同年3月に日比谷図書館専任になった。今澤は日英文庫整理，分類，目録作成を委嘱され，尾崎行雄，渡邊又次郎に才能を見出された。同時期に採用された片山信太郎（？-1923）は，1903（明治36）年8月に日本文庫協会主催で行われた第1回図書館事項講習会に京都大学図書館員として受講し，のちに鹿児島県立図書館長となった人物である。また，精神科医であり，歌人としても知られる齋藤茂吉（1882-1953）と親交があり，鹿児島県立図書館長となった奥田啓市（1880-？）の名もみえる[36]。1908（明治41）年5月の事務員の月給は最高60円，最低15円となっているので，今澤の月給45円は，かなり上位に位置していたことになる。

　1908（明治41）年の『東京市統計年表』によると，日比谷図書館の職員数は主事1名，事務員6名，嘱託員2名，雇10名，臨時雇3名の総計22名の規模であった。1907（明治40）年10月の日英文庫受入決定は館員採用面でも大きく影響し，1908（明治41）年に入り，この変化にあわせた対応が急速に進めら

れた。日英文庫の受入により，語学能力が必要になり，俸給がかなり高額に設定される結果となった。

　『値段史年表』[37]によると1900（明治33）年の小学校教員の初任給は10円から13円，1906（明治39）年の巡査の初任給は12円であり，それに比べると日比谷図書館事務員専任として雇われた人々の給料はかなり高い水準ということができる。

3　建築図面からみた開館時の東京市立日比谷図書館

日比谷図書館の仕様設計書

　雑誌『建築世界』[38]‐[49]には日比谷図書館仕様設計書と図面が掲載されている。1907（明治40）年11月から1908（明治41）年6月にわたり，表Ⅲ-3に示した8枚の実例図が掲載されている[50]。この8枚の図面から日比谷図書館の建築材料や構造を確認することができる。

表Ⅲ-3　『建築世界』掲載の日比谷図書館図面

図名	図面の種類	掲載号（年月日）
日比谷図書館階下平面之図	平面図	1巻5号（明治40年11月）
日比谷図書館之図　玄関詳細 同　正面小塔縦断面 同　正面小塔横断面	断面図百分之一 縦断面図五拾分之一 横断面図百分之一	1巻6号（明治40年12月）
日比谷図書（館）左側階段詳細図 断面 同平面	断面図 平面図	2巻1号（明治41年1月）
日比谷図書館配景図	完成予想図	2巻1号（明治41年1月）
日比谷図書館階上平面之図	平面図	2巻3号（明治41年3月）
日比谷図書館本館階段断面之図	断面図	2巻4号（明治41年4月）
日比谷図書館書庫断面之図	断面図	2巻5号（明治41年5月）
詳細図日比谷図書館書庫	断面図	2巻6号（明治41年6月）

　図Ⅲ-1は『建築世界』2巻1号[40]に掲載された日比谷図書館仕様書の「日比谷図書館配景図」である。この完成予想図と同じ図が『やまと新聞』1908（明

治41）年1月24日「日比谷図書館の模型」[51] として掲載されており，この時期に完成予想図が公開されたものと考えられる。

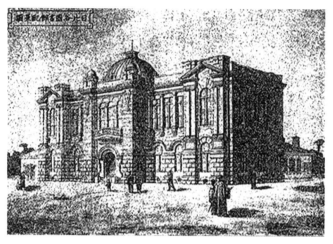

図Ⅲ-1　日比谷図書館配景図

出典：「日比谷図書館仕様書（三）」『建築世界』2巻1号　口絵（早稲田大学中央図書館所蔵）

　この「日比谷図書館配景図」の注には，日比谷図書館の設計者は市役所技師工学士三橋四郎（1867-1915），受負者は鹿島組高木若松，顧問技師は鹿島組建築技師中濱西次郎という説明が付されている。また，1908（明治41）年2月に刊行された2巻2号の雑報では，日比谷図書館は3月末日までに落成予定で工事を進行しており，多少遅延しているが，4月中旬頃落成の予定であると報じている[42]。

設計者三橋四郎

　日比谷図書館の設計者である三橋四郎は，帝国大学工科大学を卒業後，建築技師として陸軍省，逓信省，東京市等で，官庁建築（吉林領事館，牛荘領事館，奉天領事館等）や小学校等の多くの建築事業に携わった。日比谷図書館完成前の1908（明治41）年4月に東京市を辞して，三橋建築事務所を京橋区南鍋町に開設している[52]。東京都公文書館には1906（明治39）年4月5日付の履歴書[53]

が残っており，1908（明治41）年4月6日に，土木局営繕課長を病気により退職している[54]。

　その後，三橋は外務省の委嘱により1915（大正4）年10月ウラジオストクに行き，帝国領事館の建築を監督していたが，49歳で急逝[55], [56]，1915（大正4）年12月1日に死去が発表された。雑誌にはその死を悼んだ文章が寄せられている[57]。三橋の著書には『和洋改良大建築学』[58], [59]があり，新建築や耐火建築の研究を行い，鉄網コンクリート工法を考案している。

　『<ruby>万<rt>よろず</rt>朝<rt>ちょう</rt>報<rt>ほう</rt></ruby>』1906（明治39）年7月5日「ハイカラに設計変更」の記事[60]（図Ⅲ-2）が掲載されている。『建築世界』の配景図（図Ⅲ-1）のデザインを比較すると，すでにこの時期に設計は決まっていたことがわかる。このことから建築設計が本格化したのは，三橋が東京市技師に就任した1906（明治39）年4月以降と考えられる。

図Ⅲ-2　東京市立図書館正面図

出典：「ハイカラに設計変更」『万朝報』明治39年7月5日（『新聞集成図書館　第1巻：明治編（上）』［p.328］）

図書館は煉瓦造りか木造か

　日比谷図書館は果たしてどのような材質で作られていたのだろうか。煉瓦造りだったのか，木造だったのか。図書館配景図や正面図をみただけでは，煉瓦

造りというイメージが強い。銀座煉瓦街のイメージで，煉瓦造りと思いがちだが，実際はどのような建物だったのだろうか。

　日比谷図書館仕様書によると，図書館の建物は本館と背後の書庫部分で構成されていた。本館は建坪133坪5合6勺（441.5㎡）で木造2階建となっており，付属の平屋建部分は休憩室及便所，建坪16坪5合（54.5㎡）であった。書庫は煉瓦造4階，建坪27坪9合8勺（92.5㎡），書庫前室は煉瓦造3階で5坪5合（18.2㎡），書庫前渡は木造2階建で1坪2合5勺（3.9㎡）で構成されていた。建物の内外部はペンキ塗り，屋根は亜鉛引鉄板葺であった。本館と書庫前室をつなぐ部分に渡り部分があり，書庫出納の本の提供は本館の貸出室でする方法をとっていた。つまり，書庫と書庫前室は耐火のために煉瓦造りだったが，本館と渡り部分は木造で，内外がペンキで塗装されていた。

　日比谷図書館の1906（明治39）年7月の予算書につけられている構造設備概要では，本館はスレート葺，木造2階建で267坪12（883㎡），書庫は瓦葺煉瓦造4層建，必要部防火扉付で111坪92（369.9㎡），書庫前室は煉瓦造瓦葺2階建で11坪6（38.3㎡），同渡りはスレート葺木造2階建で1坪1（3.6㎡），小使室，製本室，物置，便所其他は瓦葺木造平屋建26坪12（86.3㎡），渡り廊下は生子板葺木造7坪2（24㎡），暖炉（煉瓦製6個，鉄製10個）となっている[61]。予算書の構造設備概要と仕様書を比較してみると，書庫前室部分が2階建から3階建に変更されている。

　『日本』1906（明治39）年9月17日の「市立図書館設計変更」の記事[62] [p.359]によると，同年9月15日の学務委員会を開き，元の設計は日比谷公園の風致を害する恐れがあるので，便所，小使室，湯沸所等附属舎の位置を変更することに決定したとある。東京都公文書館に残っている，1906（明治39）年11月の市立図書館認可願に付された「図書館配置図（縮尺二百分之一）」と仕様書の階下と階上の平面図を比較すると，配置が合致している。1906（明治39）年7月の「市立図書館設立趣旨」の段階で，すでに大方の構造は決定され，同年9月の設計以降には大きな設計変更は実施されていないと考えられる。

　仕様書の日比谷図書館仕様書階下と階上平面図を基に作成したのが，図Ⅲ-3のフロア構成図である。

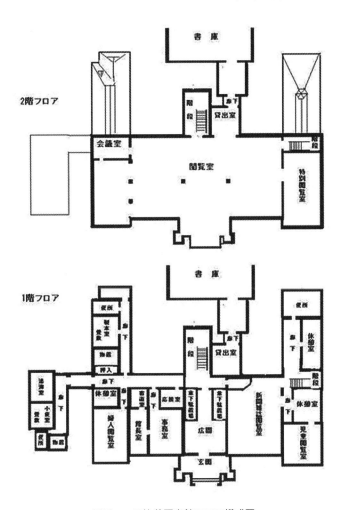

図Ⅲ-3　日比谷図書館フロア構成図

出典：「日比谷図書館仕様書（一）」『建築世界』1 巻 5 号，「日比谷図書館仕様書（其六）」『建築世界』2 巻
3 号　平面図を参考に作成

　　図書館本館の 1 階に玄関から入ると広間になっており，左右に傘下駄置場が
置かれている。『東京市立日比谷図書館一覧』[63]（自明治 41 年至明治 42 年）によ
ると，階下の中央に閲覧券交付所がある。仕様書によると，1 階部分の右手に

は新聞雑誌閲覧室と児童閲覧室，休憩室があり，左手には婦人閲覧室，事務室，応接室，館長室，製本室（畳敷），小使室（畳敷）が配置されている。

　階段は1階フロアの中央と右手の児童閲覧室側奥にみられ，2階のフロアに上がることができる。2階フロアには閲覧室，特別閲覧室，会議室がある。2階特別閲覧室は1階児童閲覧室の上にあたり，2階の閲覧室は，1階の婦人閲覧室から新聞雑誌閲覧室までの部分の上に位置している。

　大橋図書館の場合は，総建坪111坪8合余（366.6㎡），木造2階建で階上を普通閲覧室，婦人室，記念室に区画，階下は新聞閲覧室，事務室，製本室，小使室，食堂，便所が配置されていた。大橋図書館の当初の大橋図書館平面図[64][p.10]には，児童室の室名はみられない。

　図Ⅲ-4は仕様書の玄関詳細図100分の1，左上部には正面小塔縦断面図50分の1，左下部には正面小塔横断図100分の1が掲載されている。

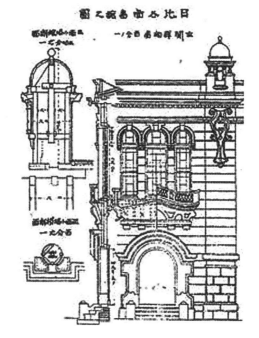

図Ⅲ-4　日比谷図書館之図　玄関詳細

出典：「日比谷図書館仕様書（続二）」『建築世界』1巻6号　口絵（早稲田大学中央図書館所蔵）

　図Ⅲ-5は書庫詳細図，図Ⅲ-6は断面図である。4階建煉瓦造り，耐火構造，窓防火用シャッター戸や自働防火装置は，東京市麻布区本村町の大野正専売特許品が指定されている。建坪27坪9合8勺（92.4㎡）で4層の合計は111坪9合2勺（369.9㎡）である。

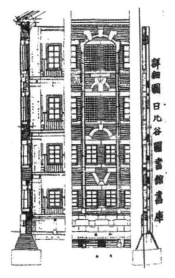

図Ⅲ-5　書庫詳細図 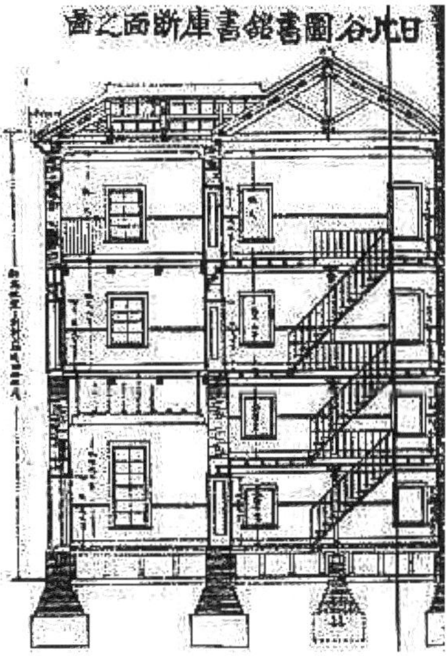　　　　　　　　　　　　　図Ⅲ-6　断面図

図Ⅲ-5出典：「日比谷図書館書庫前室仕様書」『建築世界』2巻6号　口絵（早稲田大学中央図書館所蔵）

図Ⅲ-6出典：「日比谷図書館書庫前室仕様書」『建築世界』2巻5号　口絵（早稲田大学中央図書館所蔵）

　次に，『時事新報』1906（明治39）年7月「市立図書館設立趣旨」にみられる各閲覧室の収容人数と『東京市立日比谷図書館一覧』[63]（自明治41年至明治42年）からみた，開館時の建物の収容人数を比較したのが，表Ⅲ-4である。1906（明治39）年の段階で，すでに婦人閲覧室や児童閲覧室を持った400人を超える規模の大規模図書館が予定されていたことがわかる。開館時には1906（明治39）年の想定よりも，60人ほど収容人数が減少している。

室　　名	フロア	市立図書館設立趣旨 （明治39年）		『東京市立日比谷図書館一覧』（明治41年）開館時収容人数	増減
		広さ	収容人数		
普通閲覧室	2階	95坪余（314㎡）	280人	240人	－40
特別閲覧室	2階	16坪5（54.5㎡）	50人	32人	－18
婦人閲覧室	1階	12坪（39.7㎡）	35人	36人	＋1
新聞雑誌閲覧室	1階	26坪（86㎡）	70人	70人	0
児童室	1階	9坪（29.8㎡）	27人	24人	－3
計			462人	402人	－60

出典：「市立図書館設立趣旨」『時事新報』明治39年7月7日（『新聞集成図書館　第1巻：明治編（上）』）と『東京市立日比谷図書館一覧』（自明治41年至明治42年）より作成。広さは「市立図書館設立趣旨」の数値による

　『建築世界』への設計仕様書連載は，1908（明治41）年9月の2巻9号[49]で完結している。「日比谷図書館の設計に就きて」では，日比谷図書館は起工以来約1年6か月を経て9月竣工，10月中開館の予定である。目下，市役所教育課で図書の整理中で，図書館総経費は約10万円である。工事の竣工は1908（明治41）年3月の予定だったが，天候に妨げられたことと石材の運搬に意外に時日を費やしたために延期することになったとある。

4　3つの図書館構想と開館時の東京市立日比谷図書館

3つの図書館構想と開館時日比谷図書館の状況

　第Ⅱ章で取り上げた3つの図書館構想の項目と開館時の状況を，『東京市立日比谷図書館一覧』（自明治41年至明治42年）を基に比較したのが，表Ⅲ-5である。項目を見ると，東京市の経費で行われ，建設は3案の構想どおりであった。しかし，創設費は予算の段階に133,180円となり，坪谷案の150,000円に近い大規模図書館になった。閲覧料金や職員数は，寺田案に近い形になっている。

表Ⅲ-5　日比谷図書館開館時の状況と３案との比較表

項目	開館時の状況	３案中で開館時の状況に近い案
費用負担	東京市	東京市（３案とも同じ）
創設費	133,180 円（予算）	坪谷案 150,000 円
維持費	人件費（俸給 6,712 円，雑給 3,489.35 円）図書費製本費（4,000 円）	寺田案　年 6,000 円（人件費 3,500 円，図書購買及び製本費）坪谷案　年 6,000 円（人件費 3,600 円，諸経費 2,400 円）
蔵書	明治 41 年 12 月末日　合計 125,343 冊閲覧に供する図書 47,620 冊（甲種 30,820 冊，乙種 16,800 冊）乙種はすべて洋書で，甲種の複本のため分類をつけず保管。開館時の日英文庫寄託図書は 99,962 冊	坪谷案　100,000 冊寺田案　30,000 冊
開館時図書購入費	予算 10,000 円（20,000 冊購入規模）	寺田案 15,000 円
書籍購入費	4,000 円（図書雑誌製品材料）	坪谷案　4,300 円寺田案　3,000 円（図書購買費及び製本費）
職員	明治 42 年度　25 名主事 1，事務員 6，雇 12，館丁 5，出納手 10，製本人 1	寺田案（21 名：館長 1，書記 1，司書 4，貸付係 4，出納係 5，巡視 3，小使 3）
俸給	俸給 6,712 円（主事，事務員，雇）	坪谷案　俸給 3,600 円
閲覧者数	閲覧人数 21,045 人（男 19,939 人，女 1,106 人），1 日平均 601.3 人（特別 46.3 人，普通 335.9 人，新聞雑誌 83.7 人，児童 134.2 人，優待 0.9 人，無料 0.3 人）	坪谷案（1 日 500 人）寺田案（3 ヵ年間平均 300 人／日，（4 ヵ年目以後平均 400 人／日）
閲覧料金	特別閲覧券 4 銭，普通閲覧券 2 銭，児童閲覧券 1 銭，新聞雑誌閲覧券 1 銭	寺田案 2 銭（収入額 1,920 円）
建設期間	約 2 ヵ年明治 39 年 7 月建築費議決により工事着手，明治 41 年 8 月落成，9 月移転	寺田案（継続 2 ヵ年以内）
建設地	日比谷公園	坪谷案（日比谷公園）
建物	本館：木造 2 階建　133.56 坪（441.5㎡）書庫：煉瓦造 4 階建　33.78 坪（111.7㎡）	寺田案　本館：木骨煉瓦又は木造様式 2 階建　150 坪（495.9㎡）書庫：煉瓦 3 階建又は 4 階建 120 坪（396.7㎡）

出典：開館時の状況は『東京市立日比谷図書館一覧』（自明治 41 年至明治 42 年）による

維持費は，3案ともに人件費，図書購入費用等の諸費を含めた数字を想定し，坪谷案，寺田案では6,000円としている。しかし，人件費についてはすでに6,000円を上回っている。日英文庫の受入れにより，1900（明治33）年から1904（明治37）年に想定されていた通俗図書館設立のイメージとは異なった状況が生じた。すなわち，ある程度語学力を有する人を集めざるを得なかった事情がある。

蔵書構成からみた日比谷図書館

　明治39，40年度継続予算の図書購入費は，和洋漢書20,000冊で予算10,000円であり，予算書の単価は50銭を見込んでいる。これは坪谷案が大橋図書館を参考として算出した単価30銭よりも高い価格となっており，寺田案の想定単価と一致する。開館時の実際の購入冊数9,458冊で約10,000冊規模である。和書は8,972冊，洋書は486冊で，購入の95％を和書が占める蔵書構成となっている。坪谷案では閲覧料を図書購入費に充当する考え方を持っていたが，この方式は実施されていない。

　寄贈図書については，開館以前から寄贈が行われており，坪谷以外の寄贈本では学術的傾向の図書が多くみられる。開館時の寄贈書は10,386冊，和書9,540冊，洋書846冊，その他新聞雑誌約130種に達しており，全体の92％を和書が占めている。購入も寄贈も和書を中心としたコレクション構成である。

　東京市立日比谷図書館の開館時の蔵書構成に最も大きな影響を与えたのが，日英文庫の受入れである。1908（明治41）年12月末の和漢洋の所蔵数合計は125,343冊，内訳は和漢書23,158冊，洋書102,185冊である。このうち閲覧可能な図書は47,620冊であり，その内訳は甲種が30,820冊，乙種が16,800冊であった。乙種は全部洋書で甲種の複本であるため，分類をつけず別に保管されていた。

　開館当初，日比谷図書館の図書は8門に分けられていた。戸野はこの分類方法について，必ずしも学術的論理的根拠があるわけではなく，便宜上に接近類似度の高いものを一括して作成したものであるとしている[19]。日比谷図書館で用いられていた分類方法は，表III-6に示したように大橋図書館[64]，帝国図書館の分類表とは異なっていた。

表Ⅲ-6　日比谷，大橋，帝国図書館の分類表比較

	日比谷図書館	大橋図書館	帝国図書館
第1門	事彙，叢書，随筆，雑書	書目，辞書，類書，叢書，雑誌，新聞	神書及び宗教
第2門	宗教，哲学，教育	宗教	哲学及び教育
第3門	文学，語学	哲学	文学及び語学
第4門	歴史，伝記，地理，紀行	法律，政治，軍事	歴史，伝記，地理，紀行
第5門	法律，政治，経済，社会，統計	社会（経済，財政，統計，運輸，教育）	国家，法律，経済，財政，社会及び統計学
第6門	数学，理学，医学	文学，語学	数学，理学，医学
第7門	工学，芸術，兵事	数学，理学，医学，工学	工学，兵事，美術，諸芸及び産業
第8門	産業，交通，家事	産業（農業，工業，商業）	類書，叢書，随筆，雑書，雑誌，新聞紙
第9門		美術，諸芸	
第10門		歴史，伝記，地誌，紀行	

出典：『東京市立日比谷図書館一覧』，『学校及教師と図書館』，『大橋図書館四十年史』により作成

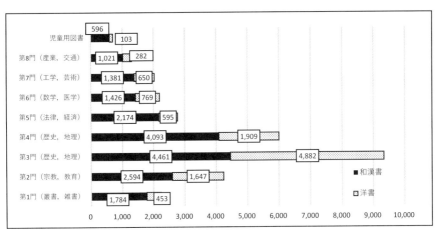

図Ⅲ-7　日比谷図書館開館時閲覧可能図書の分類別比率

出典：『東京市立日比谷図書館一覧』（自明治41年至明治42年）により作成

　『東京市立日比谷図書館一覧』（自明治41年至明治42年）を基に，開館時に閲覧可能であった図書甲種30,820冊の分類別状況をグラフに示したのが図Ⅲ-7

である。蔵書構成は分野別にみると，第3門の文学・語学や第4門の歴史・地理等が多い。日英文庫の影響で，文学・語学の半数は洋書が占めている。

　日比谷図書館と他館（帝国図書館，帝国教育会書籍館，大橋図書館）の蔵書数を比較した表Ⅲ-7をみると，1908（明治41）年の開館当初の日比谷図書館の蔵書数は，和書は帝国図書館の10分の1の冊数であるのに対して，洋書は帝国図書館の約2倍になっている。しかし，実際に利用可能であったのは12,000冊余りであったため，1909（明治42）年の統計上でも，和漢洋をあわせた蔵書数は41,096冊に修正されている。日比谷図書館の蔵書のうち，利用可能な図書のみに限定して比較すると，実際は坪谷案よりも寺田案に近い規模になっていたことになる。

表Ⅲ-7　日比谷図書館と他館の蔵書数比較

年	図書館名	蔵書数　和漢書	蔵書数　洋書	和漢洋　合計
1906	帝国図書館	194,500	49,983	244,483
	帝国教育会書籍館	27,343	4,786	32,129
	大橋図書館	49,976	3,697	53,673
1908	帝国図書館	207,405	55,164	262,569
	帝国教育会書籍館	27,984	4,819	32,803
	大橋図書館	53,775	3,959	57,734
	日比谷図書館	23,158	102,185	125,343
1909	帝国図書館	212,980	58,015	270,995
	帝国教育会書籍館	28,111	4,642	32,753
	大橋図書館	56,410	4,234	60,644
	日比谷図書館	28,795	12,301	41,096

出典：『東京市統計年表』第8回を基に作成

規程類からみた大橋図書館と日比谷図書館

　1908（明治41）年には，相次いで規程類の整備が進められた。同年1月には「東京市立日比谷図書館処務規程」（訓令甲第8号），11月には「東京市立日比谷図書館図書閲覧規程」（告示第83号），「東京市立日比谷図書館規則」（告示第97号）が定められた。

　モデルとなる例が少ない時代に，果たしてどのように規程の整備は行われたのだろうか。「大橋佐平と大橋図書館」の中で，是枝英子（1929-2018）はモデルとして大橋図書館が果たした役割を高く評価している[65]。大橋図書館は夜間開館や館外貸出，児童サービスにおいて先駆的な取り組みを行った図書館であり，その経験が東京市立図書館設立にも大きな影響を及ぼした。

　大橋図書館は 1902（明治 35）年に開館したために，開館時には東京市内に参考にできる図書館がなかった。そのため大橋図書館の規程類は当時の主事であった伊東平蔵が理事田中稲城の指導により作成し，その後全国の図書館の参考とされた。1906（明治 39）年 9 月に，伊東は大橋図書館から日比谷図書館に転任しており，日比谷図書館でも大橋図書館の規則を参考にしていると考えられる。そこで，ここでは日比谷図書館と大橋図書館の規程の比較を行ってみたい。

　大橋図書館規則では，図書館の目的を主として，普通の図書雑誌等を収集し広く公衆の閲覧に供して一般社会の知識啓発に裨補することに置き，サービス対象を 12 歳以上としていた。一方，東京市立日比谷図書館規則では，その目的として市民のために図書を収集し公衆の閲覧に供すること，7 歳未満をサービス対象範囲としないことと定められた。

　明治 30 年代は，1900（明治 33）年の小学校令により，学齢は満 6 歳に達した翌月から満 14 歳までになり，義務就学の明確化と無償化が確立した時期にあたる。日露戦争の間に就学率が急速に高まり，日比谷図書館の開館準備期である 1907（明治 40）年には学齢児童の平均就学率は 97％を超えた。義務教育は尋常小学校の修業年限 4 か年が 6 か年に延長されている[66]。

　開館時間と休館日について，日比谷図書館と開館当時の大橋図書館の状況を比較したのが表Ⅲ-8 である。年間の休館日は 2 館ともほぼ同じで，開閉館時刻は日照時間を考慮した設定が行われていた。大橋図書館は，開館当初は開館時間が 7 時間から 9 時間 30 分で夜間開館は実施していなかった。1903（明治 36）年 8 月，4 月から 10 月まで，新聞雑誌閲覧室において夜間開館（午後 6 時から 9 時）を開始する。実施期間が 7 か月のみに限られたのは閲覧室に暖房設備がなく，冬季の来館者数が少ないためであった。

　一方，日比谷図書館の場合は，開館時間が夏季 13 時間，冬季 11 時間で，こ

ちらも日照時間を考慮した結果と考えられる。暖房については,「東京市自明治39年度至明治40年度歳入予算臨時費」の建築設備費に暖炉設備が組み込まれた。暖炉設備費は1,050円で煉瓦製5個,鉄製10個が準備され,伊東等の案における昼夜開館,夜間開館重視の考え方が実現されていることになる。

表Ⅲ-8　閲覧時間（日比谷図書館,大橋図書館）

	日比谷図書館		大橋図書館	
	開館時間	閉館日	開館時間	閉館日
1月	午前9:00〜午後8:00	1/1〜5（5日間）	午前9:00〜午後4:00	1/1〜7（7日間）
2月		2/11 紀元節（1日間）		2/11 紀元節（1日間）
3月			午前8:30〜午後4:30	
4月	午前8:00〜午後9:00		午前8:30〜午後5:00	
5月			午前8:00〜午後5:00	
6月			午前7:30〜午後5:00	6/15開館記念（1日間）
7月				
8月			午前8:00〜午後5:00	曝書8〜9月（10日間）
9月		曝書9〜10月（10日間）	午前8:30〜午後5:00	
10月	午前9:00〜午後8:00	10/1 開庁記念（1日間）	午前8:30〜午後4:30	
11月		11/3 天長節（1日間）	午前8:30〜午後4:00	11/3 天長節（1日間）
12月		12/27〜12/31（5日間）		12/28〜12/31（4日間）
月毎		掃除毎20日（年12日間）		掃除月末（年12日間）
年計		年間35日間		年間36日間

出典:『東京市立日比谷図書館一覧』,『大橋図書館四十年史』により作成

　日比谷図書館の閲覧詳細は,「東京市立日比谷図書館図書閲覧規程」に規定されている。閲覧人は閲覧券を購入すると,該当する閲覧室で閲覧できる。ただし,婦人の閲覧は婦人閲覧室に限定されていた。閲覧券を図書出納所に出して閲覧用紙を受け取り,図書は目録で探して図書名,番号,冊数,住所,氏名,職業を記載して請求する。同時に閲覧できる図書の冊数は,それぞれ閲覧人別で異なる。15回分の閲覧券は有効期間60日で,9回分の料金で15回利用する

ことができる。利用可能冊数は和装と洋装で別に定められ，和装と洋装書を同時に閲覧するには，洋装書1冊に対して和装書3冊の割合で計算している。

　表Ⅲ-9，表Ⅲ-10に示したように，優待券や無料閲覧券も交付することを定めている。大橋図書館と比較すると，大橋図書館が閲覧人を図書，雑誌に分けているのに対して，日比谷図書館では，児童，特別閲覧人を設けている点が異なる。指定された図書，特別閲覧室については特別閲覧人以外の場合はみることができず，閲覧料金は一般閲覧人の2倍に設定されていた。普通閲覧料金を比較すると，日比谷図書館の料金のほうが大橋図書館よりも安く，和装書と洋装書の併用の場合は，日比谷図書館も大橋図書館も洋装書1冊に対して和装書3冊の割合で計算している。

表Ⅲ-9　東京市立日比谷図書館の閲覧料金と閲覧可能冊数

閲覧人	閲覧料金1回分	閲覧料金15回分	1度に閲覧できる冊数	
			和装書のみ	洋装書のみ
特別閲覧人	金4銭	金36銭	6種24冊	6種8冊
普通閲覧人	金2銭	金18銭	3種12冊	3種4冊
児童（7歳以上）	金1銭	金9銭	1種1冊	
新聞雑誌閲覧人	金1銭	金9銭	2種2冊	

出典：『東京市立日比谷図書館一覧』（自明治41年至明治42年）により作成

表Ⅲ-10　大橋図書館の閲覧料金と閲覧可能冊数

閲覧（12歳以上）	閲覧料金1回分	閲覧料金15回分	1度に閲覧できる冊数	
			和装書のみ	洋装書のみ
図書	金3銭	24銭	5種15冊	5種5冊
雑誌	1銭5厘	12銭	3種9冊	3種3冊

出典：『大橋図書館四十年史』により作成

　「東京市立日比谷図書館処務規程」では，職員については主事，事務員と正式の職員ではなく雇われて事務などを手伝う雇員を置くことが定められていた。事務分掌や服務心得，宿直心得を定めた「東京市立日比谷図書館処務細則」では，目録係（目録編成，図書の解題等），蔵書係（図書の収受，整理および

保管），出納係（図書出納，館外帯出），会計係，庶務係が置かれ，職員は毎日
1人ずつ交代で宿直を担当していた。

日比谷図書館開館時の閲覧状況

　1908（明治41）年，日比谷図書館では，開館式が11月16日に行われた。し
かし，実際に利用者向けに開館したのは，11月21日から12月26日の35日
間であった。日比谷図書館開館前後の帝国図書館，帝国教育会書籍館，大橋図
書館の閲覧状況を表Ⅲ-11に示した。1908年の日比谷図書館の閲覧人数は
21,045人，閲覧冊数は42,761冊に達した。表Ⅲ-7に示したように，開館当初
の日比谷図書館は日英文庫の影響で大橋図書館よりもはるかに多くの洋書を所
蔵していたが，和漢書は大橋図書館の半分しか所蔵していなかった。それにも
かかわらず，1908（明治41）年の閲覧冊数を開館日数で割った1日平均の日比
谷図書館の閲覧冊数は大橋図書館の約1.4倍に達している。

表Ⅲ-11　日比谷図書館開館前後の各館の閲覧人数冊数

年	図書館名	開館日数	閲覧人数	閲覧数和漢書	閲覧数洋書	閲覧冊数合計
1906	帝国図書館	340	191,772	912,369	75,206	987,575
	帝国教育会書籍館	331	5,127	14,982	230	15,212
	大橋図書館	341	81,084	290,302	9,966	300,268
1908	帝国図書館	334	221,707	960,479	76,092	1,036,571
	帝国教育会書籍館	310	2,008	5,616	64	5,680
	大橋図書館	342	96,115	301,747	9,319	311,066
	日比谷図書館	35	21,045	40,911	1,850	42,761
1909	帝国図書館	333	224,813	970,484	77,894	1,048,378
	帝国教育会書籍館	142	411	1,092	26	1,118
	大橋図書館	343	89,379	301,747	9,319	311,066
	日比谷図書館	333	188,895	414,802	18,519	433,321

出典：『東京市統計年表』第8回により作成

　帝国教育会書籍館は1877（明治20）年に開設され，その活動が他の図書館に
大きな影響を及ぼした図書館である。しかし，表Ⅲ-11のように，1906（明治

39）年と 1908（明治 41）年の閲覧人数や冊数を比較すると，帝国図書館と大橋
図書館は増加しているのに対して，帝国教育会書籍館は閲覧人数，冊数ともに
急激に減少している。帝国教育会書籍館は 1909（明治 42）年 7 月には一般公開
を休止し，1911（明治 44）年 6 月に東京市に委託された。千代田区立千代田図
書館は，この帝国教育会書籍館の後身にあたる図書館である[67]。

表Ⅲ-12　東京市立日比谷図書館閲覧者住所百分比率（1908 年）

区	総人員	1 日平均	百分比	区	総人員	1 日平均	百分比
芝	6,152	175.8	29	牛込	521	14.9	3
京橋	3,489	99.7	17	本郷	485	13.9	2
麹町	1,769	50.5	8	四谷	430	12.3	2
麻布	1,759	50.3	8	小石川	386	11.0	2
赤坂	1,597	45.6	8	深川	275	7.9	1
神田	1,588	45.4	8	本所	239	6.8	1
郡部其他	975	27.8	5	浅草	236	6.7	1
日本橋	928	26.5	4	下谷	216	6.2	1
				合計	21,045	601.3	100

出典：『東京市立日比谷図書館一覧』（自明治 41 年至明治 42 年）により作成

表Ⅲ-13　大橋図書館閲覧者住所百分比率（1904 年度）

区	昼	夜	区	昼	夜
麹町	36.83	57.42	麻布	2.43	1.87
神田	14.32	12.85	京橋	2.01	1.62
牛込	12.11	9.91	豊多摩郡	1.93	0.53
四谷	6.81	1.87	日本橋	1.67	0.53
小石川	4.81	2.02	深川	0.86	―
芝	4.8	4.72	下谷	0.7	―
赤坂	4.3	1.59	豊島郡	0.68	―
本郷	4.22	5.08	本所	0.48	―

出典：『大橋図書館四十年史』により作成

　日比谷図書館および大橋図書館の閲覧者の住所別分布を比較した表が表Ⅲ
-12，表Ⅲ-13 である。開館時の日比谷図書館の閲覧者は，芝，京橋，麹町，麻

布区の地域の利用が多く，一方，大橋図書館の昼の閲覧人は麹町，神田，牛込，四谷区の利用が多い。「東京市立図書館論」で坪谷は東京市立図書館開館によって，市東南部の住民に対してサービスを展開すると述べており，その意図は達成していることになる。

　表Ⅲ-14と表Ⅲ-15は『東京市統計年表』から算出した日比谷図書館と大橋図書館の職業別の閲覧人数の内訳である。

表Ⅲ-14　東京市立日比谷図書館閲覧人（職業別）

年	学生，生徒	商業ニ従事スル者	工業ニ従事スル者	官公吏軍人	新聞，雑誌記者	医師，弁護士	教員，僧侶，牧師	其他	無職業	児童	合計
1908	11,034	231	1,253	2,519	342	4,698	652	98	67	151	21,045
%	52.4	6.0	1.6	3.1	0.5	0.3	0.7	1.1	12.0	22.3	

年	学生，生徒	実業ニ従事スル者	官公吏軍人	新聞記者，医師，弁護士	教員，僧侶，牧師，技術家		無職業	児童	合計
1909	103,015	22,449	5,880	2,317	3,059		23,412	28,763	188,895
%	54.5	11.9	3.1	1.2	1.6		12.4	15.2	

出典：1908年は『東京市統計年表』第7回，1909年は第8回により作成

表Ⅲ-15　大橋図書館閲覧人（職業別）

年	学生，生徒	学校教員著述家，新聞記者	官公吏軍人	実業家	医師弁護士，画家，牧師	雑業	無職者	合計
1908	61,269	323	3,086	4,343	52	178	26,874	96,115
%	63.7	0.3	3.2	4.5	0.1	0.2	28.0	

年	学生，生徒	学校教員著述家，新聞記者	官公吏軍人	実業家	医師弁護士，画家，牧師	雑業	無職者	合計
1909	59,512	520	2,923	4,257	115	534	21,518	89,379
%	66.6	0.6	3.3	4.8	0.1	0.6	24.1	

出典：『東京市統計年表』第8回により作成

　日比谷図書館の場合は，1908（明治41）年と1909（明治42）年の統計項目が
異なっている。1908（明治41）年統計には「商業ニ従事スル者」と「工業ニ従
事スル者」の項目がみられるが，1909（明治42）年統計では「実業ニ従事スル者」
になっている。「新聞，雑誌記者」と「医師，弁護士」に分けられていた項目
は「新聞記者,医師,弁護士」に統合されている。また，1908（明治41）年に「教
員, 僧侶, 牧師」だった項目に技術者が加えられ，1909（明治42）年には「教員，
僧侶，牧師，技術者」になっている。さらに，1909（明治42）年には「其他」
の項目がないなどの相違がみられる。

　日比谷図書館の場合は，1908（明治41）年も1909（明治42）年も閲覧者の
50％以上を学生，生徒が占めており，大橋図書館も60％以上が学生，生徒で
ある。日比谷図書館の統計で特徴的なのは，児童閲覧者が1908（明治41）年は
22.3％，明治42年は15.2％に達していることにある。また，1908（明治41）年
は「商業ニ従事スル者」と「工業ニ従事スル者」の合計が7.6％，1909（明治
42）年は「実業ニ従事スル者」（英文Business Men）が11.9％になっている。い
ずれも大橋図書館の「実業家」の割合より高い数値を示している。

　日比谷図書館の閲覧状況を職業別の閲覧者数からみると，寺田案が目指した，
「小僧も丁稚も車夫も馬丁にも便利な通俗図書館」という考え方が実現されて
いることがわかる。日比谷図書館の規程類を作成する際にモデルとなった大橋
図書館の開館は，この時期の図書館のサービス計画を考える上での大きな指標
となった。通俗図書館の必要性が認識されたという点でも大橋図書館が果たし
た役割は大きい。東京市立日比谷図書館に関する，伊東等の案，坪谷案，寺田
案，それぞれの規模は異なるが，通俗図書館の理念は受け継がれている。経営
管理の実際からみても，できる限り通俗図書館の特色を発揮するという理念の
もとに具体化されていたことがわかる。

注・参考文献

1) "市設図書館". 報知新聞. 明治38年12月29日.（新聞集成図書館　第1巻:明治編（上）.
　　大空社，1992，393p.）
2) "簡易図書閲覧場設置案". 東京朝日新聞. 明治39年1月17日.（新聞集成図書館　第1巻:
　　明治編（上）. 大空社，1992，393p.）

3)	“市立図書館設立趣旨”. 時事新報. 明治 39 年 7 月 7 日. （新聞集成図書館　第 1 巻：明治編（上）. 大空社, 1992, 393p.）

4)	上野図書館八十年略史. 国立国会図書館支部上野図書館, 1953, 170p.

5)	有泉貞夫. 田中稲城と帝国図書館の設立. 参考書誌研究. 1970, no.1, p.2-19.

6)	東京市会議事速記録：明治 39 年. 東京市, 1906, no.16, p.107-114.

7)	市立（日比谷）図書館設置認可（一件態　2 件）（第 1 種・文書類纂・学事・第 23 種・雑件・1 巻　627.C3.06　東京都公文書館）

8)	東京市会議事速記録：明治 38 年. 東京市, 1905, no.18, p.21.

9)	東京市会議事速記録：明治 39 年. 東京市, 1906, no.11, p.32-33.

10)	“日比谷公園の図書館”. 都新聞. 明治 39 年 2 月 16 日. （新聞集成図書館　第 1 巻：明治編（上）. 大空社, 1992, 393p.）

11)	“東京市立図書館の設計”. 東京朝日新聞. 明治 39 年 4 月 16 日. （新聞集成図書館　第 1 巻：明治編（上）. 大空社, 1992, 393p.）

12)	ヨミダス歴史館　読売新聞明治・大正・昭和　http://www.yomiuri.co.jp/rekishikan/（参照 2022-12-20）

13)	“市立図書館設立趣旨”. 東京毎日新聞. 明治 39 年 7 月 10 日. （新聞集成図書館　第 1 巻：明治編（上）. 大空社, 1992, 393p.）

14)	東京市立図書館. 東京市教育会雑誌. 1906, no.25, p.51-52.

15)	“日比谷図書館”. 時事新報. 明治 39 年 11 月 22 日. （新聞集成図書館　第 1 巻：明治編（上）. 大空社, 1992, 393p.）

16)	市立図書館の選書標準. 東京市教育会雑誌. 1906, no.26, p.53-54.

17)	神奈川県図書館協会編. 神奈川県図書館史. 神奈川県立図書館, 1966, 472p.

18)	伊東平蔵. 通俗図書館の建設管理及経営. [1928], 41 丁.

19)	戸野周二郎. 学校及教師と図書館. 宝文館, 1909, 267p.

20)	和田萬吉ほか編. 図書館小識. 丙午出版社, 1915, 202p.

21)	森睦彦. ゴルドン夫人と日英文庫. 東海大学紀要. 1991, no.1, p.31-41.

22)	“英国図書受贈顛末”. 時事新報. 明治 39 年 8 月 7 日. （新聞集成図書館　第 1 巻：明治編（上）. 大空社, 1992, 393p.）

23)	“第二図書館と建築費”. 日本. 明治 39 年 12 月 1 日. （新聞集成図書館　第 1 巻：明治編（上）. 大空社, 1992, 393p.）

24)	187 号請願聴許の件　日英図書館の義に付文学博士高楠順次郎（市会・普通議案・冊 18-5　602.B6.16　東京都公文書館）

25)	日比谷図書館沿革. 東京市立図書館と其事業. 1928, no.48, p.4-11.
	日比谷図書館創立記念号には, 4 ページから 11 ページにわたって, 3 段にわけた一番下の段に, 明治 33 年 11 月 17 日から昭和 3 年 9 月までの年表が掲載されている.

26)	吉田昭子. 加茂市立図書館坪谷善四郎関係資料とその意義. Library and Information Science. 2009, no.62, p.145-165.

27)	東京市史稿：変災篇. 東京市, 1914-1917, 5 冊.

28)	江木翼伝. 江木翼伝記編纂会, 1939, 638p.

29)　職員録，明治 37 年甲．印刷局，1904，665p.

30)　職員録，明治 43 年甲．印刷局，1910，980p.

31)　職員録，明治 44 年甲．印刷局，1911，1098p.

32)　"出版法"．書物語辞典．古典社，1939，p.70.

33)　賞与上申日比谷図書館　福羽逸人（第 1 種・文書類纂・褒賞・第 3 類・官公署　C628. B5.23　東京都公文書館）

34)　"市民は新に二大図書館を得たり"．中央新聞．明治 41 年 7 月 4 日．（新聞集成図書館　第 2 巻：明治編（下）．大空社，1992，385p.）

35)　"渡邊又次郎"．日本児童文学大辞典．大日本図書，1993，p.313.

36)　齋藤茂吉．齋藤茂吉全集．岩波書店，1974-1976，vol.33-36，4 冊．

37)　値段史年表：明治・大正・昭和．朝日新聞社，1985，218p.

38)　日比谷図書館仕様書（一）．建築世界．1907，vol.1，no.5，p.17-21.

39)　日比谷図書館仕様書（続二）．建築世界．1907，vol.1，no.6，p.14-18.

40)　日比谷図書館仕様書（三）．建築世界．1908，vol.2，no.1，p.29-32.

41)　日比谷図書館仕様書（四）．建築世界．1908，vol.2，no.2，p.16-18.

42)　雑報東京日比谷図書館．建築世界．1908，vol.2，no.2，p.40.

43)　日比谷図書館仕様書（其六）．建築世界．1908，vol.2，no.3，p.25-29.

44)　日比谷図書館仕様設計書（其八）．建築世界．1908，vol.2，no.4，p.22-24.

45)　日比谷図書館（続）．建築世界．1908，vol.2，no.5，p.20-22.

46)　日比谷図書館書庫前室仕様書．建築世界．1908，vol.2，no.6，p.21-23.

47)　日比谷図書館書庫前渡り一箇所新築工事仕様書（其十）．建築世界．1908，vol.2，no.7，p.38-41.

48)　日比谷図書館設計仕様書（其十一）．建築世界．1908，vol.2，no.8，p.39-41.

49)　日比谷図書館の設計に就きて．建築世界．1908，vol.2，no.9，p.32-33.

50)　菊岡倶也．"建築世界解題"．日本近代建築・土木・都市・住宅雑誌目次総覧．第Ⅰ期，1990，vol.2，p.7.
『建築世界』は建築界に身を置く広い読者を対象とし，明治 40（1907）年 7 月創刊から，昭和 19（1944）年 8 月まで月刊誌として続いた。会員頒布ではなく誰でも手に入る市販誌として出版された。

51)　"日比谷図書館の模型"．やまと新聞．明治 41 年 1 月 24 日．（新聞集成図書館　第 2 巻：明治編（下）．大空社，1992，395p.）

52)　工学士三橋四郎氏建築事務所．建築世界．1908，vol.2，no.5，p.48.

53)　任命　三橋四郎（進退・冊ノ 8-1　602.C8.01　東京都公文書館）

54)　三橋四郎（退職死亡者履歴書　602.A2.01　東京都公文書館）

55)　富士岡重一．正員工学士三橋四郎氏の訃．建築雑誌．1915，no.349，p.31-34.

56)　曽禰達蔵．弔詞．建築雑誌．1915，no.349，p.34-35.

57)　故従六位勲六等工学士三橋四郎氏略歴．建築世界．1915，vol.9，no.12，p.86.

58)　三橋四郎．和洋改良大建築学．大倉書店，1904-1908，3 冊．

59)　堀口甚吉．三橋四郎氏著「大建築学」について：建築史・建築意匠．日本建築学会大会

学術講演梗概集．計画系．1971，no.46，p.1075-1076.

60) "ハイカラに設計変更"．万朝報．明治39年7月5日．（新聞集成図書館　第1巻：明治編（上）．大空社，1992，393p.）

61) 「東京市継続歳入出予算表」の数値に基づく．坪合勺（1坪＝10合，1合＝10勺）を適用すると以下のようになる．
「267坪1合2勺,書庫（瓦葺煉瓦造4層建,必要部防火扉付）111坪9合2勺,書庫前室（煉瓦造瓦葺2階建）11坪6合，同渡り（スレート葺木造2階建）1坪1合，小使室，製本室，物置，便所其他（瓦葺木造平屋建）26坪1合2勺，渡り廊下（生子板葺木造）7坪2勺」

62) "市立図書館設計変更"．日本．明治39年9月17日．（新聞集成図書館　第1巻：明治編（上）．大空社，1992，393p.）

63) 東京市立日比谷図書館一覧．東京市立日比谷図書館．1908-1914，6冊．

64) 坪谷善四郎編．大橋図書館四十年史．博文館，1942，347p.

65) 是枝英子．大橋佐平と大橋図書館．大倉山論集，2006，no.52，p.23-63.

66) 学制百年史：記述編．文部省，1972，1141,30p.

67) 千代田図書館八十年史．千代田区，1968，337p.

●第Ⅳ章●
東京市立図書館網の基盤作り
——大胆な図書館設立方針の変更

1　明治40年代から大正初期の東京

　1908（明治41）年の日比谷図書館の開館時に，東京市では日比谷図書館と同一様式の通俗図書館を各区に1か所以上設立することが計画されていた。しかし，1909（明治42）年に深川図書館が独立館として開館した後に，その方針は変更された。ここでは，その背景にある明治40年代の東京市の社会の動きや経済等について取り上げてみたい。

東京の人口急増と都市問題の発生

　明治40年代に入ると，東京は急激な人口流入による失業者と貧困者の増加がみられるようになる。市街地では子どもの人口が膨張し，婦人や児童の労働問題などの都市問題や行政課題が発生した。資本主義が発展し，農村から都市への急激な人口流入と集中が発生した。資本の原始的な蓄積は一部の上層農民への土地集中と，下層農民の窮乏・分解をすすめ，賃労働の生成を促した。市街地は近郊の村々に労働力の需要を通して大きな影響を与えた[1]。

　総理府統計局『日本長期統計総覧』[2]を基に，明治20年代末から40年代における全国と東京の人口，男性，女性の人口の推移をまとめたのが表Ⅳ-1である。日清戦争前の1893（明治26）年に東京の人口は161万人であった。しかし，日露戦争前の1903（明治36）年には急激に膨張し，225万人に達している。東京の人口が全国に占める割合は，3.9％から4.8％に増加した。全国の人口の20分の1は東京の人口が占めていた。

　次に，男女人口の構成比率をみてみよう。1908（明治41）年の全国の人口では，男性50.4％と女性49.6％，男女の差は0.8％である。一方，東京では男性

53.8％，女性46.2％，男女の差は7.6％となっている。東京が全国に比べると男性の比率の高い都市であったことを示している。5年後の1913（大正2）年には，全国の男女人口の差は1908（明治41）年と変わらない。一方，東京では男女人口の差は4.7％になっている。男女の差がやや狭まり，大正時代に入ると女性人口が増加していることがわかる。

表Ⅳ-1　東京と全国の人口の推移

| 年次 | 全国の人口 | | | 東京の人口 | | | 人口比率 | | | |
| | | | | | | | 全国 | | 東京 | |
	総人口	男性	女性	総人口（全国に占める割合%）	男性（全国に占める割合%）	女性（全国に占める割合%）	男性 %	女性 %	男性 %	女性 %
1893	41,378,600			1,608,700 (3.9%)						
1898	43,716,400	22,054,200	21,662,000	1,878,000 (4.3%)	995,600 (4.5%)	882,400 (4.1%)	50.4	49.6	53.0	47.0
1903	46,588,000	23,535,300	23,052,400	2,251,300 (4.8%)	1,213,700 (5.2%)	1,037,600 (4.5%)	50.5	49.5	53.9	46.1
1908	49,318,300	24,834,500	24,483,800	2,681,400 (5.4%)	1,443,200 (5.8%)	1,238,200 (5.1%)	50.4	49.6	53.8	46.2
1913	52,911,800	26,657,200	26,254,600	2,809,600 (5.3%)	1,470,700 (5.5%)	1,338,900 (5.1%)	50.4	49.6	52.3	47.7

出典：『日本長期統計総覧』の都道府県，男女別人口（明治17年～昭和60年）

　1908（明治41）年から1915（大正4）年までの東京市の人口や人口密度の変化を示すために，『東京市統計年表』[3]を基に作成したのが，表Ⅳ-2である。1909（明治42）年の人口（12月31日の数値）の多い順に排列した。1908（明治41）年から1909（明治42）年に人口が減少している要因は，寄留簿の整理が行われたためである。住民登録制度ができる前の寄留法では，本籍以外の一定の場所に90日以上住所または居所を持つ場合に寄留の届出が必要だった。この寄留簿の重複除去が行われたために人口が減少したのである。

　1909（明治42）年で人口が多いのは，浅草，本所，下谷，神田区である。1908（明治41）年に第2位であった京橋区は，1909（明治42）年には第7位に下がっている。一方で人口が最も少ないのは四谷区で，赤坂，麹町，麻布区が続く。

1方里（約15.42㎢）あたりの人口の密度（1915（大正4）年12月31日の各区人口を同年1月1日の各区面積で割った数値）が最も高いのは，浅草，日本橋，神田，下谷区である。下町地区の人口が多く，山の手地区の人数は少ない。1915（大正4）年と1909（明治42）年の人口を比較して増加率でみると，人口の多い浅草，下谷，本所区よりも，※の記号をつけた小石川，麻布，本郷区のほうが高い。

表Ⅳ-2　各区の人口の変化と人口密度比較

区名	1908（明治41）	1909（明治42）	1911（明治44）	1913（大正2）	1915（大正4）	1915（大正4）年1月1日面積（方里）	人口密度1方里あたりの1915（大正4）年の人口	人口増加（1915年/1909年）
浅草	306,821	182,373	206,454	221,590	257,158	0.31	829,542	1.41
本所	186,410	159,768	176,874	194,309	226,584	0.38	596,274	1.42
下谷	197,236	148,438	189,797	182,899	191,122	0.31	616,523	1.29
神田	153,346	142,378	168,270	168,295	162,326	0.25	649,304	1.14
深川	150,285	137,986	168,808	172,412	177,721	0.5	355,442	1.29
芝	176,287	124,605	148,325	157,662	180,887	0.5	361,774	1.45
京橋	207,900	121,609	132,161	156,700	163,912	0.27	607,081	1.35
日本橋	151,873	110,828	128,656	144,586	149,393	0.19	786,279	1.35
牛込	93,362	105,717	117,697	132,674	156,278	0.32	488,369	1.48
小石川	102,363	98,362	123,960	134,593	162,149	0.4	405,373	※ 1.65
本郷	153,277	89,325	111,875	112,291	134,739	0.35	384,969	※ 1.51
麻布	79,753	61,875	78,083	84,793	93,896	0.24	391,233	※ 1.52
麹町	68,669	52,252	54,034	57,253	63,156	0.57	110,800	1.21
赤坂	69,088	44,282	51,755	57,916	63,408	0.28	226,457	1.43
四谷	71,481	43,281	50,523	55,347	62,067	0.12	517,225	1.43
合計	2,168,151	1,623,079	1,907,272	2,033,320	2,244,796	4.97	451,669	1.38

出典：『東京市統計年表』第13回

　明治40年代の東京市では，急速な人口増大にもかかわらず，労働市場は狭く都市失業者が増加した。これに都市施設の未整備も加わって，民衆の貧困はさらに増大した。明治初期以前の都市下層社会は，近代的都市スラムへと転化

し，いわゆる貧民窟を中心に都市下層社会が拡大再生産された。貧民窟の居住者は，人力車夫，日雇，土方などの不熟練筋肉労働者に代表される「貧民」，大工，左官等の職人を加えた「細民」，さらに芸人，流人，雑業者などの最下層の「窮民」などに分かれる[1]。日露戦争以後の都市下層の分布地域は，浅草，下谷，本所，深川という江戸町人地の外延に集中し，さらに小石川区，四谷区などの周辺にも細民の分布が広がっていった。

図Ⅳ-1 は，1915（大正4）年 12 月 31 日の東京市の年齢別人口の数値を表している。東京市全体合計の比率をみると，4 歳以下が 11％，5 歳以上 19 歳以下が 28％，20 歳から 39 歳の人口が 36％を示し，39 歳以下の人々が人口全体の 75％を占めている。数値からみると，大正初期の東京は若い世代の非常に多い都市であったことがわかる。

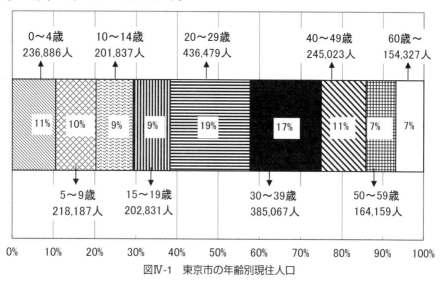

図Ⅳ-1　東京市の年齢別現住人口

出典：『東京市統計年表』第 13 回

　明治末から大正初期の東京の貧困層である都市下層の家庭は，小規模の核家族を構成し，30 歳から 49 歳の両親と 0 歳から 9 歳の子どもによって形成されていた。都市下層の人々の両親の 7 割は地方生まれであり，子どもの 8 割が東京生まれであった。地方から単身で流入した人々は，東京で世帯を持ち，子ど

もを育て始める。東京ではこうした急増する都市下層の人々への対応が大きな
課題となっていった[4]。

　女性や子どもの生活環境についてみると，1911（明治44）年に女性や年少労
働者の酷使に対し労働者保護を考慮した12歳未満の児童の使用禁止，12時間
を超える労働，深夜業の禁止を内容とする工場法が公布された。雑誌『青鞜』
などの「婦人問題」を意識化させる女性ジャーナリズムが登場する時期である。
また，都市階層のほかに「新中間層」や熟練労働者層の萌芽の時期でもある[5]。

日本と東京市の経済財政状況

　戦争は日本の経済財政状況に大きな影響を与えた。1904（明治37）年2月に
日露戦争が始まり，1905（明治38）年9月には日露講和条約が調印された。そ
して，1907（明治40）年1月を頂上とした日露戦争後の好景気現象がもたらさ
れた。しかし，1907（明治40）年4月には反動期に入り，以後の経済状況は沈
衰期に入る。

　『大正昭和財界変動史』[6]によれば，1907（明治40）年10月末に発生した国
際物価銀塊相場下落の影響を受けて日本も金融難に陥った。日清戦争と日露戦
争を比較すると，日清戦争の場合には戦費は約2億2000万円かかったが，外
債は利用しなかった。一方，日露戦争では戦費は日清戦争の約10倍にあたる
総額20億円を要し，このうちの10億円は外債で賄われた。日露戦争では多額
の戦費がかかったにもかかわらず，無償金講和であったために賠償金は一厘も
得られなかった。日露戦争後に政府は貧弱な資力により，大陸経営，軍備拡張，
産業の発展を図らざるを得なかった。

　日露戦争後の財政難を打破するために，巨額の外資の輸入が行われ，軍事費，
大陸経営，都市の港湾，上下水道，電鉄，内債償還等の用途に利用された。さ
らに，国際収支の赤字を埋めるために，日本政府は外資輸入を続行し，政府債
のみでは外債募集の名目が見つけられず，東京，大阪，横浜，京都，名古屋等
の市債の外債輸入をも勧奨した。

　政府による無理な外債政策により，1912（大正元）年から1914（大正3）年の
国内の経済状況は，事業の破綻，銀行の取り付け，支払い停止，休業等の破局

が続出する深刻な不況状況にあった。1914（大正3）年7月28日に第一次世界大戦が勃発し，為替取引の中絶，海上運送の途絶，商取引の世界的途絶と貿易の萎縮等が発生した。政府は戦費確保のために，地方税を緊縮し，事業繰り延べを要請するなど地方団体に協力を求めた。東京市でも事業費の圧縮等による財政規模の拡大を抑える方針がとられた。

図Ⅳ-2のグラフでは，『東京市統計図表』[7]を基に，国家，地方，東京市の歳出に関して，1898（明治31）年を100とした累年指数を示した。

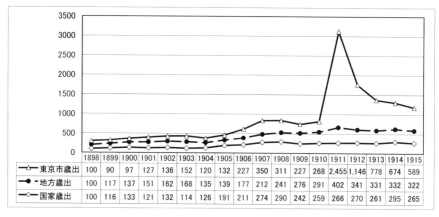

図Ⅳ-2　東京市の歳出指数比較（決算額）

出典：『東京市統計図表』により作成

図Ⅳ-2は，東京市が東京府知事の統制化を脱して独立した自治体となった1898（明治31）年度を基準として作成した。1898（明治31）年度から，1904（明治37）年，1905（明治38）年の日露戦争の頃までは，国，地方，東京市ともに，多少増加しているにすぎない。しかし，東京市の歳出は1911（明治44）年度に著しい上昇を示し，その後減少したものの，国や地方に比べて高い水準を保っている。

図Ⅳ-3は，『東京市統計年表』第29回[8]による東京市の1900（明治33）年度から1914（大正3）年度までの歳入，歳出，未償還の起債の状況を示したグラフである。

1911（明治44）年度の歳出入の数値が突出して高いのは，東京市が東京鉄道

を買収し，電気局を創設し，軌道事業（路面電車）や電気事業（火力発電）を開始したためである。この時期に，東京市のインフラは急速に整備され始めた。図Ⅳ-3 のように，未償還の起債の額も急速に増加している。東京市では，大都市公営企業の成立によって大量の市債が発行され，市財政を著しく圧迫する要因となった[9]。

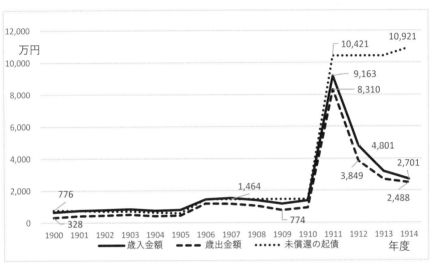

図Ⅳ-3　東京市の歳入出未償還起債のグラフ

出典：『東京市統計年表』により作成

　1912（大正元）年 10 月 2 日の『東京毎日新聞』の記事「東京市財政の紊乱」[10]によれば，東京市の理事者が財政の整理に関して監督官庁から警告を受けたとある。また，『中央新聞』の 1913（大正 2）年 4 月 28 日の「地方財政概観」と題した記事[11]では，地方予算が府県，市町村を問わず著しい膨脹発達の傾向を示し，内務農商務文部三大臣の名で地方予算緊縮の方針が出され，土木費教育費等での無駄な費用について，節約の必要性が指摘されたとある。明治末から大正にかけて全国的に地方予算の膨脹は著しく，特に東京市においては国から予算緊縮の指摘が行われていた。そのため，図Ⅳ-3 にみられるように，東京にお

いても 1912（大正元）年度には歳出入ともに半減しており，1913（大正 2）年度の歳出は前年に対して 3 割減を示している。国からの予算緊縮の指摘を受け，大正初期において東京市としては緊縮方針をとらざるを得ない状況にあったことがわかる。

東京市の組織

明治 40 年代から大正初期は，尾崎行雄市長（在任期間 1903 年 6 月 29 日～1908 年 9 月 12 日，1908 年 9 月 30 日～1912 年 6 月 26 日），阪谷芳郎 (1863-1941) 市長（在任期間 1912 年 7 月 12 日～1915 年 2 月 24 日）の 2 人の市長の時代にあたる。阪谷芳郎市長は，『最近の東京市』[12]と題した著書の中で，1914（大正 3）年頃の東京市の執行機関や市役所について次のように述べている。

1911（明治 44）年に市制・町村制改正が実施されて，東京市の執行機関は参事会から市長になり，市参事会はそれまでと変わって執行機関ではなく議決機関となった。市参事会の職務権限は市会のように広いものではなく，市長，助役と市会議員から選出された名誉職参事会員等で組織されていた。東京市会は予算その他を決議する議決機関であり，議員定数は 75 人であった。全市を 15 の選挙区に分け，1 級から 3 級の各級ごとに 25 人まで選出された。一方で各区には議決機関としての区会があり，議員定数は全市を通じて 573 人に定められていた。

さらに，東京市の組織構成についても阪谷は詳しい説明を加えている。東京市役所の組織では，東京市長が市の執行機関として市を統轄・代表し，助役，市参与，収入役，副収入役，委員等が市長を補佐していた。1914（大正 3）年末の市吏員の数は 2,534 人であり，一般事務を処理するために 11 課が設けられていた。市内 15 区の区役所は，区長，区収入役，書記で組織され，市長の指揮下で区の行政事務と委任を受けて国，府，市等の事務を処理していた。各区役所には庶務，戸籍，衛生，税務，会計の各係が置かれ，1914（大正 3）年末では区長 15 人，区書記 494 人，区書記補 214 人，その他に雇員が位置づけられていた。東京都公文書館の「東京市組織の変遷」[13]によると，組織は表 IV-3 のように変化している。

表Ⅳ-3　東京市の組織編成

時期	組織構成	主な変化
1908 年 8 月 1 日	内記課，庶務課，教育課，衛生課，勧業課，会計課，調度課 土木局（局長専属，道路課，橋梁課，河港課，営繕課） 水道局（理事課，給水課，浄水課），臨時市区改正局（経理課，工務課） 臨時市勢調査局（調査部，統計部，庶務部） 臨時博覧会局（文書課，総務課，工事課） 養育院（監査掛，教育掛，庶務掛，会計掛，感化部井之頭学校）	
1908 年 12 月 14 日	第一部（内記課，庶務課，勧業課，調度課） 第二部（衛生課，統計課，会計課，水道課） 第三部（教育課，道路課，橋梁課，河港課，営繕課）	土木・水道・臨時市勢調査各局廃止 三部制
1911 年 8 月 1 日	第一部（内記課，庶務課，勧業課，調度課，市区改正工務課） 第二部（衛生課，統計課，会計課，水道課） 第三部（教育課，道路課，橋梁課，河港課，営繕課） 電気局（総務部（庶務課，経理課），運輸部（運輸課），工務部（建設課），電灯部（文書課，営業課，主計課，作業課）） 下水改良事務所（総務課，工務課） 養育院（監査掛，庶務掛，教務掛，育児掛，工業掛，会計掛，医務掛，巣鴨分院，安房分院，感化部井之頭学校）	電気局が置かれる
1913 年 4 月 1 日	内記課（市長直属） 第一部（庶務課，教育課，財務課，市区改正課） 第二部（衛生課，水道課，商工及統計課，会計課） 第三部（道路課，橋梁課，河港課，営繕課）	市長直属の内記課が置かれ，教育課は第1部になる
1914 年 12 月 23 日	内記課，庶務課，教育課，衛生課，用地課，土木課，水道課，経理課，会計課，臨時下水改良課，臨時水道拡張課	部を廃止し，11 課になる

出典：「東京市組織の変遷」

　市長の交代とともに，東京市の組織構成は複雑化し，東京市の事務が多面的になっていく。各課の名称変遷からも，東京市の事業が道路や橋梁等の施設の整備から電気，下水改良等の市民の生活基盤の整備へと移っていったことがわかる。

『東京市事務報告書』[14] によって，東京市の職員数の推移を比較してみると，1908（明治41）年には1,178人，1911（明治44）年には1,798人，1913（大正2）年には2,645人に増加し，1914（大正3）年には2,534人となっている。1914（大正3）年の数値は，すでに取り上げた阪谷市長の『最近の東京市』の職員数2,534人を裏づけている。東京市の職員数は，1913（大正2）年には1908（明治41）年の職員数の2.2倍に達している。大量の人口増加にともない，東京市は多くの行政課題を抱え，これに対応するために行政組織が拡大され，たくさんの職員を擁する大規模な自治体へと変貌していった。

2　明治40年代から大正初期における東京市の教育状況

東京市の子ども人口の急増と小学校増設

　地方から東京への急激な人口流入は，学齢児童数の急増を引き起こした。その結果，教育面で東京にとって小学校の増設が急務となった。1907（明治40）年3月には，小学校令の一部改正が実施され，義務教育6年制が成立している。明治40年代から大正期の東京の小学校の状況は，明治20年代から30年代初期に比べると，公立と私立の比率が逆転し，初等教育では公立小学校が中心となる。市内の公立小学校では，尋常小学校と高等小学校の各別置方式が採用されていた。

　また，下層階級の子どもたちの就学対策として，1901（明治34）年には東京市会で「東京市特殊尋常小学校設立の件」が決議され，経済的に窮迫している子どもたちのための公立特殊尋常小学校が設立された。東京では，急激な人口増加傾向の中で，尋常小学校義務設置の経費支出に精一杯であり，学校数の不足問題が継続していた。『東京都財政史』[15] は，日清戦争以後は富国強兵が国是となり，子弟教育に一段の努力が払われることになった。明治30年代の東京市において最も重要な事業は小学校の増設であったと指摘している。

学政統一問題

　1899（明治32）年には，授業料月額制限問題をめぐって，各区が実施していた

小学校の設置維持を東京市が統一し，学事行政を実施しようとする「学政統一問題」が発生している。当時の東京市では，小学校には公立，私立，慈善学校等がみられる。授業料月額制限は私立学校主，市立小学校長，市教育会，区長等の反対により中止された。明治30年末に東京の市立小学校数は本分校をあわせて78校，ほかに178校の代用小学校，109校の私立小学校があった。しかし，この状況では多くの未就学児童を収容することはできなかった。このため東京府知事によって，1898（明治31）年4月に10か年以内に市の負担で小学校を90校増設すべき旨の勧告が行われた。そして，未就学児童数5万4千人を1校あたり600人の割合で収容するという計画が立てられた。

　東京市会はこれを受けて，1899（明治32）年3月に，増設すべき尋常小学校は，従来どおり区で設立維持費を負担すること，市では明治32年度より小学校建設資金となる費目を設け，5か年間毎年5万円を支給すること，建設資金は区で定めた建設費予算総額の3分の1を補助金として公布することを定めた。学政統一問題は，その後，1903（明治36），1909（明治42）年にも問題となり，区側の意向を覆すことができず，結果的に統一は実現しなかった。

　東京市における学政統一が実現できなかった背景には，東京市と各区における財政面での利害関係の対立があった。各区は，小学校建設に際し，校舎や敷地等の財産を作ってきたのは区であり，財産権は区にあること，各区間には財力の違いがあるため，学政統一により不平等が発生するなどの問題点を主張した。区によって人口急増にともなうインフラ整備の必要性，流入者の家族形成，貧民の学齢児童の増加状況が異なり，各区間には格差が生じていた[16]。

東京市と各区の財政負担

　東京市と各区の学校建設費用負担の割合は，1909（明治42）年には，東京市が3分の2，各区が3分の1であった。1912（明治45）年には全部を東京市が負担するようになった。

　『東京都財政史』によると，15区の歳出総額は1898（明治31）年には42万円，1903（明治36）年には140万円に達しており，この急激な膨張の主力は区の負担とされていた小学校教育費の増大が原因であった。歳出として区が負担す

るのは，小学校校舎の建築費と教員の俸給の支払いが主であった。歳入は授業料，補助金，借用入金，区費収入が主なものであり，授業料の収入は初期には総収入の半ばを占め，尋常小学校の授業料廃止が原則になってからはその地位を低めた。

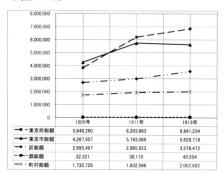

図Ⅳ-4　東京府と府内各自治体の一般会計歳出総額
出典：『東京府史』行政篇　Vol.6 より作成

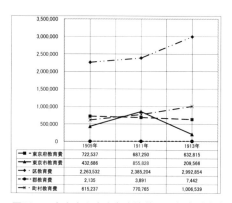

図Ⅳ-5　東京府と府内各自治体の一般会計歳出中の教育費
出典：『東京府史』行政篇　Vol.6 より作成

　さらに，1909（明治42）年には，区において経営される市立小学校の新設，増設，改築に際して，費用の3分の2を市が負担することが，東京市会によって決議された。1912（明治45）年3月の東京市会では，「市立小学校建設費補給ニ関スル建議」が提出され，小学校建設費用の全部を市が負担することになった。

しかし，市財政に統一されたのは小学校の新築，増改築の経費のみであり，小学校の運営，維持は従来どおりに各区の財政に任せられ，各区における教員の待遇や設備格差などの問題は依然として残されていた。

　図Ⅳ-4 は『東京府史』行政篇[17]を基に作成した東京府と府内各自治体の一般会計の歳出総額のグラフである。図Ⅳ-5 は歳出中の教育費を表したグラフである。区の教育費負担額が府や市に比べて突出して大きいことがわかる。

　1913（大正2）年度の東京の各自治体の財政歳出において教育費が占める割合は，東京府が 9.3％，東京市が 3.7％であるのに対して，東京市の 15 区は 83.6％，郡部は 16.3％，町村部は 50.3％であった。東京市は区教育費の補助にとどまり，一方で各区は小学校の維持を主たる事務とする行政区として，その歳出の大部分は教育費にあてられていた。

　町村でも，総支出の 5 割の支出は住民にとって大きな負担となっていた。教育予算制度上の小学校教育費負担は，東京市においては区とされ，急増する児童への対応として，市立小学校の二部授業の増加という方式がとられた。就学者が増加する中で，学級規模の改善ははかどってはいなかった。

東京の通俗教育

　『近代日本社会教育の成立』[18]によれば，明治末から大正初期，すなわち，1910 年代前半には，通俗教育と社会教育という用語は同じような意味合いで用いられていた。1880 年代（明治 10 年から 20 年代）には，通俗教育は小学校の就学率を上げる手段として親の教育を促進するために導入された。就学率の上昇にともなって，通俗教育の目的と内容・方法が変化する。1900 年代から 1910 年代（明治 30 年代から 40 年代）になると，通俗教育は成人の教育を民衆化する概念として定着していった。一方，社会教育は，特に日露戦争後の疲弊した農村地域の振興とさまざまな社会問題の噴出に対処することにかかわって，成人教育とコミュニティ教育に関係する広い概念として定着していった。

　1919（大正 8）年に文部省普通学務局第 4 課が設置される以前は，国家としての通俗教育・社会教育の政策，行政は組織的持続的なものではなかった。国家の政策や行政に基本的には規制されながらも，各地域の客観的な事情や主体的

な工夫に基づく多様性がみられる。東京府では 1886（明治 19）年 7 月に職制の改正が行われ，学務課の所掌事務として「通俗教育に関する事項」が設けられた。新たに着手された通俗教育の具体的な活動を地域で主として担ったのは，教育会である。1900（明治 33）年 7 月に創立された東京市教育会は，地域における通俗教育・社会教育の活動を担うことになった。東京市教育会規則の第 11 条では，「執行すべき事業」が掲げられ，第 4 項に「図書館其他通俗教育に関する事業を経営する事」という項目があげられる。そして，従来の府教育会や区教育会の事業をベースにしながらも，大都市としての東京の独自な都市型の通俗教育が東京市教育会を中心として実施されるようになる。

1900（明治 33）年以後の東京市では，図書館の重視，市民形成のための通俗教育，都市労働者や細民を対象とした通俗教育など，大都市としての特質を持った通俗教育が行われるようになる。市教育会としての講談会規程の制定，社会教育課設置の提案，通俗教育施設・事業の計画化など，その後の都市社会教育行政につながる動きがみられるようになる。

東京の通俗教育は，郡部，市部，島嶼でそれぞれの地域で異なった展開がみられた。東京府では島嶼を除いて，日露戦争以後に通俗教育が本格的に行われた。通俗教育は，国民の国家意識や戦意高揚のための講談会の開催が契機となっている。しかし，必ずしも戦時色の強いものとは限らず，地域によって多様な内容で実施された。郡部では，青年会が台頭し，その後の通俗教育活性化の重要な要因となった。一方，市部では教育会を中心とした活動はみられるが，青年会の組織化はほとんど行われなかった。

日比谷図書館開館時の帝国図書館，大橋図書館，帝国教育会書籍館

坪谷善四郎は，1902（明治 35）年に発表した「東京市立図書館論」[19] の中で，全国第一の都府東京市に，わずかに国立の帝国図書館，私立の大橋図書館および帝国教育会書籍館の三者以外，未だ一つの市立図書館がないことは遺憾であると述べ，帝国図書館と大橋図書館は平生満員であると指摘している。帝国図書館，大橋図書館，帝国教育会書籍館の 3 館は，その後の東京市立図書館に大きな影響を与えた図書館である。

　帝国図書館は，1897（明治 30）年 4 月に「帝国図書館官制」が公布され，1899
（明治 32）年 7 月に帝国図書館建設が決裁されてから 7 年間の継続事業を経て，
1906（明治 39）年 3 月に上野公園に新館が建設された。一方，大日本教育会（帝
国教育会の前身）附属書籍館は，1887（明治 20）年 3 月に教育および学術に関す
る通俗の図書雑誌報告書等を収集し，広く公衆の閲覧に供することを目的とし
て，一ツ橋に通俗図書館の模範として設立された。この後，1896（明治 29）年
に，帝国教育会書籍館と改称された[20]。

　帝国図書館と帝国教育会書籍館の関係は，明治 20 年代に遡る。帝国図書館
の前身である東京図書館は，参考図書館と通俗図書閲覧のための機能を持って
いた[21]。しかし，1888（明治 21）年の東京図書館規則の改正により，東京図書
館は利用資格を満 15 歳以上に制限し，参考図書館としての性格が明確となっ
た。そして，1889（明治 22）年 3 月に公布された東京図書館官制を契機として，
大日本教育会附属書籍館を「普通書籍館」とするために，東京図書館から同会
に普通図書の貸与と一時金 500 円が交付された。これを受けて大日本教育会附
属書籍館は，1889（明治 22）年 7 月に神田区柳原河岸に移転して開館している。
そして，この地域状況に対応して，商工業者の子弟に便利を図るため，入館者
の年齢制限は設けなかった。

　大橋図書館は，1902（明治 35）年 6 月に，麹町区上六番町に開館した。大衆
向けの出版事業を展開した博文館の創業者，大橋佐平の遺志により，嗣子新太
郎によって設立された。図書館設立の目的は，普通の図書雑誌等を収集し，広
く公衆の閲覧に供して一般社会の知識啓発をすることにあった。満 12 歳以上
の者を対象とし，開館当初の開館時間は午後 5 時までで，1903（明治 36）年 8
月 1 日からは夜間開館が実施された[22]。この大橋図書館の利用実績は，1904（明
治 37）年 3 月の東京市会での通俗図書館の設立建議の議決，1908（明治 41）年
の東京市立日比谷図書館設立へと結びついた。

　1908（明治 41）年 11 月に東京市立日比谷図書館が開館した時期の帝国図書館，
大橋図書館，帝国教育会書籍館の閲覧人数を『東京市統計年表』[23], [24]をもと
に比較したのが表Ⅳ-4 である。

　帝国図書館の 1 日平均の閲覧者数の推移をみると，1907（明治 40）年から 1909

（明治42）年まで年々増加している。大橋図書館の場合は1907（明治40）年から1908（明治41）年は増加しているものの，1909（明治42）年は1908（明治41）年よりも減少している。帝国教育会書籍館の利用は年々減少し，『東京市統計年表』第8回の欄外には，1909（明治42）年7月以降，帝国教育会書籍館の一般公衆閲覧が都合により中止されたという注記がみられ，統計数値は6か月分のみが掲載されている。1908（明治41）年11月の日比谷図書館開館は，帝国図書館には閲覧人数の堅調な増加をもたらしたものの，帝国教育会書籍館には急激な閲覧人数の減少をもたらした。

表IV-4　1907〜1909年の利用状況

各年	帝国図書館			大橋図書館			帝国教育会書籍館		
	閲覧人数	開館日数	1日平均	閲覧人数	開館日数	1日平均	閲覧人数	開館日数	1日平均
1907（明治40）	202,188	333	607	81,084	341	238	3,353	329	10
1908（明治41）	221,707	334	663	96,115	342	281	2,033	310	7
1909（明治42）	224,813	333	675	89,379	343	261	411	142	3

各年の11月と12月	帝国図書館			大橋図書館			帝国教育会書籍館		
	閲覧人数	開館日数	1日平均	閲覧人数	開館日数	1日平均	閲覧人数	開館日数	1日平均
1907年11月	15,340	28	547				154	19	8
1907年12月	15,762	26	606				218	26	8
1908年11月	18,266	28	652	6,863	28	245	36	16	2
1908年12月	16,531	26	635	5,802	25	232	61	18	3
1909年11月	17,227	27	638	6,092	27	225	0	0	

出典：『東京市統計年表』第7回，第8回

日比谷図書館開館時のその他の東京の図書館

　日比谷図書館が開館する前後の東京では，帝国図書館，大橋図書館，帝国教育会書籍館のほかにも，次に取り上げるような私立や公立の図書館がみられた。まず，1908（明治41）年7月4日付の『中央新聞』「市民は新に二大図書館を得たり―貴族的の南葵文庫，通俗的の日比谷図書館」[25]では，日比谷図書館とは対照的な図書館の開館準備が行われていたことを報じている。見出し中で「貴

族的」と書かれている南葵文庫は，徳川頼倫候邸一隅に建てられた紀州家の和漢洋2万巻を基礎とした図書館で，研究的，専門的図書館として，珍本類や貴重書類を揃えていた。記録もの，歴史の類が最も多く，徳川幕府時代の歴史諸記録を特に蒐集し，歴史編纂者の材料に供することを目的としていた。南葵文庫の公開式は，1908（明治41）年10月10日に行われた[26]-[28]。

　1906（明治39）年10月7日には，豊多摩郡千駄ヶ谷町に，わが国の児童図書館活動の先鞭をつけたとされている竹貫少年図書館が設けられている。設立者である竹貫佳水（たかぬきかすい）（1875-1922）は，本名は直次，のちに直人（なおんど）と称した。陸軍測量技師，小説家，博文館の編集者などの履歴を持った人物である[29]。後に今澤慈海と『児童図書館の研究』[30]を執筆している。東京都公文書館所蔵の履歴書[31]と学業履歴書[32]によると，1894（明治27）年に東京湾築港調査掛に配属され，この後，測量や水道助手などに従事し，1898（明治31）年には東京市の技師を依願免職している。東京市立日比谷図書館が開館すると，佳水は蔵書を寄贈し，嘱託となって児童室の運営に参画した[33]-[36]。

　『東京府統計書』（1909（明治42）年）によると，竹貫少年図書館は，蔵書数659冊（和漢632冊，洋書27冊），開館日数は31日間，閲覧人数は174人（男165人，女9人）となっている。一方，南葵文庫は蔵書数84,300冊（和書79,700冊，洋書4,600冊），開館日数が311日，閲覧人数は6,453人（男6,298人，女155人）であった[37]。

　そのほかに，東京郡部には日韓合併記念事業として，1910（明治43）年11月に，町立八王子図書館設立の計画が立てられている。図書館の名称は八王子図書館と定められ，旧八王子女学校校長から寄贈された校舎を図書館として使用し，1911（明治44）年9月17日に成立している。「八王子図書館設立認可申請」[38]によると，1911（明治44）年2月1日に私立八王子図書館寄付を受領して町立図書館（東京府南多摩郡八王子町上野4番地）を建設し，一般公衆の利用を図るとある。『東京府統計書』（1914（大正3）年）によると，八王子町立八王子図書館の蔵書は3,229冊（和漢書3,154冊，洋書75冊），開館日数は332日で閲覧人数は10,001人となっている[39]。

3　東京市の図書館設立方針の変更

独立館の設立から学校付設図書館設立推進へ

　『東京市立図書館一覧』（1926（大正 15）年）[40] によると，東京市としては，最初は日比谷図書館とほぼ同一様式の通俗図書館を少なくとも 1 区に 1 か所ずつ建設する計画を立てていた。しかし，種々の事情により変更し，市立小学校の校舎の一部を利用して閲覧料無料の簡易図書館を置くことになった。この種の図書館は，当時の東京市助役田川大吉郎（1869-1947）[41] と同教育課長戸野周二郎の努力により続々と設立されていった。

　日露戦争後には国も東京も財政危機にあり，特に東京市においては，人口急増に対応し，必要な都市基盤整備を推進せざるを得ない状況にあった。教育については，初等教育における小学校増設が最大の課題となっていた。このような状況のもとで，各区に 1 館ずつの独立の図書館を設立することはかなり困難であった。そこで，重点的に設立されていた小学校に図書館を付設するという現実的な方法に方針を変更することで，早期に図書館数を増加する方法をとったと考えられる。

　1908（明治 41）年から 1914（大正 3）年は，東京市立日比谷図書館が開館後の 1915（大正 4）年に東京市立図書館の組織改正が実施されるまでの前段の時期にあたる。この時期の東京市の組織は，表Ⅳ-3 にすでに示したとおりである。1908（明治 41）年 12 月から 1913（大正 2）年まで，教育課は第 3 部に属していた。この第 3 部の部長が，政治家であり東京市助役でもあった田川大吉郎であり，そして，教育課長を務めていたのが戸野周二郎である。教育課は 1913（大正 2）年 4 月に第 1 部に編成替えになっている。

東京市助役田川大吉郎と図書館

　田川大吉郎は，明治から昭和にかけて，政治家，キリスト教教育家，社会事業家等，多方面で活躍し，数多くの著作や論考を残している。田川は新聞記者の経験を持ち，日清・日露戦争には陸軍通訳として従軍経験もあり，東京市助役を経て同年代議士に当選している。戦闘的自由主義者として活躍し，戦時中

も軍部の圧力に屈しなかったとされる。戦後は日本社会党に入党して代議士に当選している。

　田川はクリスチャンとしても知られ，明治学院総理・世界平和協会理事長などに就任している[42]。関直規は，田川を都市社会教育のパイオニアとして高く評価している[43]。長崎県出身の田川は，上京して東京専門学校（早稲田大学の前身）の英語普通科と邦語政治科で学び，在学中にキリスト教の洗礼を受けた。卒業後，ジャーナリストとして都市問題を取り上げ，政府や市政に対する批判的な意識を持つようになった[44]。

　東京市と田川との関係は，1903（明治36）年に尾崎市長のもとで東京市水道局の専任部長に就任し，上下水道網の整備，充実に取り組んだ時から始まる。1908（明治41）年10月2日には，原田十衛（1861-1941），宮川鉄次郎（1868-1919）とともに助役として迎えられた。田川は，尾崎市長と阪谷市長時代に助役として，1914（大正3）年まで6年間にわたって，都市政策実務に携わった。東京市助役になった田川は，精力的に活動した。1911（明治44）年に東京市は鉄道会社を買収し，その経営は東京市電気局が管轄するようになった。彼は尾崎行雄東京市教育会会長の指名により，1911（明治44）年に東京市教育会副会長に就任し，1917（大正6）年まで務めた。助役としては，芝浦の埋め立て，電車の市有化，下水道の敷設，瓦斯会社の報償契約，街路樹植樹等を担当し，東京の近代化にも貢献している。田川は，国家が発展する上で大都市は重要な地位にあるとし，都市の自立化，独立化による大都市の強化の必要性を指摘し，教育の分野でも大きな役割を果たした。

　1909（明治42）年1月30日に神田区小川小学校で開催された東京市教育会の講談会の「今日現在の利用」と題した講演で，田川は次のように語っている。東京市には日比谷に図書館があってたくさんの図書を集めて多くの人にみせている。今度また深川の方面にも作りたい。しかし，図書館を作っても読んでくれる人がいなければ無駄になる。西洋には小さい図書館が町にも村にも作られていて人々は勝手に書物を読むことができる。学校を中心とした小さい図書館を作ると，この学校の卒業生が図書館を利用し，学校との縁故も近くなり，本も貸し出せるようになる。日本では，各人が家でもっと本を読む習慣を身につ

ける必要がある [45) - 47]。

　1909（明治42）年1月25日には東京市立深川図書館の設置に関して，文部大臣による認可が行われている。田川が講演を行ったのは，東京市立深川図書館が設置認可された5日後ということになる。前年の1908（明治41）年11月21日には，日比谷図書館が開館し，同年12月23日は，名称が「東京市立深川図書館」となることに決定された [48]。東京市立図書館の第1番目の図書館が開館し，第2番目の深川図書館設立に着手した時期である。

東京市教育課長戸野周二郎と図書館

　1905（明治38）年から1914（大正3）年まで東京市教育課長を務めた戸野周二郎（図Ⅳ-6）は，その後は下谷区長，東京市助役，四日市市長などを歴任した [49]。彼の妻である戸野みちゑ（1870-1944）は女流教育家として著名で，深川女学校および深川女子技芸学校長を務めた。深川の地にはゆかりのある人物である [50]。

図Ⅳ-6　戸野周二郎
出典：『四日市市史』歴代市長より

　東京都公文書館に残る，戸野周二郎の履歴書 [51] によると，戸野は1891（明治24）年4月に京都府尋常師範学校教諭に着任し，1896（明治29）年に青森県尋常師範学校教諭，1898（明治31）年1月に同校校長になっている。その後，1899（明治32）年6月には長野県視学官になり，1902（明治35）年10月東京高等師範学校教授に就任している。1902（明治35）年10月から1904（明治37）年

8月までは，清国政府の招聘に応じて，湖北師範学堂総教習として勤務し，満期帰朝している。1905（明治38）年2月18日には東京市事務員，東京市教育課長に就任し，東京市立図書館の設立計画に携わることになった。東京市教育課長退任後は下谷区長に就任し，1919（大正8）年3月4日から1920（大正9）年11月30日まで東京市助役，1925（大正14）年11月から1933（昭和8）年11月まで四日市市長を務めた[52), 53)]。

『学校及教師と図書館』にみられる戸野周二郎の図書館思想

戸野は，日比谷図書館開館の1か月後にあたる，1908（明治41）年12月に『学校及教師と図書館』[54)]と題した著書を出版している。『学校及教師と図書館』の緒言の中で，彼は本書を著すにあたって，通俗図書館設置のため，帝国図書館，東京帝国大学，早稲田大学の各図書館，大橋図書館および東京市立日比谷図書館等の所蔵の図書を参考にしたと述べている。また，巻末には，「東京市立日比谷図書館規則」，「東京市立日比谷図書館図書閲覧規程」等が付されている。第14章の「図書館執務の順序付図書館に欠くべからざる目録帳簿等の様式並に図書の分類法」では，主として日比谷図書館で実施されていたカード目録や閲覧券の書式等を用いた説明が行われている。このことからも，『学校及教師と図書館』が，東京市立日比谷図書館での図書館設立準備段階の経験を基に記されたことがわかる。

赤星隆子は，『学校及教師と図書館』の意義についてとりあげ[55), 56)]，同書は戸野がダナ（John Cotton Dana, 1856-1929）の『ライブラリー　プライマー』[57)]や全米教育協会（National Educational Association）の報告書等を引用しながら，市立図書館設立という戸野の職務上の必要に基づいた調査，研究成果についてまとめたものであるとしている。『学校及教師と図書館』の最初の2章の一部分と第4章は，雑誌『教育の実際』に1906（明治39）年から1907（明治40）年にかけて執筆されたものがそのまま転載されていると指摘している。赤星は『ライブラリー　プライマー』と『学校及教師と図書館』とを照合した結果，全55章中，19章を部分的にもせよ引用し，基本的な理念と実務面の叙述を引用していること，全米教育協会については，1903年年次大会議事録（National Educational

Association Journal of Proceedings and addresses of the 42nd annual meetings）の図書館部会の報告を基にしており，そのほかに，邦文文献の転載も多数行われているが，ほとんどは出典が突き止められなかったとしている。赤星は戸野の文献の取捨と受容の方法について，原書を無条件に引き写したのではなく，彼なりの方針に従って，内容も自分の意見と一致した部分を抄訳して転載していると指摘している。

　1908（明治41）年11月16日の日比谷図書館開館式[58]において，戸野は市民のための図書館として図書を幅広く収集提供すること，諸外国の図書館の状況を調査し，無料の通俗図書館を目指していたが，実現できず有料に踏み切らざるを得なかったと語っている。また，「今後十年間に於ける東京市の教育」[59]では，日比谷図書館の蔵書は10万冊にすぎないが，英米独仏等における図書館の状況は驚くべきもので，最下位のパリでも市立通信図書館は82か所に及んでいる。これらは，区役所，区会議事堂，小学校内に設けられ，特に工業に従事している住民に設けられた図書館では，備付図書には建築，家具等に関する図案幾千枚を所蔵している。東京においても少なくとも各区1か所以上の図書館を配設し，講演会と学校以外における社会教育の発展に努めることになるだろうと述べている。「今後十年間に於ける東京市の教育」と『学校及教師と図書館』を考え合わせると，すでに日比谷図書館が開館した時期に，戸野の考え方は独立館ではなく学校付設図書館を増設する方向性にあったことがわかる。

　学校付設図書館の増設は，小学校の施設の一部に新たに公共図書館を付設するという方式で行われた。戸野は『学校及教師と図書館』を発表し，小学校に付設する形で公立図書館の増設を図っていった。その背景に，学校教育が中心であったこの時期に，着実かつ迅速に図書館数を増加して浸透させようとする行政的な意図があったと考えられる。

4　学校付設図書館の設置

児童人口の増加と学校付設図書館の設置

　東京市の図書館設立の方針が変更され，1914（大正3）年の段階では日比谷図

書館等 19 館が設立された。このうち，日比谷図書館，深川図書館，一橋図書館は独立館であり，その他は学校付設図書館として運営されていた。日比谷図書館の建物は新設であるのに対して，深川図書館は上野公園で開催された東京勧業博覧会の瓦斯館の建物を深川に移転し転用して設立された。一橋図書館は，帝国教育会書籍館の運営が教育会から東京市に委託される形で開設された図書館である。このほかに，学校付設簡易図書館が 1909 年（3 館），1910 年（4 館），1911 年（6 館），1912 年（3 館）と次々に設置されていった。1912（明治 45）年 7 月に氷川簡易図書館が設立されることによって，各区 1 館という目標は達成されたことになる。

『東京市立図書館一覧』（大正 7 年 – 大正 8 年）[60] に基づいて，表Ⅳ-5 を作成した。区名に※印をつけた神田区，京橋区，日本橋区，本所区では 1 区に 2 館目の図書館が設置されている。

1911（明治 44）年から 1913（大正 2）年は，地方からの流入人口，核家族や子ども人口の増加にともない，小学校が急速に増加した。急増する小学校に付設する形で図書館を設置することで，各区に 1 館の図書館を設置するという目標は，短時間で実現されたものと考えられる。学校付設図書館の設立資金は，1914（大正 3）年に設置された両国，中和図書館のみが公費負担で実施され，残りは有志者による寄付で賄われた[61]。

東京都公文書館には，1909（明治 42）年 11 月 19 日付の日本橋区有志者総代渡邊大治郎から，東京市参事会の東京市長尾崎行雄にあてた寄付願が残されている[62]。寄付総額 3,000 円の内訳は「大日本地名辞書外 1,500 冊購入代」（1,600円），「図書購入準備金」（1,000 円），「開館式費其他雑費」（400 円）となっている。図書購入準備金として指定した金 1,000 円は必要に応じて本金額を限度として漸次支出するとなっている。このことから，1,600 円に対して 1,500 冊，すなわち 1 冊あたり 1 円弱の金額が想定されており，開設に際しては『大日本地名辞書』などの辞典類も用意されていた。これに基づき明治 43 年度歳入出追加予算表として，2,000 円の歳入と簡易図書館建設費 2,000 円の歳出案が付されている[63]。

表Ⅳ-5 東京市立図書館の設置

図書館名	所在地	開館日	区名
日比谷	日比谷公園内	1908 年 11 月 21 日	麹町区
牛込	牛込区市ヶ谷山伏町 10 市立市谷尋常小学校内	1909 年 8 月 5 日 （同年 4 月 28 日設置認可）	牛込区
深川	深川公園内	1909 年 9 月 10 日 （同年 1 月 30 日設置認可）	深川区
日本橋	日本橋区箔屋町 11 市立城東尋常小学校内	1909 年 12 月 1 日 （同年 4 月 28 日設置認可）	日本橋区
小石川	小石川区竹早町 10 市立小石川高等小学校内	1910 年 11 月 1 日	小石川区
本郷	本郷区東片町 17 市立本郷高等小学校内	1910 年 11 月 7 日	本郷区
浅草	浅草区馬車道 4 丁目 19 市立浅草尋常小学校内	1910 年 11 月 8 日	浅草区
京橋	京橋区金六町 17 市立京橋尋常小学校内	1911 年 2 月 1 日	京橋区
一橋	神田区一ツ橋通町 21	1911 年 11 月 5 日	神田区
三田	芝区通新町 14 市立御田高等小学校内	1911 年 11 月 5 日	芝区
麻布	麻布区宮村町 69 市立南山尋常小学校内	1911 年 10 月 17 日	麻布区
四谷	四谷区左門町 76 市立四谷第二尋常小学校内	1911 年 11 月 20 日	四谷区
台南	下谷区御徒町 1 丁目 45 市立御徒町尋常小学校内	1911 年 4 月 30 日	下谷区
本所	本所区北二葉町 11 市立本所高等小学校内	1911 年 11 月 1 日	本所区
氷川	赤坂区氷川町 1 市立氷川尋常小学校内	1912 年 7 月 15 日	赤坂区
外神田	神田区金沢町 25 市立若林尋常小学校内	1912 年 7 月 25 日	※神田区
月島	京橋区月島通リ 3 の 7 市立月島尋常小学校内	1913 年 3 月 20 日	※京橋区
両国	日本橋区矢ノ倉町 15 市立千代田尋常小学校内	1914 年 8 月 5 日	※日本橋区
中和	本所区林町 4 丁目 30 市立中和尋常小学校内	1914 年 8 月 15 日	※本所区

出典：『東京市立図書館一覧』大正 7 年－大正 8 年により作成

　京橋簡易図書館の場合は，1910（明治43）年 11 月 17 日付の寄付出願人代理者の京橋区長川田久喜（かわだひさき）から，東京市参事会の東京市長代理である東京市助役原田十衛にあてた寄付願[64]が見られる。寄付総額 3,460 円 35 銭とあり，内訳は

「図書購入代」(1,510円35銭),「図書購入準備金」(1,500円),「設備費」(250円),「開館式費其他雑費」(200円)である。支出については京橋区長に委託するとあり,「寄付金受領及び予備費支出に関する件」として,1910 (明治43)年12月5日に市会議案とするという起案が残されている。京橋区有志総代として京橋区長から東京市立京橋簡易図書館費寄付の申出があり受領すること,図書購入準備金は指定寄付金額の限度として必要に応じて予備費から支出する案が出されている。そして,明治43年度歳入出追加予算として,教育費を指定して寄付された1,960円を臨時費(図書館開設費)として支出することが提案されている。

　2つの図書館の寄付内容を比較すると,図書購入費用として日本橋と同規模の1,500円程度が用意され,京橋の場合は,項目中に設備費も加えられている。両館ともに,開館時に必要とする図書の購入費のほかに,その後の図書購入費用も準備金として寄付されている。一旦歳入として予備費になり,必要に応じてこの金額を上限として支出される仕組みになっていた。支出は区長に委託され,開館式の費用も寄付金で実施されたことがわかる。

京橋区における簡易図書館新設計画

　実際に簡易図書館の新設に際して,どのような準備が行われたのであろうか。東京都公文書館に残されている公文書[65]によると,京橋区の月島地区の場合は,次のような手続が行われた。まず,1911 (明治44)年10月4日付で京橋区長から東京市長あての「市立簡易図書館設置の件申請」が出されている。区内月島全島(佃島,新佃島,月島)は近年各種事業が勃興し,人口が急増している地域にあたるため,明治45年度に簡易図書館を設置してほしいという申請が出された。1912 (明治45)年7月9日付で調査の結果,明治45年度に開設する京橋第二簡易図書館として月島尋常小学校を充用するという文書がみられる。候補地として,月島尋常小学校,月島第二小学校,京橋区教育会の3か所が選ばれ,実地踏査が行われ,決定にあたり表Ⅳ-6のように地利的価値,建物について比較検討が行われている。

　建物の改築に必要な費用は区費による等,費用の負担の主体も検討項目とな

っている。ここでは簡易図書館の新設にあたって，学校付設以外の京橋区教育会も候補になっている。しかし，京橋区教育会は，建物の模様替えが必要であることや月島一円の利便を図ることが困難であること，深川図書館に接近していること等が，短所として指摘されている。月島第二小学校については，建物は新しいものの，現状では夜間開館を実施しても人が集まらないことに注目しており，夜間開館の可否と集客の可能性が場所を選定する上で大きな要素であったことがわかる。3つの候補を比較した結果，月島の中央に位置しており，夜間開館も可能な月島尋常小学校に決定したわけである。

表Ⅳ-6　東京市立図書館の設置にかかわる比較検討

候補地	場所	地利的価値	建物
京橋区教育会建物	佃島相生橋畔，2階建（間口12間，奥行3間）階下に土間あり	対岸に商船学校，水産講習所等があり，生徒を集めるには便利。月島一円の利便を資するには不便。深川図書館に接近。	間取，床張等の営繕的模様替えが必要，この建物を使用する場合の模様替えは区費とすべきである。
月島第二小学校	新築校舎	学校付近に工場が多く住宅は少ない。夜間開館には不便であり，当分不可。	建物は余裕充分で図書室，閲覧室に充てる室は容易に得られる。
月島尋常小学校	月島の中央にあり，現に京橋第二夜学校あり	月島の中央にあり絶好の位置にある。	閲覧室用の教室は容易に得られるが，図書室に当てる室がない。書庫新設が必要で，区費の支弁を要する。一校舎を特殊夜学校と図書館に併用することは考量が必要。

出典：東京都公文書館所蔵の京橋区図書館設立認可申請の文書から作成

　図書館設立場所を検討するにあたっては，経費だけではなく，図書館のサービスエリアに対する配慮も行われていた。佃島，新佃島，月島1号地，月島2号地の職業別戸数と人口が添えられており，漁師，工場職工等が多かったことがわかる。さらに佃島，月島1号地，月島2号地の通学区域別児童数も参考資料として付けられており，地域の職業別人口や児童数が図書館設置場所の決定に際して詳しく考慮されていたことが読み取れる。

　簡易図書館が設立され始めた 1909（明治 42）年 6 月には，東京市立簡易図書
館処務規程，簡易図書館館則，閲覧規程が作成された[66]。さらに，1912（大正元）
年 9 月には，東京市立図書館処務規程が制定され，東京市立日比谷図書館処務
規程が廃止され，同年 10 月には東京市立簡易図書館帯出規程が適用されてい
る。1912（大正元）年に各区 1 館の簡易図書館が設立され，規程類の整備も行
われた。1913（大正 2）年 4 月には，市立簡易図書館は市立自由図書館と改称
され，「簡易」の文字が削除された。サービスポイントとしての図書館数の増
加にあわせて，制度面での整備も同時に進められていたことがわかる。

四谷簡易図書館の設立

　学校付設図書館の設立に関する費用負担がどのようになっていたのか，四谷
簡易図書館の場合をみてみよう。東京市立四谷簡易図書館は 1911（明治 44）年
に，四谷区左門町 76 番地市立四谷第二尋常小学校内に設立されている。東京
都公文書館所蔵の罹災した四谷簡易図書館閲覧事務開始に関する文書による
と，四谷第二尋常小学校は 1912（明治 45）年 3 月 18 日に焼失し，この時に学
校付設図書館も罹災したとある[67]。この火事の前後の財産は表Ⅳ-7 のとおり
であった。焼失前の四谷簡易図書館は 1,400 冊の蔵書規模を持つ図書館であり，
1 冊あたりの単価は 76 銭程度に換算されている。焼失の数値をみると，この
時の火事で蔵書の約 4 分の 3 が失われたことがわかる。備品の価格，合計，焼
失，現存の数値は財産調の記載による。

表Ⅳ-7　四谷簡易図書館所属財産調

	点数	価格
図書	1,399 冊	1,165 円 88 銭
	（焼　失　1,068 冊）	（焼　失　891 円 88 銭）
	（現　存　331 冊）	（現　存　274 円）
備品	392 点	454 円 70 銭
	（焼　失　342 点）	（焼　失　312 円 48 銭）
	（現　存　50 点）	（現　存　142 円 34 銭）

出典：東京都公文書館所蔵　四谷簡易図書館閲覧開始の文書より作成

四谷区長の罹災復旧費用負担の申出によると，東京市立四谷簡易図書館は
1911（明治44）年開館以後，閲覧人数が増加し12の図書館中の首位の成績を
占めていた。所属の図書および器具の多くは四谷区有志者の寄付で賄われたた
め，早期に閲覧を開始する必要があった。閲覧開始に際しては，同区学務委員
会の同意を得て，一日も早い閲覧開始を切望する。負担申出のあった金額は表
Ⅳ-8のとおり，図書，閲覧用器具を含めて総額760円である。

表Ⅳ-8　四谷簡易図書館罹災復旧費用

品目	金額	個数	個当
図書	490 円	700 冊	70 銭
書棚	98 円	4 個	24 円 50 銭
雑誌棚	14 円	1 個	14 円
本押	27 円	100 個	27 円
閲覧台	40 円	4 個	10 円
丸椅子（閲覧用）	50 円	50 個	1 円
卓子椅子（事務用）	18 円	3 組	6 円
新聞掛	3 円 50 銭	1 個	3 円 50 銭
投書箱	1 円 50 銭	1 個	1 円 50 銭
雑具	18 円		
計	760 円		

出典：東京都公文書館所蔵　四谷簡易図書館閲覧開始の文書より作成

　火事で焼失した1,068冊のうちの約7割の復旧が，数値的には図られたこと
になる。1912（明治45）年4月17日付で四谷簡易図書館は，当分のうち，四
谷区伝馬町新一丁目19番地市立四谷第一尋常小学校内に移転して，4月21日
より閲覧事務を開始するとして，「簡易図書館仮館充当の件」には覚書が添え
られている。四谷区役所庶務掛長，四谷簡易図書館主幹，事務員等が四谷第一
尋常小学校に出張して，臨時図書館に充当する教室等の検分が行われた。簡易
図書館の新規設立に際して候補地の選定と実地踏査が実施されていただけでは
なく，災害による復旧等の際にも，応急復旧のための実地踏査が行われていた
ことがわかる。

東京市立氷川図書館の組織とサービス

　東京市立氷川図書館の組織とサービスを，学校付設図書館の例として取り上げる。氷川図書館は，1912（明治45）年5月31日に，東京市立赤坂簡易図書館として氷川尋常小学校内に設置され，同年7月15日に開館し，1913（大正2）年4月に氷川図書館と改称された。後に深川図書館長となった田所 糧助は，1913（大正2）年5月に氷川図書館主任として赴任し，当時を次のように回顧している [68]。小学校長が主幹として任命され，主任1名，嘱託教員1名，雇1名，出納手，小使等の5，6名が配置されていた。蔵書数800余冊，書棚4つ，閲覧机4つ，椅子4つ，書庫は氷川小学校の理科室と同居し，閲覧室も1年女組の教室と兼用であった。1日閲覧者の最も少ないときは8名のときもあったと回想している。

　この例にみられるように，学校付設図書館は小学校の施設との兼用で設置され，開館時間も授業時間を配慮して設定されていた。4月から9月は午後2時半から午後9時まで，10月から3月は午後3時半から午後8時まで，いずれも午後のみ開館された。また，日曜日と大祭は午前9時から午後8時というように，曜日や季節により日照時間や学校の授業時間を考慮して異なった設定であった。独立館として経営されていた日比谷図書館では，4月から9月までは午前8時から午後9時まで，10月から3月までは午前9時から午後8時まで開館していた。各館によって異なった開館時間の設定になっていたのである。

　児童の図書館利用について，『東京朝日新聞』1910（明治43）年6月1日付「子供の読む本：読ませて好か悪いか」[69]と題した記事は，日比谷図書館，深川図書館の大繁昌を伝えるとともに，通俗図書館には子どもに与える利益と悪影響があると述べている。図書館を利用することで，児童の読書欲を高め，教科書以外の知識を増すことができる。その一方で，児童が自分の興味あるもののみを断片的に読み，科学的書物を嫌う風潮を生じさせる。児童が戸外運動をする時間が減少し，神経過敏にさせる等の弊害がともない，児童読物の選択取締りの必要がある。この記事から，当時の児童の図書館利用に対する考え方は，必ずしも児童の図書館利用推進の方向ばかりではなかったことがわかる。

　『都市教育』[70]では，学校付設の簡易図書館の利用に関して，簡易図書館無

用論が論議されていると報じている。その論点として、「図書館を利用する児童が学業不振になること」、「図書館設置小学校の教師のみが閲覧上の便宜を受けること」、「東京市は各区に簡易図書館を増設して、教師たちの研究的勉強を期待しているが、利用する小学教師が少ないこと」の3点をあげている。簡易図書館の主幹の中には、児童の図書館での閲覧をあまり奨励すると学業に弊害があるので、平常閲覧冊数は1冊に制限したほうがよいという意見もみられたとしている。このことからも、明治末のころ、小学教師の簡易図書館利用に対する意欲は期待したとおりにはなっていなかったことがわかる。

5 学校付設図書館の運営

東京市の行政組織と学校付設図書館

表Ⅳ-9　東京市立図書館の吏員（現員人数）

年度	図書館	主事	主事補	事務員	嘱託員	雇	臨時雇	計	東京市立図書館計	東京市吏員総計
1909	日比谷図書館	1		△16	1	11	2	△121	△135	△68 1,200
	深川図書館			2		2	2	6		
	簡易図書館（日本橋）			1	3			4		
	簡易図書館（牛込）				3	1		4		
1911	日比谷図書館	1		△16	1	6	6	△120	△187	△45 1,798
	深川図書館			3		2	1	6		
	簡易図書館（12館）			15	31	5	10	61		
1914	日比谷図書館	1	1	5	1	10	2	20	105	△32 2,534
	深川図書館		1	2		2	2	7		
	自由図書館（17館）			18	28	22	10	78		

出典：『東京市事務報告書』明治42年，明治44年，大正3年より作成

　東京市の行政組織は表Ⅳ-3 に示したように，1908（明治41）年には 3 部制が
とられ，市立図書館が属していた教育課は第 3 部に位置づけられていた。1913
（大正 2）年に教育課は第 1 部に変更になり，1914（大正 3）年には部が廃止さ
れて，11 課で構成されるようになる。表Ⅳ-9 は 1909（明治42）年，1911（明治
44）年，1914（大正 3）年の各図書館の現員人数を表している。表中の三角の印
の数字は兼務者数を示している。

　東京市全体の吏員総数を比較してみると，1911（明治44）年の 1909（明治
42）年に対する増加率が約 1.5 倍であるのに対して，市立図書館の現員は 2.5
倍になっている。1914（大正 3）年の場合も東京市全体は 1909（明治42）年に
対して，2.1 倍に増加しているのに比べて，市立図書館の現員は 3 倍に達して
いる。明治 40 年代から 1914（大正 3）年までの時期に，東京市の中でも市立図
書館の施設と人員の増加率は著しいことになる。個別の図書館をみると，日比
谷図書館は 20 人規模，深川図書館は 6 人から 7 人の規模，学校に付設された
簡易図書館は 4 人から 5 人の規模で運営されていたことがわかる。

東京市の教育費と学校付設図書館

　表Ⅳ-10 は『東京市統計年表』第 9 回[71]，第 11 回[72]により，東京市の教育
費と日比谷図書館，深川図書館，簡易図書館の図書館費（決算額，経常歳出）
を比較した表である。

表Ⅳ-10　東京市の教育費と図書館費（決算額　経常歳出）

年度	日比谷図書館（A）円	深川図書館（B）円	簡易図書館（C）円	図書館費合計（A+B+C）円	東京市の教育費（D）	図書館費/東京市の教育費（A+B+C)/D
1909	16,481.20	2,552.42	1,376.20	20,409.82	101,158.761	20.2%
1911	17,601.35	4,330.35	18,545.33	40,477.03	160,593.531	25.2%
1912	17,890.22	4,498.74	30,178.81	52,567.77	228,173.878	23.0%

出典：『東京市統計年表』第 9 回，第 11 回により作成

表Ⅳ-11　図書館費の内訳

年度	図書館費（円）	内　訳（図書館費に占める割合%）					
		給料	雑給	需用費	図書費	諸費	修繕費
1913	52,163	25,018 (48.0%)	7,677 (14.7%)	10,112 (19.4%)	8,853 (17.0%)	99 (0.2%)	404 (0.8%)
1914	56,840	26,050 (45.8%)	9,356 (16.5%)	10,692 (18.8%)	10,280 (18.1%)	97 (0.2%)	365 (0.6%)

出典：『東京市統計年表』第 12 回により作成

表Ⅳ-12　図書館の支出経常費

支出総額順位	図書館名	支出経常費	支出経常費/市立全体	臨時費	支出総額	収入閲覧料
1 位	日比谷	18,714	33.5%	522	19,236	3,918
2 位	深川	4,532	8.1%	558	5,090	775
3 位	神田一橋	4,039	7.2%	551	4,590	
4 位	中和	1,274	2.3%	1,213	2,487	
5 位	両国	1,202	2.2%	1,213	2,415	
6 位	京橋	2,383	4.3%	27	2,410	
7 位	日本橋	2,116	3.8%		2,116	
8 位	小石川	2,004	3.6%		2,004	
9 位	牛込	1,921	3.4%	68	1,989	
10 位	本郷	1,967	3.5%		1,967	
11 位	麻布	1,925	3.4%		1,925	
12 位	浅草	1,871	3.3%		1,871	
13 位	本所	1,727	3.1%	110	1,837	
14 位	三田	1,823	3.3%		1,823	
15 位	四谷	1,800	3.2%		1,800	
16 位	月島	1,772	3.2%		1,772	
17 位	下谷台南	1,659	3.0%		1,659	
18 位	神田外神田	1,610	2.9%		1,610	
19 位	氷川	1,564	2.8%		1,564	
	東京市立全体	55,903	100.0%	4,262	60,165	4,693

出典：『東京府統計書』大正 3 年より作成。図書館名は同統計書による

　東京市立図書館の設立が始まった当初から，独立館と学校付設図書館における財政状況の差が大きかったことがわかる。簡易図書館にかかる経費が少なく設定されていることは，簡易図書館については，図書購入費と図書購入準備費が寄付され，開館時と開館後の図書購入については区の有志等からの寄付として環境が準備されていたためと考えられる。『東京市統計年表』第 12 回[73]により，1913（大正 2）年と 1914（大正 3）年の図書館費の内訳を比較したのが表Ⅳ-11 である。2 年とも人件費が 5 割近くを占めている。

　表Ⅳ-12 は，各図書館の支出経常費を示した表である。簡易図書館は閲覧料無料の方針であったために，日比谷図書館と深川図書館のみが閲覧料を徴収していた。

　支出経常費は日比谷図書館が最も多く全体の 33.5％，深川図書館が 8.1％，神田一橋図書館が 7.2％と，独立館のみで支出経常費合計額の約半分を占めていた。その他の学校付設図書館各館の支出経常費は全体の約 2 〜 4％程度にあたる。1909（明治 42）年度以後に急速に設立された学校付設図書館は独立館に比べるとはるかに少ない経費で運営されていたことになる。

各地域の特性と結びついた図書館サービスの展開

　東京市では各地域によって住民の職業別人口の割合が異なる。図Ⅳ-7 のグラフは『東京市市勢調査原表』[74]により作成した，1908（明治 41）年の東京市における職業別本業有業者人口の中の職業別の比率を示している。

　東京市全体をみると，調査時の有業人口総数は 712,215 人，鉱業および工業者が 289,222 人（全体の 40.6％），商業および交通業者が 290,442 人（全体の40.8％），公務員や自由業者が 82,544 人（全体の 11.6％）を占める。農業や畜産，林業者等は 8,713 人（全体の 1.2％）とわずかである。たとえば，鉱業および工業者の割合が最も多いのが本所区，商業および交通業者の割合が最も多いのは日本橋区であり，地域により差異があることがわかる。

　表Ⅳ-13 は 1912（大正元）年度の東京市立図書館各館の分野別蔵書構成を示している。括弧内の数字は洋書の冊数である。1913（大正 2）年 4 月に市立簡易図書館は自由図書館となった。表中に示したように，神田第一図書館は一橋図書

館，神田第二図書館は外神田図書館に館名変更が行われている。

　蔵書冊数はからみると，日比谷図書館が 55,091 冊（東京市立全体の 43.4％）と最も多く，図書館の半数を蔵書冊数が 3,000 冊以下の学校付設図書館が占めていた。洋書は日比谷図書館に集中しており，学校付設図書館は和漢書を中心に構成されていた。

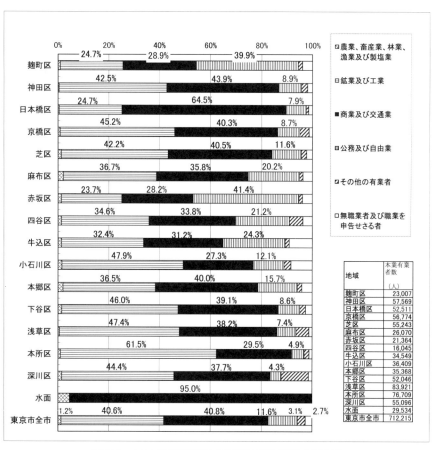

図Ⅳ-7　1908 年東京市各区職業別本業有業者人口比率

出典：『東京市市勢調査原表』明治 41 年より

　『東京市統計年表』第 11 回の脚注によると，深川図書館の第 4 門には軍事が含まれ，簡易図書館の第 7 門（産業，交通，家事）の数値は第 6 門（工学，兵事，芸術）に便宜上合算されている。第 6 門の数値が簡易図書館のうちで最も多いのは日本橋図書館である。

表Ⅳ-13　東京市立図書館各館の分野別所蔵状況（1912 年度）（　）内は洋書の冊数

簡易図書館名 （→大正 2 年 4 月館名変更）	第1門 宗教 哲学 教育	第2門 文学 語学	第3門 歴史 伝記 地理 紀行	第4門 法律 政治 経済 社会 統計	第5門 数学 理学 医学	第6門 工学 兵事 芸術	第7門 産業 交通 家事	第8門 事彙 叢書 随筆 雑書	児童用 図書	合　計
日比谷	13,588 (5,822)	7,819 (2,059)	5,604 (830)	4,753 (909)	5,030 (901)	3,307 (398)	5,035 (686)	7,550 (1,923)	2,405 (106)	55,091 (13,634)
神田第一 （→一橋）	734	920 (9)	861 (1)	529	383	335	0	439 (37)	307	4,508 (47)
神田第二 （→外神田）	81	326 (5)	201	82	99	118	0	143	381	1,431 (5)
日本橋	1,031	2,241 (144)	1,716	462	531 (12)	726	0	706	923	8,336 (156)
京橋第一 （→京橋）	467 (1)	1,146 (168)	531	368	350	548	0	253	1,862	5,525 (169)
京橋第二 （→月島）	443 (69)	191 (1)	67	82	59	351 (15)	0	79	400	1,672 (85)
芝 （→三田）	186	455 (33)	214	141	120	219 (2)	0	349 (1)	361	2,045 (36)
麻布	136	442	316	246	131	155	0	216	286	1,928
赤坂 （→氷川）	106	320 (72)	208	77	116	104	0	165	469	1,565 (72)
四谷	172	411 (1)	193	139	131	191	0	167	339	1,743 (1)
牛込	473 (7)	1,321 (83)	637 (12)	223 (2)	292 (6)	594 (3)	0	195	444	4,179 (113)
小石川	195	642 (7)	298	130	159	201 (1)	0	222	383	2,230 (8)
本郷	179	399 (25)	205	184	147	232	0	125 (1)	255	1,726 (26)
下谷台南 （→台南）	174	474	295	91	104	206	0	155	301	1,800
浅草	259 (6)	546 (51)	491	147	151	333 (1)	0	171 (13)	444	2,542 (71)
本所	210	400 (54)	221	101	167	244	0	261 (13)	317	1,921 (67)
深川	622 (1)	2,097 (142)	1,191 (22)	644 (25)	556 (9)	571 (4)	264 (4)	987 (38)	779	7,711 (245)
東京市合計 （洋書計）	19,056 (5,906)	20,150 (2,854)	13,249 (865)	8,399 (936)	8,526 (928)	8,435 (424)	5,299 (690)	12,183 (2,026)	10,656 (106)	105,953 (14,735)

出典：『東京市統計年表』第 11 回（大正元年度）より作成

　1912（大正元）年 11 月 17 日付『読売新聞』「図書館巡り（7）　日本橋簡易図書館」[75] によると，簡易図書館は次のような状況にあった。日本橋簡易図書館は，

1909（明治42）年4月設立され，簡易図書館の中で牛込図書館とともに最も古い図書館である。神田第一を除く簡易図書館中では最も蔵書が多くよい蔵書を所蔵し，設備が整っている。建物は門を入り突き当たりのガラス戸をあけたところに下足と閲覧票を渡す人がいて，正面に書庫がある。他の小学校併置図書館と違い，特に閲覧室が設置されている。このほかに婦人閲覧室と児童閲覧室として教室が用いられていた。閲覧者は徒弟70人，学生40人等がおり，通俗の伝記小説類，産業工業書類，歴史地理紀行などがよく読まれていた。法政経済その他の研究書をみているものはきわめて少なかった。

　閲覧者の中で徒弟の割合が高いことは，図Ⅳ-7の日本橋区の職業別人口分布で商業および交通業者や鉱業および工業人口の割合の高いという地域の特性と符合している。一方，蔵書構成からみても，日本橋簡易図書館では表Ⅳ-13のように文学・語学や歴史・伝記・地理・紀行の図書が多い一方で，数学・理学・医学や工学・兵事・芸術の図書の数も多く所蔵している。つまり，図書館の蔵書構成やサービスが地域の状況や需要にあわせて展開されていることがわかる。

表Ⅳ-14　東京市立図書館の閲覧人数（1910〜1914年）

図書館名	年	開館日	男性（A）	男性比率（A/C）	女性（B）	女性比率（B/C）	合計（C）	1日平均
日比谷図書館	1910	334	197,434	96.1%	7,935	3.9%	205,369	614.9
	1911	335	211,728	96.2%	8,473	3.8%	220,201	657.3
	1912	329	227,767	96.4%	8,500	3.6%	236,267	718.1
	1913	329	229,886	96.0%	9,607	4.0%	239,493	727.9
	1914	329	228,404	95.4%	10,968	4.6%	239,372	727.6
深川図書館	1910	332	36,676	88.7%	4,673	11.3%	41,349	124.5
	1911	331	36,929	92.4%	3,040	7.6%	39,969	120.8
	1912	330	39,035	92.0%	3,105	7.3%	42,410	128.5
	1913	330	71,364	96.0%	3,009	4.0%	74,373	225.4
	1914	328	59,676	94.4%	3,567	5.6%	63,243	192.8
簡易図書館	1910	1,113	87,755	79.2%	23,115	20.8%	110,870	99.6
	1911	2,932	234,204	85.9%	38,381	14.1%	272,585	93.0
	1912	4,547	574,681	88.9%	72,059	11.1%	646,740	142.2
	1913	4,967	1,039,227	91.0%	102,888	9.0%	1,142,115	229.9
	1914	5,347	990,061	90.7%	101,013	9.3%	1,091,074	204.1
合計	1910	1,779	321,865	90.0%	35,723	10.0%	357,588	201.0
	1911	3,598	482,861	90.6%	49,894	9.4%	532,755	148.1
	1912	5,206	841,483	91.0%	83,664	9.0%	925,147	177.7
	1913	5,626	1,340,477	92.1%	115,504	7.9%	1,455,981	258.8
	1914	6,004	1,278,141	91.7%	115,548	8.3%	1,393,689	232.1

出典：『東京市統計年表』第9回，10回，11回，12回，13回

『東京市統計年表』第9回〜第13回 [71)−73), 76), 3)]（明治43年度〜大正3年度）の数値から，日比谷図書館，深川図書館と日比谷深川以外の簡易図書館について，開館日数，閲覧人数を比較したのが，表Ⅳ-14である。

　日比谷，深川を除いた簡易図書館全体の閲覧人数は1911（明治44）年以後，日比谷図書館を上回る数値を示している。女性の比率をみると，日比谷図書館では明治末から大正初期においてほぼ4％程度で推移しているのに対して，簡易図書館では女性が10％程度を占め，身近な学校付設の簡易図書館を利用する女性の数が増加している。1日平均の閲覧人数について簡易図書館と深川図書館と比較してみると，1912（大正元）年以後は簡易図書館が深川図書館を上回っている。次々と増設されていった学校付設の簡易図書館を利用する市民の数が年々増加し，身近なサービススポットを設定した効果と考えられる。

6　閲覧無料の自由図書館の誕生

簡易図書館から自由図書館への名称変更

　1913（大正2）年4月に，図書館の名称変更が実施され，「簡易」の文字を省いて，一部の図書館には地名を用いる形での変更が行われた。「簡易」という語が市民から，幼稚または低級の意味にとられるのを避けるために，自由図書館という呼称が用いられたとされる。この「自由図書館」という語が用いられるようになった経緯や理由について，『図書館雑誌』に掲載された，日比谷図書館職員の小谷誠一（1895-1979）による「フリー・パブリック・ライブラリー」[77)]と題した論考が最も詳しい。

　小谷によると，1913（大正2）年の名称変更の事情は次のようなものであった。東京市立の図書館は17館あり，日比谷と深川のみが閲覧料を徴収し，その他は無料だった。「自由図書館」とは，無料の15図書館に対する呼称として，有料図書館と区別するために用いられた。東京市が「自由図書館」の用語を用いたのは1910（明治43）年1月助役通牒の「図書館閲覧月報提出方の注意事項」が最初であり，「無料図書館」の意味で用いられている。自由は「free」の訳で，東京市が有料の日比谷，深川と並んで無料図書館を設けた際に，無料であるこ

とをありのままには言わずに明示したいと考えたためである。それぞれ何々簡易図書館と命名したものの，簡易図書館は小学校内に設けられたため，子どもの図書館であろうと低級視され，敬遠されてしまった。そこで今度は「簡易」を名称から削除する改正が行われることになった。

　この改正によって，従来は日比谷，深川，簡易図書館の三様であった諸規程は結合され，東京市立図書館館則として統一された。従来の簡易図書館は「自由図書館」という通称になり，東京市立図書館閲覧規程の第6条に，初めて公式に自由図書館という呼称が用いられるようになった。「簡易」も「自由」もいずれも「free public library」の free から用いられたのである。なぜ一気に「簡易」の文字を削除せず，代わるものとして「自由」の文字を選んだのかについては，小谷は「縦覧自由」，「通り抜け御自由」，「自由にお持ち下さい」の自由の意味で自由図書館と訳したのであるとしている。彼は，1910（明治43）年以来図書館で内々に使用してきた「自由図書館」という用語を，4年も経過して表向きに使用するようになったのには，単なる思いつきや気まぐれではなく確固とした意図があったと主張している。

　この小谷の主張には，すでに1910（明治43）年頃から東京市立図書館内部で，「free」が無料の意味で使用されていたこと，「簡易」とはすなわち「無料」，「free」の意味であったという重要な指摘が含まれている。すでに取り上げたように，戸野教育課長は日比谷図書館の開館式において，閲覧料は無料を期したが日比谷図書館では実現できなかったと挨拶している。しかし，その後も東京市では「簡易」という文字を使用することで，閲覧料無料を実現する考え方が，学校付設図書館が増設される中で，着実に推進されていたことがわかる。

閲覧料の徴収に対する考え方

　深川図書館の入館料の徴収については，東京都公文書館に1909（明治42）年6月16日付「深川図書館図書閲覧料取扱方ノ件」[78]に関する第一部長田川大吉郎の文書が残っている。この文書をみると，入場料決定に関する経過がわかる。

　東京市では図書館普及のために自由な図書館を設置する。目下建設中の深川図書館については図書閲覧料を徴収しない見込みであり，明治42年度予算でも

閲覧料収入を計上しなかった。その後，土地の状況を精査し，日比谷図書館の閲覧人取締りの状況も考慮して修正を加え，多少の閲覧料を徴収することになり，同年6月4日に参事会で議決が確定された。深川図書館の事務員定員4人では，増加する徴収事務を賄うことは不可能である。そこで，閲覧料の収入額の範囲内で雇員1名を増員する必要があり，増員の費用と閲覧料収入を42年度追加予算として市会に提出した。

　この文書には，「東京市明治四十二年度歳入出追加予算表」が添付されており，歳出予算185円，雇員俸給126円（月俸18円，7か月分），慰労手当8円，その他需用費51円が設定されている。すなわち，この段階で東京市としては，市立図書館普及のためには閲覧料の無料化が必要であると考えていたのである。業務量の増加に必要となる人件費を閲覧料収入の範囲内で設定していることは，日露戦争後の好景気が終わり不況期にあった市の財政緊縮方針を反映したものと考えられる。結果的に深川図書館の閲覧料は1回分1銭に設定された。日比谷図書館の閲覧料の設定は，普通閲覧人2銭，児童1銭になっているので，深川図書館の閲覧料は，大人は半分で設定されたことになる。

注・参考文献
1)　石塚裕道. 東京の社会経済史. 紀伊國屋書店, 1977, 294p.
2)　日本長期統計総覧, vol.1. 日本統計協会, 1987, 457p.
3)　東京市統計年表, 第13回. 東京市役所, 1917, 995p.
4)　中川清. 日本の都市下層. 勁草書房, 1985, 404p.
5)　中川清. 戦前東京の都市下層. 国際連合大学, 1981, 44p. （国連大学人間と社会の開発プログラム研究報告）
6)　高橋亀吉. 大正昭和財界変動史, 上. 東洋経済新報社, 1973, 565p.
7)　東京市統計図表. 東京市役所, 1939, 65p.
8)　東京市統計年表, 第29回. 東京市役所, 1933, 1155p.
9)　根岸睦人. 日露戦後から第一次世界大戦後にかけての都市教育財政問題：東京市における市区間財政関係を事例として. 立教経済学研究, 2003, vol.57, no.1, p.93-118.
10)　"東京市財政の紊乱". 東京毎日新聞. 大正元年10月2日. （神戸大学附属図書館新聞記事文庫：地方財政, 1-018).
　　http://www.lib.kobe-u.ac.jp/das/jsp/ja/ContentViewM.jsp?METAID=10053670&TYPE=IMAGE_FILE&POS=1 （参照 2023-6-29)
11)　"地方財政概観". 中央新聞. 大正2年4月28日. （神戸大学附属図書館新聞記事文庫：

地方財政，1-022）．

http://www.lib.kobe-u.ac.jp/das/jsp/ja/ContentViewM.jsp?METAID=10053872&TYPE=IMAGE_
FILE&POS=1（参照 2023-6-29）

12) 阪谷芳郎．最近の東京市．通俗大学会，1915，208p.

13) 東京都公文書館．東京市組織の変遷．http://www.soumu.metro.tokyo.jp/01soumu/archives/
0702c_hensen_t1.htm（参照 2023-6-29）．

14) 東京市事務報告書・財産表．複製版．東京都公文書館，2007（CD-ROM）．

15) 東京都財政史研究会編．東京都財政史，上．東京都，1969，531p.

16) 土方苑子．東京の近代小学校：「国民」教育制度の成立過程．東京大学出版会，2002，230p.

17) 東京府史：行政篇．vol.6．東京府，1937，1298p.

18) 松田武雄．近代日本社会教育の成立．九州大学出版会，2004，373p.

19) 坪谷善四郎．東京市立図書館論．東京教育時報．1902，no.25，p.8-12.

20) 千代田図書館八十年史．千代田区，1968，337p.

21) 上野図書館八十年略史．国立国会図書館支部上野図書館，1953，170p.

22) 坪谷善四郎編．大橋図書館四十年史．博文館，1942，347p.

23) 東京市統計年表，第 7 回．東京市役所，1910，1273p.

24) 東京市統計年表，第 8 回．東京市役所，1911，1275p.

25) "市民は新に二大図書館を得たり　貴族的の南葵文庫，通俗的の日比谷図書館"．中央新
聞．明治 41 年 7 月 4 日．（新聞集成図書館第 2 巻：明治編（下）．大空社，1992，395p.）

26) 南葵文庫の蔵書は，大正 12 年の関東大震災で全焼した東京帝国大学附属図書館を復興
するために，東京帝国大学に寄贈され，南葵文庫は閉鎖された．建物の一部は昭和 62（1987）
年に熱海市に移築改修された．

27) "南葵文庫（なんきぶんこ）旧館の歩み"．和歌山県立博物館ニュース．2010-9-14．http://
kenpakunews.blog120.fc2.com/blog-entry-273.html（参照 2023-6-29）

28) 国指定文化財等データベース　登録有形文化財旧南葵文庫
http://kunishitei.bunka.go.jp/bsys/maindetails.asp（参照 2023-6-29）

29) "竹貫佳水"．日本近代文学大事典，vol.2．講談社，1978，p.327.

30) 今澤慈海，竹貫直人．児童図書館の研究．博文館，1918，160p.

31) 竹貫直次技手に任用（第 1 種　秘書進退原議・属及技手・冊の 4　601.C8.21 東京都公文
書館）

32) 竹貫直次を築港調査掛に採用（第 1 種　官房秘書進退・共 3 の 1 601.C3.03 東京都公文
書館）

33) "竹貫直人"．簡約日本図書館先賢事典（未定稿）．石井敦，1995，p.82.

34) "竹貫佳水"．日本児童文学大事典，vol.1．大日本図書，1993，p.421-423.

35) 蘆村居主人．故竹貫佳水氏の事業．童話研究．1922，no.2，p.65-66.

36) 滑川道夫．日本児童文学の軌跡．理論社，1988，358p.

37) 東京府統計書，明治 42 年，vol.2．東京府，1911，108p.

38) 東京教育史資料大系，vol.8．東京都立教育研究所，1974，1002p.

39) 東京府統計書，大正 3 年．東京府，1916，766p.

40)　東京市立図書館一覧：大正15年. 東京市立図書館, 1926, 31p.

41)　"田川大吉郎". 日本人名大事典, 現代. 平凡社, 1979, p.453.

42)　遠藤興一. 執筆活動からみた田川大吉郎. 研究所年報. 明治学院大学社会学部付属研究所, no.37, 2007, p.3-31.

43)　関直規. 田川大吉郎の市民教育論とその実践：都市社会教育のパイオニア. 文星紀要. 2000, no.12, p.A71-A80.

44)　遠藤興一. 書誌田川大吉郎：その生涯と著作. ジェイピー出版, 2005, 147p.

45)　田川大吉郎. 今日現在の利用. 東京市教育会雑誌. 1909, no.57, p.6-8.

46)　田川大吉郎. 今日現在の利用（承前）. 東京市教育会雑誌. 1909, no.58, p.9-11.

47)　田川大吉郎. 今日現在の利用（承前）. 東京市教育会雑誌. 1909, no.59, p.7-11.

48)　市立図書館名称ニ関スル件：東京市立深川図書館の名称決定（第1種　例規学事・衛生・土木・第9.463号4冊の2 602.A3.10　東京都公文書館）

49)　"戸野周二郎". 大正人名辞典, 第3版. 東洋新報社, 1918, p.1393.

50)　"戸野みちゑ子". 大日本婦人録. 婦女通信社, 1908, p.157.

51)　任命教育課長戸野周二郎.（進退原議・市役所・冊13-1　602.C3.09　東京都公文書館）

52)　四日市市史. 四日市市教育会, 1930.

53)　四日市市史. 大和学芸図書, 1982.

54)　戸野周二郎. 学校及教師と図書館. 宝文館, 1909, 267p.

55)　赤星隆子. 戸野周二郎著『学校及教師と図書館』の意義：児童青少年図書館の視点から. 図書館学会年報. 1992, vol.38, no.4. p.167-179.

56)　赤星隆子. 児童図書館の誕生. 理想社, 2007, 287p.

57)　Dana, John Cotton. A Library Primer. Chicago, Library Bureau, 1899, 180p.

58)　市立日比谷図書館開館式. 東京市教育会雑誌. 1908, no.51, p.45-47.

59)　叢譚 今後十年間に於ける東京市の教育. 東京市教育会雑誌. 1908, no.51, p.39-41.

60)　東京市立図書館一覧：大正7年－大正8年. 東京市, 1920, 38p.

61)　東京都教育史：通史篇. 東京都立教育研究所, 1994-1997, 4冊.

62)　第186号寄附金受領の件：日本橋簡易図書館費（寄附）.（第1種　議事・市会・全8冊の6　602.A8.09　東京都公文書館）

63)　第187号市42年度歳入出追加予算：日本橋簡易図書館費.（第1種　議事・市会・全8冊の6　602.A8.09　東京都公文書館）

64)　第210号市43年度歳入出追加総計予算：簡易図書館費.（第1種　議事・市会・全9の6　603.A6.03　東京都公文書館）

65)　京橋第二簡易図書館設立認可申請ノ件：月島小学校内に設置する旨東京府へ申請.（第1種　例規・学事・冊ノ5-2　603.C5.07 東京都公文書館）

66)　図書館々則及図書閲覧規程告示ノ件：東京市立簡易図書館々則制定及び告示並に東京市立簡易図書館図書閲覧規程告示. 第1種　例規・学事4冊の2.602.A9.12 東京都公文書館）

67)　四谷簡易図書館閲覧開始ノ件：四谷第二小学校焼失の為四谷第一小学校内に当分の間移転し閲覧を開始する旨東京府より認可に付告示（第1種　例規・学事・冊の5-2　603.C5.07 東京都公文書館）

68) 東京市立氷川図書館案内. 東京市, 1933, 34p.

69) "子供の読む本：読ませて好か悪いか". 東京朝日新聞. 明治 43 年 6 月 1 日.（新聞集成図書館　第 2 巻：明治編（下）. 大空社, 1992, 395p.）

70) 如月市仙. 簡易図書館と小学教師. 都市教育, 1912, no.92, p.16-18.

71) 東京市統計年表, 第 9 回. 東京市役所, 1912, 955p.

72) 東京市統計年表, 第 11 回. 東京市役所, 1915, 991p.

73) 東京市統計年表, 第 12 回. 東京市役所, 1915, 989p.

74) 東京市市勢調査原表. 東京市, 1909-1911, 5 冊.

75) "図書館巡り(7)　日本橋簡易図書館". 読売新聞. 大正元年 11 月 17 日.（新聞集成図書館　第 3 巻：大正・昭和戦前編. 大空社, 1992, 395p.）

76) 東京市統計年表, 第 10 回. 東京市役所, 1913, 963p.

77) 小谷誠一. フリー・パブリック・ライブラリー. 図書館雑誌. vol.29, no.1, 1935, p.26-27.

78) 第 124 号市 42 年度歳入出追加予算：深川図書館図書閲覧料徴収予算.（第 1 種　議事市会 8 冊ノ 5　602.A8.08　東京都公文書館）

●第 V 章●
東京市立図書館の組織改正と経営の効率化
——市立図書館のイノベーション

　東京市立図書館では 1915（大正 4）年に，その後に大きな影響を及ぼす組織改正 [1]) が行われた。この組織改正で日比谷図書館を中央館とするシステムとしての東京市立図書館網が形成された。財政が逼迫して，経費節約を強いられる中で，東京市立図書館はどのような改革を行い，図書館網の形成や図書館間連携，閲覧料の無料化を実現したのか。まず，東京市立図書館の組織改正に関するこれまでの評価や論議についてみてみたい。

1　東京市立図書館の画期的組織改正

東京市立図書館の組織改正に至る経緯
　東京市立図書館の図書館報である『市立図書館と其事業』第 12 号（1923 年 3 月刊）の「東京市立図書館の話（三）」[2) では，市立図書館の組織が 1915（大正 4）年 4 月に更新され，本邦図書館史上に一新時代を画するに至ったとしている。『東京都公立図書館略史：1872-1968』[3) （1969 年 3 月刊）は，組織改正によって新体系が形成されることで東京市立図書館の全盛期が作り出されたと述べている。
　市立図書館の組織改正が行われるに至った経緯について，『東京市立図書館一覧』[4) （1926（大正 15）年）に，次のような記述がみられる。1914（大正 3）年 12 月に，市立図書館主管の教育課長戸野周二郎が突如として下谷区長に転任を命じられた。日比谷図書館長にあたる主幹であった守屋恒三郎（1879-1924）が教育課長となり，今澤慈海が後任の日比谷図書館主幹になった。守屋新教育課長はかねてから簡易図書館が独立して経営され，何ら統一もなく脈絡を欠いている点を遺憾と感じていた。そこで，課長就任とともに図書館間の統一連絡を図り，

経済的に図書館を運営して，その利益を普及させようとした。この計画は当時における東京市の財政緊縮方針とあいまって，直ちに実現された。1915（大正4）年4月には，日比谷図書館を中心とした図書館網が形成され，図書館の新体系が構成された。『東京市立図書館一覧』(1926（大正15）年）のこの説明は，東京市立図書館の中央図書館制の導入，図書館統一を論じるに際して繰り返し引用されてきた。すなわち，東京市立図書館の歴史を語る上での重要な変革としてとらえられていることがわかる。

組織改正をめぐる議論

　組織改正については，永末十四雄と清水正三との間で注目すべき議論が行われている。永末は，『日本公共図書館の形成』[5]（1984年刊）の中で，東京市立図書館の組織改正の要因が，東京市の財政緊縮化にあると指摘した。それに対して，清水は，財政緊縮化は口実にすぎず，図書館側がかねてから計画していたサービス充実を実施したのではないかという問題の提起を行った[6]。この2人の組織改正に関する視点は，永末が財政緊縮化という東京市の方針による図書館経営上の効率化に注目しているのに対して，清水は組織改正後の図書館サービスの充実，図書館の内部的視点を重視している点が大きく異なる。

　東京市立図書館の組織改正が，守屋主幹の新教育課長への交代と同時に実施されたとすれば，1914（大正3）年12月から翌1915（大正4）年4月までの4か月という短期間に実現されたことになる。組織改正の背景には社会，経済，文化上でどのような図書館外部の変化があったのか。この改正の図書館内外にもたらした成果や意義は何か。1915（大正4）年に実施された組織改正をめぐって，解明すべき多くの疑問が残されている。

2　東京市立図書館の組織改正に関する主な研究

　東京市立図書館の組織改正に関する主な研究として，永末十四雄，清水正三，佐藤政孝（さとうまさたか）（1925-2004）による論考を取り上げる。清水は，永末の『日本公共図書館の形成』の東京市立図書館史に関する記述に批判を加えている。清水と永末

では組織改正をみる視点が異なり，論述は対立している。また，佐藤は組織改正がもたらした結果について述べている。

永末十四雄の組織改正に関する論述

　永末は，『日本公共図書館の形成』で，東京市立図書館を大都市における図書館の例として取り上げている。1913（大正 2）年 4 月に，閲覧料無料の簡易図書館の名称が自由図書館に改められ，各館で個別に制定されていた規程を統一し，運営の整合性が図られた。しかし，図書館の管理運営はそれぞれ独自に行われていた。1915（大正 4）年 4 月からは，組織改正により日比谷図書館の館長にあたる館頭職を設け，全館を管理する権限を与えた。各館に主任を置き館頭の指揮監督に服させ，一元的な管理機構が作られた。日比谷図書館に業務を集中し，図書を一括購入して目録を作成し，各館が出納事務と図書利用法の研究に専念できるようにした。その限りでは合理的な措置といえるが，実情は財政緊縮対策であり，各館は人員整理により閲覧業務に専念するほかはない状況にされたと述べている。

　さらに，日比谷図書館は周辺の地域に対するサービスをする図書館として建設されたが，組織改正により中央図書館の機能を付与され，学校付設図書館は分館として位置づけられた。その是非はともかく，図書館の構想に大きな変更が加えられ，市全体としての図書館規模は圧縮された。東京市の図書館施策は，組織改正後は退嬰的となってみるべき成果がなかったが，後藤新平（1857-1929）の市長就任で再び活気を取り戻したとしている。

　永末は，組織改正は財政緊縮対策として実施され，組織変更にともなう人員整理や図書館間の業務分担には経済効率が作用したと指摘している。図書館規模の縮小により図書館の一元管理は可能になったものの，図書館施策としては改正前に比べて退嬰的になったとしている。彼は組織改正を促した要因として，財政緊縮化等の図書館の外部的要因を重要視しており，中央図書館制の導入により経営の合理化は行われたものの，図書館施策では組織改正以前よりも後退したと評価しているのである。

清水正三の組織改正に対する論述

　清水は，「1915（大正4）年における東京市立図書館の機構改革とその成果について―永末十四雄著『日本公共図書館の形成』中の『東京市立図書館』についての論述に関連して」で，永末の論考に関して3つの疑問点をあげている。

　第1点目は，わが国で初めての都市図書館の組織化（システム化）を実行したという意味で，組織改正はもっと高く評価されるべきではないかという疑問である。第2点目は，永末は組織改正の要因が財政緊縮であると断定しているが，財政緊縮は一要因ではあるものの，それだけではなく，むしろ，図書館側がかねてから計画し，財政を口実に改正を断行したとも考えられるという点である。第3点目は，永末が組織改正以後の東京市の図書館施策は退嬰的でみるべき成果がなかったが，後藤新平が市長に就任すると再び活気を取り戻したとしていることへの疑問である。以上の3点から，清水は，永末が典拠に用いたと推定される文献の再検討を行う必要があるとしている。

　そして，清水は組織改正による改善点を，「閲覧時間の延長」，「日比谷図書館以外の閲覧料の無料化」，「館外貸出重視の方針」，「開架制度の促進」，「図書の選択方法の改良」，「同盟貸付制度の新設」，「印刷カードの採用」，「整理業務並びに経理事務の合理化」の8項目に整理している。さらに，組織改正後も「東京誌料の収集」，「日英文庫の運営」，「PR用館報の発行」等の事業や活動が進行していることを取り上げ，永末の退嬰的という見方に反論している。

　清水は組織改正について，永末が日比谷図書館の位置づけや中央図書館制の導入による経営の合理化は実現したが，図書館規模は縮小され，図書館施策としては後退したと述べている点に批判を加えている。清水は永末の論述の典拠とみられる『市立図書館と其事業』第12号における「退嬰的」という表現は，東京市当局の図書館に対する行政施策についてであり，組織改正後の図書館活動に対する評価ではないとしている。また，清水は組織改正を考えるにあたって，永末が重視している財政緊縮化は一因ではあるが，改正のための口実にすぎず，図書館はこの機会にサービスの改善を推進しようとしたのではないかと推論している。しかし，この推論にあたって，清水は論拠となる明確な典拠は示してはいない。

佐藤政孝による組織改正に関する論述

　佐藤政孝は，『東京の近代図書館史』[7]において，組織改正を契機に閲覧の無料化が実施され（日比谷図書館児童と深川図書館），さらに独立館3館の開館時間の同一化が実現したと指摘している。そして，この組織改正の中心的人物として今澤を取り上げ，彼の指導のもとに職員が触発され，意欲的に業務に取り組んだことが，その後の東京市立図書館発展に結びついたとしている。

　また，『図書館発達史』の中で，佐藤は東京市立図書館の最盛期の到来として，1915（大正4）年の組織機構の大改正を取り上げている。佐藤は戸野教育課長が下谷区長に転出した後に，守屋教育課長，今澤日比谷図書館長が就任して新体制が確立されたことで，市立図書館全体の運営組織の大改革が実現したと指摘し，組織改正の結果を高く評価している[8]。

　佐藤は今澤の指導力とこれを支える職員たちの意欲的な取り組みが一つに結合して，組織改正が新たな発展期に向かう一大転機となったと指摘している。組織改正により，日比谷図書館は事実上の中央図書館としてのセンター的機能を果たすことになり，参考図書館的奉仕機能の充実が図られた。さらに佐藤は，深川，一橋の独立2館におけるさらなる活動体制の強化が実現し，16の学校付設図書館は通俗図書館として地域に密着した奉仕活動に力を入れることになったと述べている。

組織改正をめぐる検討すべき課題

　永末と清水による研究を比較すると，組織改正に対する両者の評価の観点が大きく異なっていることがわかる。永末は組織改正による図書館の統一をみるにあたり，図書館サービスよりも東京市の財政緊縮化政策に対応した図書館経営の効率化に注目している。永末は，中央図書館制を導入することにより緊縮化政策に対応した経営の合理化は行われたが，図書館施策では組織改正以前よりも後退したとしている。

　一方，清水は永末が重視している財政の緊縮化は口実にすぎず，図書館は組織改正による図書館の統一によって，サービス改善を実施しようとしたのではないかと推論している。しかし，清水はその論拠を明確には示していない。組

織改正をみるにあたって，図書館の財政緊縮化を重視するのか，サービス改善を重視するのかについて，清水と永末の見方は逆の方向を向いている。通常は財政の緊縮化に際してはサービスの縮小化が実施され，サービスの拡大を推進するには財源が必要になるため，清水の指摘は矛盾しているようにみえる。

　ここでは，東京市の財政難にともなう緊縮化の方針に対して，図書館はどのように対応したのか，また，図書館の統一的運営により，どのように図書館サービスを実施したのかに注目し，「東京市の財政緊縮化」と「図書館サービスの改善」の観点から，組織改正による図書館の統一をとらえ直してみたい。

3　東京市の財政緊縮化と組織改正

明治末から大正初期の社会経済情勢

　大正時代はわずか15年間にすぎず，明治時代に比べて短い。しかし，日本にとっては政治，経済，社会，文化の諸局面で重要な節目とされる。組織改正が実施された前後，1911（明治44）年から1919（大正8）年までに，政治面では第二次西園寺内閣，第三次桂内閣，第一次山本内閣，第二次大隈内閣，寺内内閣，原内閣と次々に内閣が発足している。特に1914（大正3）年に勃発した第一次世界大戦は，日本に多大な影響を与えた。

　第一次世界大戦の勃発直後は，経済面では株価の下落や一部の銀行での取り付け騒ぎが起こり，一部産業界で操業短縮が行われ，米価や地価も低落した。しかし，1915（大正4）年12月の東京株式市場の暴騰をきっかけに，第一次世界大戦による戦時景気に転じた。慢性的な赤字を続けていた貿易収支は大幅黒字となり，輸出超過が続くようになる。国内産業が刺激され，本格的な工業化，製鉄，造船等の重工業，近代薬品工業等の自立が促された。国際的には，これを契機に日本は「債務国」から「債権国」へと転換する[9]。

　第一次世界大戦中の輸出ブームにともなう国内経済の活況は，国内に物価インフレを招き，1918（大正7）年夏には，インフレによる食糧価格の急騰に大衆の収入が伴わなくなり，生活難は米騒動となって爆発した[10]。教育面では，明治末に尋常小学校への就学率が男女ともに100％近くに達し，大正年間には中

等教育，高等教育の拡充が図られた。明治期の中等教育が男子中心に展開したのに対し，大正期は特に女子の中等教育が充実した。1918（大正7）年12月には大学令が公布され，新たに公私立大学の設置が認められた。

　『日本における地方行財政の展開』[11]によれば，日露戦争やその後の第一次世界大戦を契機とした工業化は，京浜，阪神，中京など三大工業地帯の形成を促進した。都市部を中心とする工業化の進展と農村部の不況による余剰労働力の発生により，都市や都市部周辺へと人口が移動し始めた。

東京市の変化と財政事情

　東京では，市街地に資本や人口が急速に集積し集中した。生産技術の変革により発展した機械制工業のもとで，地方から流入した農民などは労働者となり，国民経済全体が再編された。しかし，流入人口のすべてが労働者になることができたわけではなく，「貧民窟」，「細民街」などの旧江戸以来のスラムに流れ込むものも多かった。第一次世界大戦を契機として産業経済が発展し，機械，金属工業などの部門が急成長した。流入人口の激増傾向とともに，東京の資本，人口の比重は顕著に上昇し，首都東京はさらに巨大化した。東京の工業化は，当時の本所，深川を中心とした江東地区や南部近郊の芝浦一帯にかけて急速に進み，現在の京浜工業地帯の原型が形成され始めた[12]。そして，東京に集中を続ける人口は，関東大震災前から周辺部に拡散し始める[13]。

　東京府の人口とその内訳としての東京市と東京市以外の人口の変化を示すために作成したのが，表Ⅴ-1である。1912（大正元）年と1916（大正5）年の現住人口の数値は，『東京府統計書』（1916（大正5）年）[14]を基にし，1919（大正8）年分は『東京府統計書』（1919（大正8）年）[15]から算出した。1912（大正元）年には東京府の人口は約302万人，市以外の人口は約98万人である。1912（大正元）年を100とした数値で比較すると，人口は市部，郡部ともに増加を続け，1919（大正8）年には市部よりも郡部の増加が著しいことがわかる。

表V-1　東京の現住人口の変化

	1912 年	1916 年（1912 年を100 とした数値）	1919 年（1912 年を 100 とした数値）	
東京市部	2,009,980	2,281,421（114）		2,359,635（117）
郡部	980,062	1,185,346（121）	郡部計　　　　1,408,978（144） 八王子以外　　1,365,910	
八王子市 （1917 年〜）				43,068
島部	33,412	34,063（102）		34,870（104）
東京府合計	3,023,454	3,500,830（116）		3,803,483（126）

出典：『東京府統計書』1916（大正 5）年，『東京府統計書』1919（大正 8）年

表V-2　各区の東京市の現住人口の推移

区名	1912 年	1915 年（1912 年を 100 とした数値）		1918 年（1912 年を 100 とした数値）	
浅草	217,137	257,158	（118）	260,439	（120）
下谷	202,437	191,122	（94）	193,654	（96）
本所	192,242	226,584	（118）	246,069	（128）
深川	178,182	177,721	（100）	184,171	（103）
神田	172,190	162,326	（94）	165,004	（96）
芝	157,838	180,887	（115）	203,542	（129）
京橋	137,667	163,912	（119）	168,351	（122）
日本橋	132,971	149,393	（112）	151,353	（114）
小石川	132,835	162,149	（122）	170,869	（129）
牛込	122,368	156,278	（128）	168,359	（138）
本郷	115,622	134,739	（117）	130,054	（112）
麻布	84,195	93,896	（112）	91,171	（108）
麹町	55,999	63,156	（113）	65,706	（117）
赤坂	54,945	63,408	（115）	67,390	（123）
四谷	53,352	62,067	（116）	63,169	（118）
合計	2,009,980	2,244,796	（112）	2,329,301	（116）

出典：『東京市統計年表』第 16 回

　表V-2 では『東京市統計年表』第 16 回[16)] に基づき，各区の現住人口と，1912（大正元）年を 100 とした数値を示した。配列は 1912（大正元）年人口の降順で

ある。1912（大正元）年，1915（大正4）年，1918（大正7）年の人口を比較すると，市中心部の人口増加は頭打ち状態で，本所区，芝区，小石川区，牛込区，赤坂区などの人口増加が著しいことがわかる。

『東京都財政史』[17]は，大正初年の地方財政は日露戦争後の反動恐慌の中で歴代内閣がとった緊縮財政政策によって規模が縮小されたが，第一次世界大戦以後は一貫して膨張に転じたとしている。そして，東京市の財政規模は典型的な都市膨張型であると指摘している。第一次世界大戦後の急速な経済社会の変化の中で，都市交通，電気，水道などの公営企業形態の事業展開によって発生した財政問題は，東京市にとって非常に深刻であった。東京市は，事業展開に必要な資金を調達するために起債を繰り返していた。

『東京市統計年表』第29回[18]を基に1912（大正元）年から1919（大正8）年までの東京市の歳入，歳出，未償還の起債の状況について，その変化をグラフに示したのが図Ⅴ-1である。このグラフは図Ⅳ-3（1900年度から1914年度）に続く変化を示している。

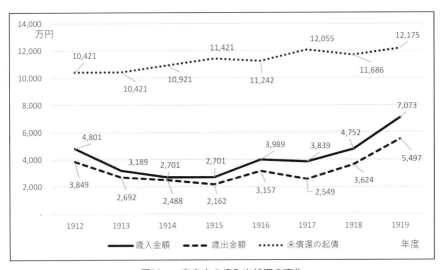

図Ⅴ-1　東京市の歳入出状況の変化

出典：『東京市統計年表』第29回

歳入合計と歳出合計の金額は，1915（大正4）年までともに減少し，1916（大正5）年以後は増加している。歳入，歳出ともに1917（大正6）年に一旦は減少するものの，以後は再び増加傾向を示している。一方で未償還の起債の金額も上昇傾向を示していることがわかる。

『帝都東京の近代政治史』[19]によれば，阪谷芳郎市長（在任期間1912年7月12日〜1915年2月24日）は就任時に，役所組織の簡素化と効率化を目標として掲げ，在任中に何度も課の統合と人員削減を繰り返している。『東京朝日新聞』1913年3月23日付の記事「東京市行政整理」[20]は，吏員の1割3分の淘汰によって5万5千円の俸給節減が実施されたと報じている。

しかし，同年4月2日付「市行政整理失敗」[21]の記事は，行政整理における吏員の人員削減が不十分であり，さらに大鉈を振るう必要があるとしている。奥田義人（1860-1917）市長就任後の1916年3月13日付『東京朝日新聞』の「市役所に大嵐が吹く：又々吏員百五十余名の馘首」[22]と題した記事の冒頭には，奥田市長（在任期間1915年6月15日〜1917年8月21日）が市の財政方針に絶対緊縮主義をとっていることは人の知るところであり，再び吏員の一大淘汰を実施するとしている。このことから，東京市の財政緊縮化や人員削減の必要性が論議され，当時からよく知られていた事実であったことがわかる。

図V-2は，『東京市統計年表』第19回[23]を基に，東京市の職員の俸給金額の合計の推移を示すために作成したものである。1912（大正元）から1914（大正3）年まで上昇を続けていた俸給金額は1915（大正4）年に減少しているが，1916（大正5）年には再び増加し始めている。

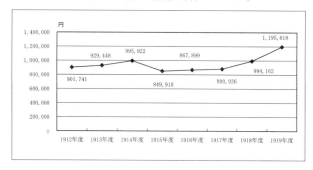

図V-2　東京市の俸給金額の推移

出典：『東京市統計年表』第19回

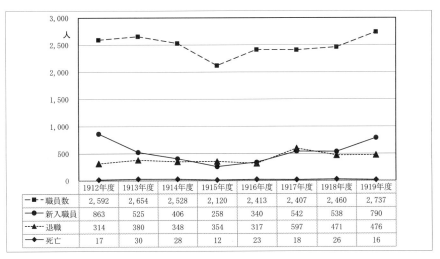

	1912年度	1913年度	1914年度	1915年度	1916年度	1917年度	1918年度	1919年度
―■― 職員数	2,592	2,654	2,528	2,120	2,413	2,407	2,460	2,737
―●― 新入職員	863	525	406	258	340	542	538	790
‥▲‥ 退職	314	380	348	354	317	597	471	476
―◆― 死亡	17	30	28	12	23	18	26	16

図Ⅴ-3　東京市の職員数の推移

出典：『東京市統計年表』第19回

　図Ⅴ-3は東京市の職員数，新入職員数，退職者数と死亡数の変化を表した図である。

　職員数は1914（大正3）年の2,528人から，1915（大正4）年に約400人削減され，2,120人となっている。退職者数は新入職員数を上回っており，休職者数も多い。死亡者数は，1912（大正元）年から1919（大正8）年までの間は12名から30名の間で推移しており，大きく変化してはいない。この時期の人員削減が退職者数増と新入職員採用数の抑制を中心に展開されたことを示している。

　図Ⅴ-3のように，職員数も1916（大正5）年度に一旦減少したにもかかわらず再び増加傾向を示すようになる。すでに取り上げた新聞報道にもみられるように，大正初期の東京市の財政難はきわめて深刻で，緊縮財政政策と人員削減は東京市の全体で大きな課題であった。しかし，第一次世界大戦の戦中戦後を通じて，大都市周辺には工場と労働者が集中し，大都市は人口集中とその生活環境の悪化，失業者の大量発生等の変化に応じた新たなる都市対策の推進を求められた。そして，それに見合った職員増とその財源の確保が必要になったこと

が，再び職員数や俸給が増加傾向を示す要因と考えられる。

東京市長と東京市会の状況

　明治末から 1918（大正 8）年までの期間に，東京市では次々に市長が交代している。具体的には，第 3 代尾崎行雄（在任期間 1908 年 9 月 30 日〜1912 年 6 月 26 日），第 4 代阪谷芳郎（在任期間 1912 年 7 月 12 日〜1915 年 2 月 24 日），第 5 代奥田義人（在任期間 1915 年 6 月 15 日〜1917 年 8 月 21 日），第 6 代田尻稲次郎（1850-1923）（在任期間 1918 年 4 月 5 日〜1920 年 11 月 27 日）の 4 名の市長が担当している [24]。

　『帝都東京の近代政治史』によると，この時期の東京市会をめぐる官僚，政党，市会議員，財界などは次のような動きをしている。この時期に，最も長く市長を務めたのは，尾崎行雄である。尾崎市政時代の東京市会は，常盤会，清和会，無所属派（中立派）の 3 つの党派に分かれていた。絶対多数を占めていたのが，森久保作蔵（1855-1926）が統率する常盤会で，中央政界との関係では政友会系に分類される。これに対抗していたのが，田口卯吉（1855-1905）や中島行孝（1836-1914）を中心とする清和会であり，中央政界では非政友会との親和性が強かった。清和会は常盤会に比べると結束力が弱く，市政は常盤会の主導の下に運営されていた。

　尾崎市長時代の副市長にあたる 3 名の助役たちは，各派閥で構成され，均衡がとられていた。原田十衛は常盤会系，宮川鉄次郎は清和会系であり，田川大吉郎（1869-1947）のみが尾崎の推薦で中立の人々の支援を受けていた。それにあわせて市の組織も 3 部に分けられ，各部の部長にはそれぞれの助役が就任していた。つまり，組織面にも市会の派閥構成が色濃く反映されていたのである。

　東京市立図書館で組織改正が実施された 1915（大正 4）年は，第 4 代阪谷市長の時代にあたる。阪谷芳郎は市長就任と同時に「官制改革」と「予算改正」を命じた。そして，市政方針として，役所組織の簡素化と効率化を掲げていた。自らが行政経験を持ち，大蔵大臣経験者であった阪谷は，在任中に数次にわたる組織改正を実施している。とりわけ，1914（大正 3）年 12 月の 3 部制の廃止による 11 課制の導入は，阪谷の組織改正の完成とされる。阪谷市長時代は，助

役への高等文官試験合格官僚の登用，役所規律の確立などが推進され，市政人事の官僚化に向けての画期とされている時期である[25]。

阪谷市政では前期と後期では市政構造が異なり，前期は常盤会優位の構造を受け入れて運営されていた。阪谷時代の最も大きな問題は電気事業で，電灯事業が問題化していた。中央政界では政友党を与党とする第一次山本内閣が倒れ，非政友会系の第二次大隈内閣が成立した。東京市会では，1914（大正3）年6月の市会議員総選挙において，それまで圧倒的多数を占めていた常盤会が大敗を喫する。非常盤会系の議員は従来の清和会議員と無所属議員に新当選議員を合同して，市政倶楽部という新会派を組織した。常盤会は解散して同様のメンバーで七日会が組織された。新市会では新会派の市政倶楽部が多数を占めるようになった。そして，東京市立図書館の組織改正を考えるにあたって，非常に重要な意味を持つ市政検査委員会が設けられて検査が行われた。

4　東京市会市政検査委員会による教育事務検査

東京市会市政検査委員会の設置

1914（大正3）年6月の市会の政変を契機に，市政検査委員会が設置された。『東京市会史』[26]によると，市政検査委員会の設置に関する提案は，1914（大正3）年6月19日に行われた。市政倶楽部の坪谷善四郎が東京市の財政や事務に対する疑惑があるので，市政検査委員会を設置する必要があると提案し，東京市会で満場異議なく決議されている。1914（大正3）年10月23日の会議では，第1回の市政検査委員会報告（市公金管理に関する事項の検査報告）が提出されている。

『東京市会議事速記録』[27]（1914（大正3）年）によると，市政検査委員会の検査委員の名称について監査委員と名づけてはどうかという質問が行われている。しかし，「監査」では銀行監査と紛らわしいという意見が出て，提案どおり検査委員という名称で決議された。このことから，市政検査は，事務事業監査を意味していたことがわかる。「市政検査委員会報告」によると，市教育事務に関する検査を担当した委員として，委員長（1名），理事（4名）と委員（9名）の名

があがっている。委員長は豊川良平（とよかわりょうへい）（1852-1920），理事として大橋新太郎，鎌（かま）田芳太郎（たよしたろう），松山伝十郎（まつやまでんじゅうろう），音羽耕逸（おとわこういつ），矢野鉉吉（やのけんきち），委員には羽田如雲（はねだじょうん），大澤朝吉，黒須龍太郎（くろすりゅうたろう）（1868-1951），木村正孝，西川嘉門，尾後貫朝吾郎，野並慶定，長清助，中島行麿となっており，いずれも非常盤会系の議員で構成されていた。

市政検査委員会の市教育事務に関する検査結果

　市政検査のうち，図書館に関する調査を含む第2回市政検査報告書（市教育事務に関する検査報告）が，1914（大正3）年12月26日付で，1915（大正4）年2月3日の会議に提出された。報告書では東京市の教育の現状について，就学児童が年々増加して多数の小学校が二部教授を実施しているとしている。最も必要な小学校の改築設備等すら制限せざるを得ない状況では，市教育事業を刷新して不急の施設を制限し，事業成績を上げ，経費節減をすることが急務であると述べている。まさに検査目的は，経費節減，教育事務の見直しであった。

　市政検査委員会の市立図書館に関する検査結果は，次のような内容であった。なお，この検査報告書の検査結果には，各図書館の蔵書冊数，閲覧人数，1か年の経費，職員数の数値が付されている。

　日比谷及深川ノ二図書館ハ有料ニシテ他ノ十七図書館ハ無料トシ帝国教育会ニ特設ノ建物ヲ有セサルモノノ外ハ総テ小学校内ニ置ク有料図書館中深川図書館ハ経費予算五千四百八十一円ニシテ閲覧料四百円ナルヲ以テ市ノ負担額ハ五千八十一円ナリトス然ルニ同館ノ閲覧者ハ大正二年度ノ調査ニ依ルトキハ一日平均二百二十二人ニ過ギス之ヲ規模ノ小ナル自由図書館ニ比較スルモ帝国教育会内ニ特設セル一橋図書館ハ一日平均四百七十三人六分，日本橋図書館ハ三百六十八人三分，京橋図書館ハ三百七十二人四分ニシテ入場者数ヨリ云ウトキハ深川図書館ハ全図書館中第六位ニアリ一方自由図書館ハ十七ニ対スル大正三年度ノ予算ハ三万五千五百二十四円ニシテ一館平均二千九十円ナルヲ以テ深川図書館ニ要スル費用ヲ以テスレハ優ニ二個ノ自由図書館ヲ経営シ得ヘシ要スルニ現下ノ市政状況ニヨリ観察スル時ハ深川図書館ハ之ヲ縮小スルヲ至当トス且日比谷図書館ノ主事補ハ贅員ナリト認ム自由図書館ノ経

営ハ小学校ニ付属スルモノハ校長ヲ主事トナスモ市教育課ヨリ派遣セル事務
員其実権ヲ取リテ徒ラニ事務ノ複雑セル観アリ従テ其経費ハ実際ヨリモ膨大
セル傾向アリト認ム [26][p.465]

表V-3　1914 年市政検査結果の市立図書館一覧

図書館名	蔵書冊数		閲覧人員		1 ヵ年経費		職員数
	和書	洋書	人員	一日平均	収入	支出	
日比谷	43,884	3,782	243,518	740.2	4,030	19,408	21
一橋	5,034		155,357	473.6		4,625	8
京橋	6,034		123,641	372.4		2,242	5
日本橋	8,504		122,306	368.3		2,204	5
浅草	2,824		76,201	250.7		2,165	5
※深川	7,978	251	66,011	222.0	400	4,923	7
小石川	2,526		64,076	193.2		2,115	5
四谷	1,937		62,611	192.7		2,165	5
牛込	4,152		59,343	180.4		2,115	5
台南	1,931		54,979	166.1		1,864	4
本郷	2,187		53,648	163.1		2,115	5
外神田	1,620		47,833	147.9		1,864	4
月島	2,031		47,758	144.3		1,864	4
本所	2,138		44,122	132.5		2,165	5
麻布	2,095		38,715	115.9		2,165	5
三田	2,337		35,289	106.3		2,165	5
氷川	1,875		31,668	96.5		1,925	4
両国	1914 年度新設					1,214	4
中和	1914 年度新設					1,214	4
合計	99,087	4,033	1,327,076	4,066	4,430	60,517	110

出典：『東京市会史』vol.4「東京市政検査報告」第 2 回

　表V-3 は，検査結果に添えられた一覧を閲覧人数の降順に並べ替え，これに
検査結果から算出した市立図書館全体の合計数値を付け加えた表である。検査
結果で指摘されているように，深川図書館の閲覧人数は，東京市立図書館中で

第6位に位置し，閲覧人員は一橋図書館の半分以下である。一方で，支出額では他の自由図書館の2倍であり，職員数は日比谷，一橋についで第3番目に多い。

東京市立図書館に対する市政検査の結論

　第2回報告書は，総論と各論から構成され，各論の中に委員会の希望として市立図書館に対する以下の結論が示されている。市立図書館は検査委員会から，組織改編による節約，経営効率化の必要性を厳しく迫られている。

　　深川図書館ノ組織ヲ改メ一橋図書館ノ如ク特設ノ建物ヲ有スル自由図書館トナシ経費ニ節減ヲ加フルコト自由図書館ハ其学校ニ附設スルヨリハ経営ヲ該学校長ニ委任スルコトハ入館者ノ濫読ヲ取締ル利益アリ又之ト俟チテ図書ノ選択質疑ノ応答ヲ受クルノ便宜アリ且ツ経営上校長ヲ主幹トシ別ニ市直派ノ事務員ヲ置クハ重複ト謂ハサルヘカラズ故ニ現在ノ制ヲ改メ前陳ノ希望ヲ条件トシテ経営ヲ学校長ニ一任シ一方設置目的ヲ確実ニシテ従来ノ弊風ヲ除クト共ニ一方ニ経費ノ節減ヲナスコト[26]　[p.474]

　ここでは，深川図書館を一橋図書館のように独立の建物を持つ自由図書館として経営すること，自由図書館化によって経費を節減することが勧告された。すなわち，市が派遣する事務員を置く現行制度を改め，学校長を主幹として経営を学校長に委任することで，経費節減を図ることが求められた。当時，日比谷，深川，一橋図書館の3館は，独立館として経営され，このうち一橋を除く2館は有料で経営されていた。市政検査委員会としては，深川図書館を独立館として経営するよりも，学校付設図書館と同様に経営することで，経費節減が可能になると判断したのである。

市政検査委員会報告と図書館経営の効率化

　『市立図書館と其事業』第12号[2]は，「市立図書館の統一と主幹課長の更迭」という見出しのもとに，組織改正の経緯について述べている。1914（大正3）年

12月に戸野教育課長が突然，下谷区長に転任を命じられ，守屋の課長就任とともに図書館間の連絡を図り，さらに経済的に図書館を運営して，その利益を普及しようと企画したとしている。執筆者（ペンネーム STU）は，この時期に市政検査が実施されたことや当時の東京市会の動きについては一切言及してはいない。

　第2回市政検査報告書の日付は 1914（大正3）年 12 月 26 日になっている。この日付は市役所の部を廃止して 11 課を置いた処務規程施行の翌日にあたる。『阪谷芳郎東京市長日記』[25] には，1914（大正3）年 11 月 6 日に，戸野教育課長に対して，市会の攻撃に対する覚悟を促したこと，そして松尾，大橋，安藤より処務規程改正の復命があったことが記されている。また，同年 12 月 13 日夜には，宮川助役，高橋助役が阪谷市長宅を訪れ，処務規程について相談し，宮川助役から局を廃止することなどが提案されたとある。12 月 15 日にも処務規程の件を協議したとあり，「戸野教育課長の件に付」と書かれている。

　阪谷は，1914（大正3）年 12 月 23 日の日記に，処務規程改正を発表し，12 月 25 日に施行すること，戸野課長に異動を内示し，守屋恒三郎と語ったことを記載している。これにより，1914（大正3）年 11 月初めには戸野の処遇や処務規程の改正についての検討が開始され，12 月 23 日に戸野の更迭が本人に内示されたことがわかる。処務規程が 1914（大正3）年 12 月 25 日に施行され，戸野は 1905（明治38）年 2 月 18 日から 9 年 10 か月間にわたった教育課長の地位を更迭されている。

　第2回市政検査報告書の総論には，当時の東京市教育界には縁故，出身学校，地方関係，同じ利害関係等にあるものが団結した党派（三多摩派，茗渓会派，同志会派，戸野派等）が存在し，弊害が出ているという記述が見みられる。当時の東京市会の内部には利害関係による厳しい派閥抗争が存在した。団結した党派にみられるように，戸野教育課長は戸野派という派閥を形成していた。戸野の更迭，守屋教育課長就任は，こうした東京市会の政変による市全体の大幅な組織改正の一環として行われたと考えられる。

　図書館経営にかかわる第2回市政検査報告書は，1915（大正4）年 2 月 3 日に東京市会に提出され，市立図書館の組織改正は同年 4 月 1 日に実施された。前

年の1914（大正3）年6月の東京市会選挙で，市政倶楽部（非常盤会系）が台頭し，教育事務に関する市政検査委員会が設置され，学校や図書館に対する監査として，立ち入り調査が開始されている。したがって，図書館側は，市政検査委員会の設置時には，経営の効率化や組織改正に関する検討を始めていたと考えられる。

5　組織改正による市立図書館の組織変更

市立図書館処務規程の改正

　『東京市事務報告書』[28]（1915（大正4）年）によれば，処務規程の改正により，各館の主幹を廃止し，日比谷図書館に館頭を置き，館頭が市長の命を受けて各館の館務を行うことになった。その他の館には主任を置き，館頭の命を受けて所属事務を行うことや，学校付設図書館には監事を置き，館頭を補佐して所属図書館の事務を監査することも定められた。会計取扱手続もあわせて改正され，日比谷図書館が収支をまとめて取り扱うことになるとともに，さらに，館則の改正によって，日比谷図書館の児童閲覧料と深川図書館の閲覧の無料化が実施された。

　東京都公文書館には，1915（大正4）年3月31日付の東京市長代理東京市助役高橋要治郎による6条からなる東京市立図書館処務規程設定についての文書[29]が残されている。それには，市立図書館処務規程（大正元年9月30日東京市訓令甲第4号）を廃止して，1915（大正4）年4月1日から新たな規程を施行するとされている。

　組織改正によって，それまで市長の指揮監督をうけて所属吏員を統督していた主幹が全廃された。日比谷図書館に館頭を置き，主事があてられ，各図書館には主任として事務員が配置されるとともに主事補は削除された。そして，学校付設図書館には監事が置かれ，嘱託員があてられた。つまり，日比谷図書館を中心とした館頭，主任，監事による命令系統と東京市立図書館網の統一が実現したのである。

組織改正にともなう図書館の職員数の変化

　東京市では，日比谷図書館設立以後，1912（明治45）年7月までに，各区あたり1館の図書館が設立された。1914（大正3）年8月には，日本橋区両国図書館，本所区中和図書館が開設され，市立図書館の合計数は19館に達している。

　『市立図書館と其事業』第12号では，組織改正による職員体制の変化について，監事を除く嘱託員のほとんどを解嘱し，若干の館員が減員されたとある。表Ⅴ-4は，『東京市事務報告書』[28]の1912（明治45）年から1919（大正8）年に基づいた東京市立図書館の現在員数についての表である。△印は兼務を意味している。1914（大正3）年と1915（大正4）年を比較すると，日比谷図書館と深川図書館の主事補各1名が削減されている。深川図書館は，1915（大正4）年では自由図書館（1913（大正2）年4月に簡易図書館から改称）の中に含められている。日比谷と自由図書館をあわせると20名が削減され，嘱託員と臨時雇を中心とした減員が行われたことがわかる。1916（大正5）年から1919（大正8）年までは，現在員数の合計数は90名以下のまま推移している。

表Ⅴ-4　東京市立図書館現在員数（1912年度～1919年度）

年度	図書館名	図書館数	主事	主事補	事務員	嘱託員	雇員	臨時雇	合計
1912	日比谷図書館	1	1		8	2	9	2	22
					△1				△1
	深川図書館	1		1	2		2	1	6
	簡易図書館	14			17	36	21	9	83
	市立図書館合計	16	1	1	27	38	32	12	111
					△1				△1
1913	日比谷図書館	1	1	1	5	1	10	1	19
	深川図書館	1		1	2		1	1	5
	簡易図書館	15			19	24	26	1	70
	市立図書館合計	17	1	2	26	25	37	3	94
1914	日比谷図書館	1	1	1	5	1	10	2	20
	深川図書館	1		1	2		2	2	7
	自由図書館	17			18	28	22	10	78
	市立図書館合計	19	1	2	25	29	34	14	105
1915	日比谷図書館	1	1		7		9	7	24
	自由図書館	18			20	17	21	3	61
	市立図書館合計	19	1	0	27	17	30	10	85
1916	市立図書館合計	19	1	0	29	17	32	9	88
1917	市立図書館合計	19	1	0	28	17	34	7	87
1918	市立図書館合計	19	1	0	28	16	27	12	84
1919	市立図書館合計	19	1	0	28	16	30	8	83

出典：『東京市事務報告書』

組織改正によって，日比谷図書館は中央館として位置づけられ，それぞれの自由図書館には学校長である監事（嘱託員）と事務員を配置して，共通事務の統合と人員整理が行われた。『東京市事務報告書』（1915（大正4）年）の図書館事務に関する説明に記載されている図書館員数は，主事，事務員，嘱託員，雇員以外に，出納手（29名），館丁（28名），職工（2名）となっている。東京市立図書館に実際に勤務していた図書館員の総数は，140名程度であったと考えられる。

市政検査委員会の結論への対応

　東京市会による市政検査の結論と，実際に実施された組織改正の結果を比較してみよう。市政検査委員会から求められた深川図書館を無料化し自由図書館化すること，主事補を廃止することは実施された。しかし，学校長による自由図書館の経営については，検査委員会の結論とは異なる。学校長を監事として日比谷図書館の館頭の下に位置づけ，監査機能を与えたのみにとどめられた。日比谷図書館を中央図書館として，学校付設図書館には事務員を配置し，各学校付設図書館を分館として位置づけ，図書館網を構築したのである。

　人員削減という点では，財政緊縮化のための節約という行政側の方針にあわせて，図書館全体の職員数削減による人件費節約を実施している。しかし，各学校に派遣する東京市の事務員は確保している。市立図書館としては市政検査委員会による指摘を機に，深川図書館の閲覧料と日比谷図書館の児童閲覧の無料化を実施した。そして，日比谷図書館を中心とした東京市立図書館網の形成に成功している。閲覧の無料化が東京市立日比谷，深川図書館開館時からの方針であったことは，サービスの充実の中で詳しく取り上げる。

東京市の財政と図書館費

　明治末の図書館費は，『東京市統計年表』第11回[30]によると，1911（明治44）年の東京市立図書館経常費決算総額は，40,476円（日比谷 17,601円，深川 4,330円, 簡易 18,545円），1912（大正元）年の決算総額は，52,566円（日比谷 17,890円，深川 4,498円，簡易 30,178円）になっており，比較すると約12,000円増加

している。

　表Ⅴ-5 は,『東京市統計年表』[31)～34)] より, 1913（大正 2）年から 1919（大正 8）年までの図書館費（給料, 雑給, 需用費, 図書費, 諸費, 修繕費）の決算額を比較した表である。表中では各項目の上段に決算額を入れ, 下段に 1913（大正 2）年度を 100 とした比較のための値を括弧に入れて示した。

　図書館費の総計をみると, 1914（大正 3）年から 1915（大正 4）年にかけて, 自由図書館の館数が増加しているにもかかわらず, 図書館費の総計は減少している。一方, 内訳の図書費を比較すると, 1913（大正 2）年の金額を下回ることはなく, むしろ増加の傾向を示している。図Ⅴ-1 に示したとおり, 東京市全体においては歳入の合計額と歳出合計額は, 1913（大正 2）年度から 1915（大正 4）年度にかけて, ともに減少している。図書館が, 東京市の財政緊縮化の方針に対応して図書館費の削減を実施したと考えられる。ところが, 経費別の内訳をみると, 人件費は削減しているものの, 図書費の削減は実施されていない。

表Ⅴ-5　東京市立図書館の図書館費（決算額）

年度	給料 A	雑給 B	人件費 A+B	需用費 C	図書費 D	諸費 E	修繕費 F	図書館費総計 A+B+C+D+E+F
1913	25,018 (100)	7,677 (100)	32,695 (100)	10,112 (100)	8,853 (100)	99 (100)	404 (100)	52,163 (100)
1914	26,050 (104)	9,356 (122)	35,406 (108)	10,692 (106)	10,280 (116)	97 (98)	365 (90)	56,840 (109)
1915	19,023 (76)	9,291 (121)	28,314 (87)	9,598 (95)	10,167 (115)	459 (464)	150 (37)	48,688 (93)
1916	19,698 (79)	9,267 (121)	28,965 (89)	10,161 (100)	17,039 (192)	405 (409)	150 (37)	56,720 (109)
1917	20,545 (82)	9,879 (129)	30,424 (93)	11,672 (115)	15,197 (172)	375 (379)	350 (87)	58,018 (111)
1918	22,439 (90)	13,314 (173)	35,753 (109)	15,181 (150)	17,998 (203)	271 (274)	571 (141)	69,774 (134)
1919	23,980 (96)	17,715 (231)	41,695 (128)	18,309 (181)	22,877 (258)	313 (316)	1,373 (340)	84,567 (162)

出典：『東京市統計年表』第 12 回, 第 14 回, 第 15 回, 第 17 回
（　）内の数値は, 各経費別に 1913 年を 100 とした数値

図V-4は，表V-5に示した図書館費の決算実額をもとにして算出した図書館費に占める各経費（人件費，需用費，図書費，諸費，修繕費）の割合を示したグラフである。1913（大正2）年度に図書館費の60%以上を占めていた人件費が，1915（大正4）年度以後は60%未満に削減されている。その一方で，図書費の割合は17%程度であったものが，30%弱に増加している。

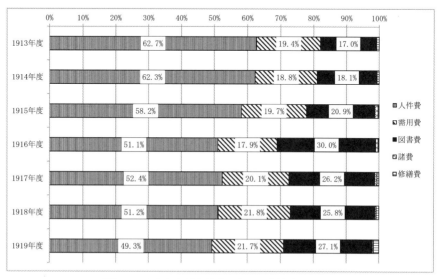

図V-4　東京市立図書館費に占める人件費，図書費

出典：『東京市統計年表』第12回，第14回，第15回，第17回
表V-5の年度別決算額の中の各経費別割合を示したグラフ

　『東京市立図書館一覧』（1912（大正15）年）によれば，「給料」は主事，事務員，雇員の月給，「雑給」は嘱託，館丁，人夫等の報酬にあたる。つまり，この2種類が人件費に相当することになる。その他，「需用費」は，備品，消耗品，印刷，製本，通信運搬費，賄費，被服費，瓦斯電気料，「図書費」は普通図書，大礼記念図書費，「諸費」は講演会費，展覧会費，雑費である。このうちの大礼記念図書とは，1915（大正4）年12月の大正天皇即位礼の際に，東京市に下賜された10万円の利子をあてて収集された資料のことをさしている。『市立図書館と其事業』第7号の記事「大礼記念図書に就きて」[35]によると，大礼記念図書

の利子は約5,000円となっており，図書館特別費にあてられたとある。『東京市立図書館一覧』（1926（大正15）年）では，大礼記念図書購入金額について，1916（大正5）年は5,239円80銭，1917（大正6）年は5,204円79銭と説明されている。

組織改正による図書館業務の合理化とサービス基盤の整備

　組織改正により，各図書館が実施していた事務は日比谷図書館に集中化され，事務の合理化が実施された。『東京市立図書館一覧』（1918（大正7）－1919（大正8）年）[36]によると，日比谷図書館の組織は，組織改正以前から5係（目録係，蔵書係，出納係，会計係，庶務係）で構成されており，改正後も開館時の係の数と変わっていない。『東京市立図書館一覧』（1918（大正7）－1919（大正8）年）は，図書館としては1つの体系に統一することで経済的に図書館を運営し，その利便性を普及することができたとしている。

　各図書館で別々に管理していた予算を日比谷図書館で管理し，庶務的業務等の共通部分を一括化することで，事務員の重複事務の軽減と効率化が図られた。これによる日比谷図書館の繁忙は言語に絶するものであったが，職員の努力によって統一の緒に就いた。このうちで最も効果が大きかったのは，図書の選定方法の改良による良書の供給，同盟貸付，印刷カードの調整，館員間の会合機会の増加である。日比谷図書館で，各館の主任を集めた選定会議を開催し，市立図書館内の分担収集と相互貸借を前提とした選定が実施され，執務上の打ち合わせや利用方法の研究検討の場を設定することができたとしている。

　その当時，日本の図書館界では欧文タイプライターを用いたカード目録の作成のみが行われ，和文の印刷は行われていなかった。『市立図書館と其事業』第5号[37]によると，和漢書のカードは，ペンで原カードを作成して印刷室に回付し，各館の所要枚数を事務用閲覧用に区別して活字で印刷された。図書カードの印刷を実行した理由は，整理業務の一本化による効率化だけではない。その背後には，サービス向上のための相互貸借の基盤整備として，大量のカード目録を作成する必要性が生じたという事情が存在している。

6 組織改正によるサービス体制の充実

組織改正にかかわるサービス体制の改善点を，組織改正前から着手していた
もの（開館時間，閲覧料，館外貸出，書架公開）と，組織改正以後に取り組ん
だもの（同盟貸付，印刷カードの作成，整理経理業務の合理化）に分けて取り
上げてみよう。

開館時間の変更

1915（大正4）年の組織改正にともない，深川図書館の閲覧時間は延長され，
一橋図書館を除くほかの自由図書館の閲覧時間は短縮された。「東京市立図書
館の話」（一）[38]，（二）[39]，（三）[2]の記述を基にして，明治末から1915（大正4）
年の組織改正までの開館時間設定の推移を表 V-6 に示した。

東京市立神田簡易図書館（一橋図書館の前身）の図書閲覧時間は，『東京市公報』
1911（明治44）年11月4日[40]によると，4月1日から4月30日が午前8時か
ら午後5時まで，5月1日から8月31日が午前8時から午後6時まで，9月1
日から9月30日が午前8時から午後5時までになっている。1912（明治45）年
4月20日付の『読売新聞』別刷の「読書号図書館巡り」[41]と題した神田簡易
図書館に関する記事によると，閉館時刻は4月10日に午後8時までになって
いる。すなわち，開館時間の延長は，明治末から実施されていたことがわかる。

そして，夜間の開館時間の本格的な延長は，1913（大正2）年4月の段階で
実施された。奥泉和久は『公共図書館サービス・運動の歴史 1』[42]で，開館
時間の延長を東京の電燈付設状況の変化と関連づけ，東京市立図書館における
学校付設図書館の平日の開館時間（6時間）の半分が夜間開館であることから，
図書館の運営が都市機能の整備と関連があったと指摘している。地方からの人
口流入にともない，市民生活のインフラ整備が行われ，夜間サービスの拡充と
しての開館時間の変更が，1913（大正2）年4月の段階で本格的に実施された
のである。

表Ⅴ-6　東京市立図書館における開館時間の推移

	明治末	開館時間	1913 年 4 月	開館時間	1915 年 4 月	開館時間
日比谷図書館	4/1～9/30	午前 8 時～午後 9 時	4/1～9/30	午前 8 時～午後 9 時	4/1～9/30	午前 8 時～午後 9 時
	10/1～3/31	午前 9 時～午後 8 時	10/1～3/31	午前 9 時～午後 9 時（延長）	10/1～3/31	午前 9 時～午後 9 時
一橋図書館	4/1～9/30	44 年は深川，明治 45 年 4 月以後は日比谷にならう	4/1～9/30	午前 8 時～午後 9 時	4/1～9/30	午前 8 時～午後 9 時
	10/1～3/31		10/1～3/31	午前 9 時～午後 9 時（延長）	10/1～3/31	午前 9 時～午後 9 時
深川図書館	4/1～6/30	午前 8 時～午後 5 時	4/1～6/30	午前 8 時～午後 7 時（延長）	4/1～9/30	午前 8 時～午後 9 時（延長）
	7/1～9/30	午前 8 時～午後 7 時	7/1～9/30	午前 8 時～午後 9 時（延長）		
	10/1～3/31	午前 9 時～午後 4 時	10/1～3/31	午前 9 時～午後 6 時（延長）	10/1～3/31	午前 9 時～午後 9 時（延長）
簡易図書館（1913 年以後は自由図書館）	4/1～9/30	午後 2 時 30 分～午後 9 時	4/1～9/30	午後 2 時 30 分～午後 9 時	日比谷，一橋，深川以外　平日	午後 3 時 30 分～午後 9 時（短縮）
	10/1～3/31	午後 3 時 30 分～午後 8 時	10/1～3/31	午後 3 時 30 分～午後 9 時（延長）		午後 3 時 30 分～午後 9 時
	日曜日大祭日	午前 9 時～午後 8 時	小学校の休業日	午前 9 時～午後 9 時（延長）	日比谷，一橋，深川以外　日曜日及び祭日	午前 10 時～午後 5 時（短縮）
			土曜日	午後 1 時～午後 9 時（延長）		

出典：「東京市立図書館の話」（一），（二），（三）

　1915（大正 4）年の組織改正に際しては，深川図書館の開館時間が延長され，平日の開館時間が午後 9 時までに統一された。一方で財政緊縮化による人員削減の影響を受けて，簡易図書館の開館時間が調整されて短縮されている。ここで注目すべきなのは，図書館が人員削減のために開館時間を短縮するにあたって，市民の利便性を配慮して午後 9 時までという遅い時刻に統一していること

である。

閲覧の無料化

　組織改正を機に，日比谷図書館の児童閲覧料金と深川図書館の閲覧料の徴収が撤廃され，その結果，日比谷図書館の成人部を除く閲覧が無料化された。日比谷図書館の閲覧料について，戸野周二郎教育課長は日比谷図書館開館式の挨拶[43]の中で，東京市立図書館では日比谷図書館開館時にその無料化を目指していたと述べている。閲覧の無料化は実は日比谷図書館開館時から計画され，論議されていたのである。

　東京都公文書館に残されている1909（明治42）年6月16日付「深川図書館図書閲覧料取扱方ノ件」[44]によると，深川図書館設立時にも閲覧の無料化が計画されていたことがわかる。田川大吉郎助役は次のようにその経緯を説明している。その当時建設中の深川図書館は，図書館普及を目的として自由な図書館を設置するために，図書閲覧料は徴収しない方針だった。そのため，明治42年度予算でも閲覧料は収入として計上されなかった。

　しかし，その後，土地の状況や日比谷図書館の閲覧人取締りの状況も考慮して修正を加え，多少の閲覧料を徴収することになり，同年6月4日に参事会で議決が確定された。深川図書館の事務員定員4人では，増加する徴収事務を賄うことは不可能であった。そのため，閲覧料の収入額の範囲内で雇員1名を増員することになった。これにより，増員の費用と閲覧料収入が1909（明治42）年度追加予算として市会に提出され，閲覧料の無料化は実現できなかったのである。

　田川助役の説明から，閲覧の無料化が深川図書館設立時にも論議されたこと，料金徴収は閲覧人の取締りや徴収事務に必要な実際の人員配置と密接に結びついていることがわかる。日比谷図書館開館以後，実際に東京市立図書館で閲覧無料化が実施されたのは，1909（明治42）年に牛込，日本橋図書館が設立された後のことであった。

　そして，簡易図書館の呼称は1913（大正2）年4月の館則改正によって，自由図書館に変更された。日比谷図書館職員の小谷誠一の「フリー・パブリック・

ライブラリー」[45]と題した論文によると，自由図書館とは「縦覧自由」，「通り抜け御自由」，「自由にお持ち下さい」を意味していた。小谷は東京市立図書館では，1910（明治43）年頃から，内部で「自由」という言葉が「閲覧料無料」の意味で用いられており，1913（大正2）年4月の簡易図書館から自由図書館への改称によって，それが表向きに明確化されたと述べている。

　このように，閲覧の無料化は市立図書館側としては以前から望んでいたにもかかわらず，実現できなかったサービス上の改善であった。図書館は財政難にともなう市政検査委員会の指摘をきっかけに，念願の閲覧無料化を推進したのである。

表Ｖ-7　各区の市立図書館1日平均閲覧人数（1915～1917年）

区名	図書館名	1915年の1日平均閲覧人数	1916年の1日平均閲覧人数	（1915年を100とした1916年）	1917年の1日平均閲覧人数	（1915年を100とした1917年）
本所区	本所・中和	128.0	244.9	（191）	315.0	（246）
深川区	深川	265.4	482.6	（181）	421.4	（158）
芝区	三田	125.5	165.5	（131）	177.3	（141）
赤坂区	氷川	137.5	169.4	（123）	206.9	（150）
京橋区	京橋・月島	397.3	479.1	（120）	425.9	（107）
日本橋区	日本橋・両国	313.9	375.2	（119）	429.1	（136）
小石川区	小石川	200.6	221.7	（110）	216.2	（107）
麻布区	麻布	145.6	160.9	（110）	161.8	（111）
神田区	一橋・外神田	785.4	863.8	（109）	892.3	（113）
麹町区	日比谷	780.2	815.1	（104）	814.7	（104）
下谷区	台南	134.4	140.7	（104）	136.0	（101）
本郷区	本郷	130.1	136.3	（104）	167.1	（128）
四谷区	四谷	189.6	194.3	（102）	242.1	（127）
浅草区	浅草	186.9	186.1	（99）	208.4	（111）
牛込区	牛込	173.6	163.1	（93）	157.2	（90）

出典：『東京市事務報告書』[28]大正4年－大正6年
1915年を100とした1916年の数値の降順に各区の数値を配列

　閲覧無料化の実施が東京市立図書館の利用促進に与えた影響は大きかった。表Ｖ-7は，『東京市事務報告書』[28]の1915（大正4）年から1917（大正6）年を基

にして，各区の 1916（大正 5）年の 1 日平均図書館閲覧人数の降順に配列した。
深川図書館の利用をみると，1916（大正 5）年は前年の 1.8 倍に増加している。
牛込区以外は，表Ⅴ-2 の各区の現住人口の増加が著しい本所区，芝区，赤坂区，
小石川区等の閲覧人数が増加している。

館外貸出の推進

　館外貸出は『東京市立図書館一覧』（1926（大正 15）年）[4)] によると，1915（大
正 4）年の東京市立図書館統一以後に盛んになった。組織改正以前に，すでに
1910（明治 43）年 6 月に日比谷図書館で館外貸出が開始され，1912（大正元）
年 10 月には牛込，日本橋図書館で開始されている。そして，1915（大正 4）年
10 月には，一橋図書館が館外貸出を始めている。

　1913（大正 2）年 4 月，簡易図書館が自由図書館と改称された際に，規程類
が統合・統一され，「東京市立図書館図書帯出規程」が定められた。明治末か
ら大正期までの館外貸出の変遷については，『市立図書館と其事業』に掲載さ
れた竹内善作（1885-1950）による「東京市立図書館の館外図書帯出制度と其様
式の変遷」に詳しい説明がみられる [46)−48)]。

　竹内は，1915（大正 4）年の組織改正時の館外貸出の変更は，命令ではなく，
図書館における必要性や研鑽の結果として行われたと述べている。改変の内容
は，①日比谷図書館の帯出申し込みの定式用紙を廃止したこと，②保証者の資
格条件を撤廃し，身元確実と認める者としたこと，③深川図書館を自由図書館
と同列に置き，閲覧料を無料化し，帯出冊数を 1 冊に改定したこと，④日比谷
図書館の帯出期間を 30 日以内に延長し，他の図書館は 10 日を 10 日以内に変
更したこと，⑤従来明記していなかった児童帯出の文字を挿入し，料金，帯出
図書の冊数を規定したことであるとしている。

　図Ⅴ-5 は，1914（大正 3）年から 1917（大正 6）年の間の東京市立図書館の館
内閲覧（普通，新聞雑誌，児童）と館外貸出の推移を示している。この図は『東
京市統計年表』を基に作成した。1914（大正 3）年と 1917（大正 6）年を比較す
ると，館外貸出が組織改正の前後で約 2 倍に増加し，全体に占める割合も増加
していることがみてとれる。

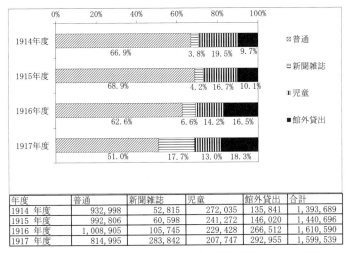

図Ⅴ-5　東京市立図書館の閲覧者数　　（単位　人）

年度	普通	新聞雑誌	児童	館外貸出	合計
1914 年度	932,998	52,815	272,035	135,841	1,393,689
1915 年度	992,806	60,598	241,272	146,020	1,440,696
1916 年度	1,008,905	105,745	229,428	266,512	1,610,590
1917 年度	814,995	283,842	207,747	292,955	1,599,539

出典：『東京市統計年表』第17回

開架の促進

　深川図書館では『東京市立深川図書館一覧』（1909（明治42）年）[49]によると，閲覧者が図書を選ぶことができるように，館員が事務室内で監督ができる半開架式と呼ばれる方式が採用された。この方式では，書架の外部を金網で蔽い，ガラスの嵌戸を用いて，利用者から背文字が見えるように図書を配架するという設計上の工夫が凝らされていた。

　『市立図書館と其事業』第25号の「公開書架式閲覧法に就いて」[50]と題した記事の冒頭で，今澤は近代図書館の特徴で最も顕著なものは，書架を公開し，読者が直接書架に接して，図書を選択できるようにした公開書架式開架法であると述べている。さらに，この施設を欠く公共図書館はそれだけで近代図書館とはいえないと主張している。その根拠として，開架式は閲覧者が自分で手にとってみることができ，自分の希望にあった程度の図書を選ぶことができること，目録に不備があっても必要な図書を選ぶことができることなどの利点をあげている。

　一方，欠点としては，図書の紛失が多いこと，図書の整頓が乱れること，図

書の破損が激しいことをあげている。さらに，公開書架式では，書架間の間隔を広く取る必要があるという収容能力の面での問題もあり，これは構造上で避けられないとしている。今澤は最後に，将来的に図書館としては，閉架式よりも開架式を選ぶべきであり，非公開式では公共図書館の真の機能は発揮し難いと結論づけている。

日比谷図書館で実際に開架自由閲覧に供した図書は，『東京市事務報告書』（1913（大正2）年）[28]によると，辞書181冊，学芸参考書類386冊，時事参考書類62冊，合計629冊である。自由図書館では1913（大正2）年4月に四谷図書館，麻布図書館，同年6月に氷川図書館で書庫を開放し，閲覧人の自由選択にし，成績は良好だったという記述がみられる。翌年の1914（大正3）年の開架利用可能図書数は，日比谷図書館では辞書類147冊，時事参考書類280冊，一般参考書類386冊，合計813冊になっている。

組織改正以後に開始したサービス改善

図書館が組織改正以後に新たに取り組んだ改善（同盟貸付，印刷カードの作成，整理経理業務の合理化）のうち，ここでは同盟貸付の新設を取り上げる。組織改正によって，東京市立図書館は日比谷図書館を中心として統一され，図書館網を活用した同盟貸付と呼ばれる相互貸借制度が新設された。1915（大正4）年2月8日付の『東京朝日新聞』朝刊の「読書子の福音―図書館の統一と共通の書物貸出」と題した記事[51]には，同年4月から守屋恒三郎東京市教育課長の発案により，東京市の図書館制度に関する一大改革が行われるという記述がみられる。

この記事では，この新制度では本館分館制度により，市立図書館全体を1館として考えること，改正実施後に，徐々に同盟貸付制度（甲館にない図書が乙，丙館にあれば，取りに行って間に合わせ，運搬には小型で速度の速い自動車を用いる）を実施する予定であること，目録カードの裏には所蔵館が明瞭にわかるように，図書館名を示すこと，この改正により1年間に数千円の節約ができるので，分館のほかにも配本所を設け，貸出文庫と名づけて本を借りたり，取り寄せたりすることができるようにすることが述べられている。

　そして，このような図書館の組織方法を図書館系統と呼ぶと説明し，「ライブラリーシステム」というルビをつけている。東京のシステムに似た方法が山口県で実施されているが，各館は独立しており，東京市の方法が遺憾なく実施されれば，全国の模範になるであろうとの指摘も記事中でなされている。

　今澤は，『東京朝日新聞』1915（大正4）年4月17日朝刊「図書館系統」と題した記事[52]でも，欧州各地に図書館系統があり，その中で最も実施価値が高く，便利なサービスが，同盟貸出（インターライブラリーローン）であると述べている。今後，東京市でもデパートメントストア，ミルクホールなどの人の出入りするところや職場に近い場所に，20，30か所くらいの貸出出張所を設けることや，図書館では，無料で図書を貸渡し，貸出出張所を引き受ける人は，1銭あるいは，2銭の手数料を受け取ることが説明され，また貸出条件は今後研究の余地があるが，貸出が実施されることで，貧しい人でも読書の機会を得ることが可能になるとしている。

　『東京市立図書館一覧』（1926（大正15）年）[4]によれば，1915（大正4）年4月からは，図書収集選択システムの改良が行われ，相互貸借の前提条件として毎月1回（1918（大正7）年以降は月2回）の頻度で，各図書館の主任が一堂に会して，図書の選択が実施されるようになった。そこで採用された方式は，高価な図書やきわめて特殊な図書は中央図書館である日比谷図書館以外には備え付けず，必要に応じて各館に貸し付けることとし，その一方で各館には地域の要求に即した通俗図書を備え付け，相互に融通するというものであった。

　表Ⅴ-8は，『東京市事務報告書』（1916（大正5）年）[28]を基に，日比谷図書館以外の図書館を同盟貸付の借受数の降順に配列した表である。1916（大正5）年の同盟貸付のうち，ほとんどの場合において，日比谷図書館が他の市立図書館に貸付している。活発に借受を行っているのは四谷図書館，一橋図書館であった。組織改正によって，日比谷図書館を中央館とした図書館網が整備され，図書選択の方式や印刷カードの作成方法等の仕組みも確立された。この図書館システムを使って実現したのが，同盟貸付（相互貸借）のサービスである。

　1923（大正12）年3月に刊行された『市立図書館と其事業』第12号[53]の表紙には，各図書館に配布する消耗品と図書を自転車に載せて，日比谷図書館を出

発しようとしている図書館員の写真が掲載されている。この写真には，将来は
この制度を拡張して，自動自転車を備え付けるとともに，家庭文庫を編成して，
市民の利便を図ることを計画しているという説明が付されている。組織改正以
後，図書館が既存図書館を統一的に運営し相互貸借を行い，貸出出張所等を増
設し，資料の利用活性化を図り，それを実践していたことを示している。

表V-8　同盟貸付数（1916年）

図書館名	同盟貸付（貸付）	同盟貸付（借受）	閲覧人数	閲覧冊数
日比谷	7,430	0	270,613	491,330
四谷	4	1,179	64,714	73,733
一橋	6	1,151	242,731	243,688
氷川	11	567	56,417	62,329
浅草	8	526	61,779	60,634
外神田	0	454	44,193	39,108
三田	0	446	55,114	50,130
麻布	2	417	53,524	52,484
中和	2	376	36,024	32,622
本所	6	342	45,333	46,191
両国	0	331	56,101	53,427
小石川	2	296	73,395	87,723
台南	1	279	46,850	36,797
京橋	2	264	116,540	103,775
本郷	1	250	45,117	42,636
牛込	1	199	53,977	53,237
月島	8	167	42,991	40,991
日本橋	3	156	67,674	72,137
深川	42	129	159,757	190,645
合計	7,529	7,529	1,592,844	1,833,617

出典：『東京市事務報告書』大正5年から作成

7　サービス改善計画とその推進

　組織改正の前後に，東京市立図書館長として図書館を経営改善やサービス計
画立案を統括し推進した人物として，館長3名，渡邊又次郎，守屋恒三郎，今

澤慈海をあげることができる。

渡邊又次郎

　日比谷図書館の初代館長にあたるのが，渡邊又次郎である。渡邊は，1907（明治40）年11月13日に東京市立日比谷図書館準備事務嘱託として雇用された。東京都公文書館に残る1907（明治40）年10月29日付の履歴書[54]によると，渡邊は帝国図書館における図書館司書長の経験を持つ人物である。彼は，1866（慶応2）年11月3日に生まれ，1893（明治26）年7月帝国大学文科大学を卒業，同年大学院に入学し，規定の期間（5年間）在学したとある。独逸語学校，東京法学院，哲学館等の講師を担当し，1897（明治30）年5月に帝国図書館司書長叙高等官七等に就任している。1898（明治31）年12月には第二高等学校教授，舎監事務取扱，1899（明治32）年1月10日には，図書係主任となった。1900（明治33）年1月には第五高等学校教授となり，1907（明治40）年1月に依願免職している。東京市に提出されたこの履歴書の推薦者は，東京市教育課長戸野周二郎になっている。

　今澤は，日比谷図書館20周年記念の「日比谷図書館創立記念号の発刊に際して」[55]の中で，渡邊の図書館経営に関する手腕を高く評価している。図書館長である渡邊が十分な経験と識見を持っていたために，図書館の開館準備が万事順調に整ったとし，渡邊の業績として，まず，児童図書館に力を入れたこと，そのほかに年の若い店員のための小店員デーを設けたことや著者講演会を始めたことをあげている。また，図書館事業プロパーとしては，分類目録案内としての件名索引を作ったことを重視している。

　渡邊は日比谷図書館準備時期に，帝国図書館司書長としての経験を評価されて館長に登用された。児童サービス進展の先鞭をつけるなどの先進的なサービスを展開するとともに，図書館の内外でプロパーとしても活躍している。東京市立図書館内では，『東京市立日本橋簡易図書館蔵書目録』[56]の件名索引を作成し，1911（明治44）年3月に特別手当が与えられている[57]。また，東京都公文書館には，1910（明治43）年8月に文部大臣官房秘書課長からの渡邊に対する図書館書籍標準目録編纂委員嘱託に関する文書も残されている[58]。渡邊が，

図書館経営方針や運営において，その後の日比谷図書館の経営に与えた影響は
きわめて大きかったと考えられる。1911（明治44）年8月29日に，渡邊は東
北帝国大学教授に任命された。その後，北海道帝国大学農科大学予科教授・主
事を経て，水戸高等学校校長に就任し，1926（大正15）年に辞任，1930（昭和5）
年に死去している[59]。

図V-6　渡邊又次郎
出典：旧制高等学校物語　第14

守屋恒三郎

　守屋恒三郎は，1909（明治42）年4月に日比谷図書館事務嘱託となり，1911（明
治44）年11月に渡邊の後任の館長に就任した。1914（大正3）年12月25日に
戸野周二郎教育課長が下谷区長に転任した[60]。その後任として，守屋が教育課
長を務めることになった。守屋は，『大正人名辞典』[61]によると，1879（明治
12）年10月29日に京都府で生まれ，第三高等学校を経て，東京帝国大学文科
大学哲学科に進み，1905（明治38）年卒業して文学士となり，その後大学院に入っ
て，1911（明治44）年に大学院を退学した。この間に東京高等商業学校，専修
学校，宗教大学等の講師を嘱託され，1910（明治43）年1月に東京市視学に任
ぜられている。1911（明治44）年11月には，東京市立日比谷図書館主事に転じ，
図書館長を務める傍ら東京高等商業学校の講師を務め，哲学に関する著書がき
わめて多いと記されている。東京都公文書館所蔵の「講師嘱託の件」[62]に付さ
れた守屋の履歴書（1909年4月）では，守屋の大学院での専攻は教育学の心理
学的基礎に関する事項となっている。

　1913（大正2）年9月発行の『図書館雑誌』第18号に，守屋は「京都大阪神戸及日比谷図書館」と題した記事 [63] を執筆している。この記事の冒頭で，彼はその年の春，京都，大阪，神戸の各図書館を参観したと述べている。1913（大正2）年の春は，東京市立図書館が図書館の館則を制定し，名称を「簡易」から「自由」に変更した時期にあたる。この参観の目的は，図書館（神戸市立図書館，大阪府立図書館，京都府立京都図書館，京都帝国大学附属図書館，日比谷図書館）の施設経営等の比較検討をすることにあった。この記事の中で，各図書館の予算経費，職員の定員や待遇，出納係の交代時間等，実務面における具体的な比較結果をまとめて報告している。

　そして，守屋は最後に所感として，各館の状況が大きく異なっていること，独創性や新奇性を競うだけではなく，他館の長所美点を尊重することが大切であることを指摘している。この文章から，守屋が教育課長に就任する以前の図書館長時代から，他府県や大学図書館等の経営に対する関心を持ち，図書館業務の共通点や相違点に着目していたこと，図書館経営や組織運営上の整理，統合，連携が重要であると考えていたことがわかる。

　1919（大正8）年5月27日付『東京朝日新聞』の記事「市教育課長の職を捨て静岡中学校長となる守屋氏」 [64] は，守屋が近く市教育課長を辞任して静岡県立静岡中学校長となる予定であると報じている。この記事では，守屋は日比谷図書館長を経て教育課長となった人物で，課長としての評判も高いと紹介され，渡米したばかりにもかかわらず，守屋が中学校長に異動することになったのには，深い理由があるのではないかと述べている。『東京朝日新聞』の記事に紹介されているように，守屋は，東京市教育会に選定され，小学校長の米国派遣団の団長として1918（大正7）年10月13日に渡米している [65]。1918（大正7）年10月11日の『東京朝日新聞』の「渡米小学校長の送別会」 [66] では，守屋は1919（大正8）年2月中旬に帰国する予定と記されている。

　帰国後の1919（大正8）年5月30日付の『東京朝日新聞』 [67] は，守屋の更迭と，後任が埼玉県女子師範学校長の渋谷徳三郎(1870-1950)であることを伝えている。守屋の更迭理由については他の資料類による十分な裏づけを見い出すことができなかった。しかし，『東京朝日新聞』5月31日付「東京を去るに臨みて，守

屋前教育課長の将来に対する希望，学生でない青年等の為に倶楽部様のものを設けよ」[68] の記事では，東京市の教育は区が実権を握り府が監督し，市は管理権を持っているが，東京市の教育の将来は中央集権主義にならなければならないこと，府の監督権を一層徹底させ，教育会を大規模なものとする必要があることが当時の守屋の主張として書かれている。

　国立公文書館に残されている任免裁可書[69] によると，守屋は1923（大正12）年3月28日に，中学校長から北海道大学附属予科教授に任命されている。しかし，同年11月24日には，疾病による休職願[70] が提出されている。『東京朝日新聞』の1924（大正13）年3月3日には守屋の死亡広告[71] が掲載されており，それによれば，彼は1924（大正13）年3月1日に病気のために死去している。

今澤慈海

図 V-7　今澤慈海（日比谷図書館退職時）
出典：「図書館と自分と」上　『読売新聞』1931年4月9日朝刊

　守屋の後任の図書館長となった今澤慈海については，日本の図書館界，特に公共図書館界における代表的指導者の一人，児童図書館の父として，学校図書館や生涯教育等の観点から先行研究がある[72], [73]。今澤は第五高等学校を経て，1907（明治40）年に東京帝国大学文科大学哲学倫理学科を主席で卒業，1908（明治41）年1月に東京市に就職し，同年3月に日比谷図書館専任になっている。1913（大正2）年から主事補を務め，1915（大正4）年の組織改正を機に館頭に就任し，1931（昭和6）年に辞任している。今澤が，東京市を辞任した直後の『読売新聞』の1931（昭和6）年4月9日，11日，12日の朝刊には「図書館と自分

と―日比谷の二十三年を顧みて」[74]-[76] と題した記事がみられる。この記事の中で，今澤は就職時には 1908（明治 41）年 1 月に日英文庫約 10 万冊の洋書の分類にあたっていたと回顧している。今澤は日本図書館協会会長や理事を歴任し[77]，1934（昭和 9）年以後は成田に移り，成田中学校校長，成田図書館長等を務めた（図Ⅴ-7）。

　渡邊，守屋，今澤の学歴をみると，東京帝国大学文科大学を卒業している点，外国語に堪能な人物である点で共通している。それぞれに語学力を生かして海外の図書館事情の積極的な収集を行っており，それが先進的サービスの実践に結びついたものと考えられる。たとえば，守屋と今澤は『図書館雑誌』第 20号の「海外時報」[78] として，海外事情紹介記事を掲載している。「欧米に於ける図書出版の状況」と題して，守屋は 1912（大正元）年頃のイギリス，アメリカ，ドイツ，ベルギー，デンマーク，スペイン，フランス，ハンガリー，イタリアの出版状況に関する統計資料を取り上げている。一方，今澤は「図書館実務資料」として，シアトル公共図書館の育児書広告，ペンシルバニア州ポッツビル公共図書館における図書館と学校との連携活動等の実務について述べている。

巡回文庫の計画と実施

　東京市立日比谷図書館では，組織改正以前から，各機関と図書館を結ぶ巡回文庫サービスに積極的に取り組んでいた。1913（大正 2）年 5 月 9 日の『東京朝日新聞』の「東京市の巡回文庫―只で本が読める」[79] は，東京市立図書館主幹会議で巡回文庫施行の方針が決まったと伝えている。日比谷図書館主幹であった守屋は，実施方針はすでに決まっているが，まだ知れ渡っていないと述べている。

　巡回文庫に使用する資料には，通俗図書 7 割，参考図書 3 割程度，製本や装丁等が完全な書物 5,000 冊が選ばれた。図書の選択は巡回先の希望に従い，新刊書に限らず広く良書が選定された。巡回場所は 4 種類に分けられ，第 1 類は小学，中学，高等女学校等の学校，第 2 類は官公署，銀行，会社，工場，停車場等，および商店，第 3 類は倶楽部，青年団，組合，説教所，寄宿舎，旅館等，第 4 類は一家庭もしくは数家庭であった。第 1 類からの開始が予定されており，

日比谷図書館が，中央および地方官庁，中学校等に文庫を回す際に，図書の過不足を生じた場合には，各図書館で互いに図書の融通をし，設備ができ次第，市内の各図書館でも始める予定であると，この記事は伝えている。

『東京市事務報告書』（1913（大正2）年）によると，日比谷図書館では，1913（大正2）年5月から，巡回文庫の開始準備として，横浜海上運送保険株式会社東京支店ほか6か所での試行が実施され，実績は巡回数20回，冊数943冊となっている。また，同年6月には日本橋図書館で巡回文庫を試行し，8月には京橋図書館において区内の小学校を対象とした児童読物の巡回閲覧が実施された。

東京市立図書館は1913（大正2）年5月には，図書館以外の機関をサービススポットとしたサービスの拡大に着手している。図書館で利用者が来館するのを待つのではなく，図書館側から各機関に図書を持参して利用環境を整えている。市民の手元まで資料を運搬して，より便利に資料を利用できる方式に踏み出していることがわかる。

同盟貸付は，東京市立図書館の1915（大正4）年の組織改正後から開始されたサービスである。しかし，守屋が日比谷図書館主幹（主事），今澤が主事補の時代に，すでに機関連携の重要性に着目し，事業計画はそれ以前に試行段階に入っていたことがわかる。諸機関連携の考え方は，日比谷図書館を中央館とするシステムが正式に構築されたことで，速やかに実施に移されたものと考えられる。その背景には，守屋や今澤の周到な準備が存在した。

洋書や複本の利用促進

東京市立図書館において，図書館外への資料貸出が積極的に推進された背景には，閲覧の少ない図書や2冊以上所蔵している図書の利用を活性化するという意図も存在した。東京都公文書館には，1910（明治43）年3月7日の「保管図書ヲ地方ニ回付閲覧セシムルノ件」[80]という文書が残されている。日比谷図書館が保管している日英文庫のうち，複本に限り，希望する府県および市立図書館に回付閲覧に供するという渡邊日比谷図書館主事からの伺出の文書である。伺出の内容は以下のようなものである。

- 日英文庫の図書は，1907（明治40）年10月に日英図書館を建設するという約束のもとで，日比谷図書館が保管し公衆に提供することになった図書である。
- 1910（明治43）年度からは，日英文庫のすべてを館外帯出閲覧にあて，地方図書館に巡回して閲覧をさせたい。
- 文庫中には多くの複本が含まれており，それらが書庫の一部をふさぎ，書庫狭隘化の原因になっている。1909（明治42）年の深川図書館開館に際して，その一部を回付し，閲覧に供した。
- しかし，まだ文庫中には，かなり多数の複本が含まれている。
- したがって，今回，借受希望の出ている山口県立，宮城県立，茨城県立の3館に対して図書館間の貸付を実施したい。

　この地方図書館への貸付に関して，高楠順次郎博士からは次のような貸付条件が出された。①借受館は府県立および市立に限定する，②貸出点数は500冊以内とする，③貸出期間は1か年，特に差し支えがなければ期間の延長は可能，④貸付を受けた図書館の責任者は図書の目次を添付する，⑤運搬費，雑費，紛失と自然の汚損は借受館側の負担とすること，の5点であった。
　『東京市事務報告書』（1908（明治41）年）によると，日英文庫は99,962冊に達しており，うち26,823冊が公衆利用に供されている。1910（明治43）年には，日英文庫のうち420冊ずつを山形，茨城，山口各県立図書館に貸し付けたと記されている。1911（明治44）年から1914（大正3）年までをみると，秋田県立図書館，山口県立図書館，長崎県立図書館，神戸市立図書館，兵庫県立図書館に対する貸出が行われている。『山形県立図書館概覧』[81)]には，1910（明治43）年4月7日に日比谷図書館よりダルス・コール・ライブラリーに属する洋書420冊を借り受けたと記録されている。
　日英文庫の複本貸付については，森睦彦（1933-2003）の「ゴルドン夫人と日英文庫」[82)]の中で取り上げられており，森は山形，茨城，山口，長崎の4県立図書館と神戸市立図書館に問い合わせを行っている。この時の調査結果によると，山形県立と茨城県立，神戸市立図書館では日英文庫の図書は確認されていない。

また，山口県立図書館には調査時点で書庫内に約400冊の存在が確認されており，長崎県立図書館には428部445冊が寄託され，289部が残されているという回答があったとしている。

日英文庫の保管により，日比谷図書館では洋書や複本利用の活性化や限られた書庫スペースの有効利用は大きな課題となっていた。そのため，図書の図書館外への貸出は市民サービス改善という意味だけではなく，資料や図書館スペースの有効利用の意味からも，積極的に計画し実施されていった。

8　組織改正の意義

効率的経営とサービス改善の同時達成

組織改正をめぐる論議で述べたように，永末十四雄が組織改正の要因を財政緊縮であるとしたのに対して，清水正三は財政の緊縮化は一要因にすぎず，財政難を口実に図書館側がかねてから計画していたサービス改善を断行したのではないかと述べている。永末と清水の指摘は，それぞれ正しい部分があり，同時に不十分な部分が存在する。ここで重要なことは，組織改正が業務効率化のために行われたのか，サービスを改善するために行われたのかではない。組織改正によって図書館の統一的な運営がなされるようになり，図書館組織の効率的運営と図書館サービスの改善を同時に実現したことである。

組織改正が実施された1915（大正4）年の東京市は深刻な財政難の時期にあたる。東京市政において，予算改正や役所組織の簡素化と効率化は達成すべき大きな課題であり，目標でもあった。そして，1914（大正3）年に今回注目した東京市会市政検査委員会による教育事務に関する監査が行われた。第2回市政検査（市教育事務検査）では，図書館に対して経営改善の必要性が指摘され，特に深川図書館の経営が非効率的であるとみなされ，深川図書館を自由図書館とすることが求められた。

図書館は，この機会に設立時からの方針だった深川図書館の閲覧料の撤廃を実現し，日比谷図書館を中央図書館とした市立図書館網の構築を実現した。日比谷図書館長にあたる館頭が市立図書館全体を統括することで，業務の重複を

さけて合理的経営を図り，図書館網を構築することで，市民のための新たなサービスである同盟貸付を創出することに結びつけた。

　組織改正の発端は，東京市の財政緊縮化であるが，最も注目すべき点は，図書館側が市政検査委員会による経費節減や効率的経営に対する監査指摘，すなわち，図書館にとっては不利な指摘を有利な形に読み替え，図書館の統一的運営に結びつけたことである。図書館は，監査指摘にはみられない中央図書館制度を導入し，市立図書館網を構築して図書館の効率的経営を実現し，図書館網を活用したサービスである同盟貸付に結びつけ，効率的経営とサービス改善の同時達成に成功している。

図書館経営資源の蓄積と運用

　図書館が1915（大正4）年に実施した組織改正を，図書館経営資源に着目し，物的，人的，財政的な側面からみてみる。図書館サービス上の改善点は組織改正時に突然設定されたわけではなく，明治末期，1913（大正2）年の簡易図書館から自由図書館への名称変更が実施される時期よりも以前から，それぞれすでに検討や試行が進められていた。そして，組織改正による図書館の統一を契機に同盟貸付制度が実施された。

　図書収集の段階から日比谷図書館で選定会議を開き，各分館の特性に合わせた資料を収集し，日比谷図書館で一括して各館蔵書のカードを印刷する仕組みがつくられた。これにより利用者は目録カードを検索して，他館の図書も取り寄せることができるようになった。この同盟貸付の実施とともに，図書の選択方法の改善や新着図書目録の作成などの図書を活用するための一連の基盤づくりが進められている。

　当時の東京市立図書館では，大量の日英文庫の受入にともない，資料利用の活性化と書庫スペースの狭隘化への対応が大きな課題となっていた。館外貸出の促進も市民サービスの改善であるとともに，所蔵資料の利用活性化の一環でもある。館外貸出の推進により，図書館内にとどまらず，館外での資料の活用，市民の手元に資料を届ける仕組みが実現された。組織改正による中央図書館制の整備によって，単一館にとどまらず市立図書館網全体を通した資料収集，整

理，閲覧，貸出等の仕組み，システムが形成されたのである。そこには，東京市立図書館網を用いた市立図書館間の蔵書や建物等を含めた物的資源の蓄積，融通，活用という考え方がみられる。

　人的資源の面では，市立図書館においても東京市の方針にあわせて行政整理と人員削減が行われている。阪谷市長による市政改革では，東京市の現状を正確に把握し，将来計画を立てるという行政管理的な手法や役所規律の確立が求められた。この東京市の方針にあわせて，図書館でも組織改正を機に東京市の一部署として，嘱託員や臨時雇を中心とした人員削減が実施されている。同時に，それまで各館で別々に実施していた庶務的業務の共通部分を一括化し，重複事務の効率化が図られた。ここで重要なのは，図書館が人員削減を推進しつつ，日比谷図書館や各館において必要な人員は確保し，その上で日比谷図書館を中央館とした図書館網を構築している点である。

　財政面から図書館費（給料，雑給，需用費，図書費，諸費，修繕費）の決算額をみると，1914（大正3）年から1915（大正4）年にかけて，自由図書館の数が増加しているにもかかわらず，図書館費は減少している。内訳をみると，図書館費に占める人件費の割合は減少しているが，図書費の削減は行われていない。図書館としては，行政側の財政緊縮化の方針に応えて人員削減は実施しているが，図書館網形成のために必要な人的，物的，財政的な資源は維持し，蓄積しているのである。図書館は，図書館外部から求められた経費節約や行政整理の方針に応じながら，同時に図書館内部では経営資源の蓄積と活用，運用も巧みに実現している。

　東京市立図書館では，組織改正による図書館の統一が実施された時期に，図書の収集，整理，提供という複数の分野における業務改善が同時に進められていた。たとえば，日比谷図書館における印刷カードの作成は，市立図書館の整理業務における経営の効率化として実施されただけではなく，各分館における利用者向けの検索手段の整備の一環としても大きな役割を果たした。すなわち，日比谷図書館を中央図書館とした図書館の統一的運営によって，図書の収集，整理，提供の各業務において，関連した業務改善が同時に推進されていたのである。

図書館経営理念や方針の継承

　清水は，組織改正に関する論議の中で，組織改正と改正後の奉仕計画が短期間に策定されたとは考えられないとして，日比谷図書館内部で主幹である守屋を中心として今澤等のブレーンによる検討が行われていたのではないかと指摘している。明治末の日比谷図書館設立準備時期から組織改正の時期まで，東京市立図書館では渡邊，守屋，今澤の3人の図書館長が就任している。守屋の教育課長就任にともない，主事補の地位にあった今澤が，守屋の後任として館長職を担当するようになった。

　当時の図書館報や新聞報道から，東京市立日比谷図書館長時代や教育課長時代の守屋の評価がかなり高かったことがうかがえる。東京市立図書館が新体制を確立するにあたり，図書館事情や業務に詳しい守屋が新任の教育課長として教育行政を担うことになったことは，図書館運営にとってきわめて大きな効果をもたらしたと考えられる。

　東京市立図書館は組織改正によって図書館の統一的運営を行うことで，東京市からの財政緊縮化の方針に応えた効率的経営を推進するとともに，同時にサービスの充実を図って利用者の資料要求や利便性にも応えている。これまで東京の図書館史では，今澤の東京市立図書館長としての功績が大きく取り上げられており，守屋が果たした役割が十分に評価されてきたとはいえない。守屋が1915（大正4）年の組織改正による図書館の統一的運営の実施という画期的な構想を実現するにあたり果たした役割は，高く評価する必要がある。

　1908（明治41）年から1913（大正3）年までの期間，渡邊と守屋が図書館長の時代に，東京市立図書館では学校に付設された図書館が次々と増設され，1区あたり1館の図書館が設立されていった。学校付設図書館を増設することで，市民にとって身近なサービススポットが設置された。これらの図書館は，組織改正によって1つの図書館として統一して運営されるようになり，東京市立図書館網が構築された。図書館網の構築によって，市民が必要な資料を利用するために図書館に出かけるのではなく，図書館が市民にとって身近な図書を手元に届けるという物流の仕組みが整備されたのである。そこには，利用者の資料要求や利便性に配慮した図書館としての経営方針がみられる。こうした市民本

位の考え方は代々の館長，すなわち渡邊，守屋，今澤へと引き継がれ，人的資源の蓄積と継承が行われていった。

　サービス上では組織改正よりも前の段階で，開館時間の延長や館外貸出制度の導入，地域事情に合わせた図書の収集や提供の環境整備も検討され，試行が開始されている。その上に，組織改正を実施することによって中央図書館制を導入し，その図書館網を活用する仕組みが構築された。

　東京市立図書館の組織改正は，行政，図書館，利用者の三者のそれぞれに大きな効果をもたらした。行政にとって，組織改正は人員削減や重複業務の整理による経費節減という経済的効果を生み出した。そして，市立図書館にとっては，図書館網の構築による市立図書館の一体的経営の実現と，図書館網を利用した新たなサービスとしての同盟貸付を可能にした。1914（大正 3）年までのように，学校付設の建物を増設するだけではなく，利用者の必要な資料を必要とする場所に届けるサービスの基礎が築かれた。図書館網を使った各業務の効率化を実現し，新たなサービスの可能性を創出することが可能になった。その結果，低所得者や児童を含めた広範囲な利用者が，個々の要求に即して図書館を利用することができるようになった。

　このように行政，図書館，利用者のいずれの側にとっても有益な改正が実現された背景には，図書館側の市民本位の経営理念や方針に裏づけられた先見性に富んだ企画力，準備や柔軟な対応力が存在していた。

注・参考文献

1)　1915（大正 4）年 4 月に実施された組織改正に関して，『日本公共図書館の形成』の中で永末は「機構改革」という表現を用いている。「機構改革」は永末論文を批判した清水論文の題名にも用いられ，その後，奥泉和久の「『市立図書館と其事業』の成立と展開」等でも，使用されるようになった。しかし，当時の資料における表現は，『東京市事務報告書』1915（大正 4）年では，「規則を改正し，図書館体系をつくり全館を統括した」，『東京市立図書館一覧』1918（大正 7）年−1919（大正 8）年では「組織を改め，図書館を統一した」，『市立図書館と其事業』の「東京市立図書館の話」は「組織を更新し，図書館を統一した」と記されている。そのため，ここでは「組織改正」を用いる。

2)　STU. 東京市立図書館の話（三）. 市立図書館と其事業. 1923, no.12, p.7-11.

3)　東京都公立図書館長協議会編. 東京都公立図書館略史:1872-1968. 東京都立日比谷図書館, 1969, 193p.

4) 東京市立図書館一覧：大正 15 年．東京市立図書館，1926，31p.

5) 永末十四雄．日本公共図書館の形成．日本図書館協会，1984，352p.

6) 清水正三．1915（大正 4）年における東京市立図書館の機構改革とその成果について：永末十四雄著『日本公共図書館の形成』中の「東京市立図書館」についての論述に関連して．図書館史研究．1987，no.4，p.23-52.

7) 佐藤政孝．東京の近代図書館史．新風舎，1998，359p.

8) 佐藤政孝．図書館発達史．みずうみ書房，1986，368p.

9) 速水融，小嶋美代子．大正デモグラフィ：歴史人口学で見た狭間の時代．文藝春秋，2004，242p.

10) 写真記録刊行会．日本経済史：写真記録．日本ブックエース，2010，318p.

11) 坂本忠次．日本における地方行財政の展開：大正デモクラシー期地方財政史の研究．新装版，御茶の水書房，1996，455p.

12) 石塚裕道．日本近代都市論：東京 1868-1923．東京大学出版会，1991，253p.

13) 原田勝正，塩崎文雄．東京・関東大震災前後．日本経済評論社，1997，423p.

14) 東京府統計書，大正 5 年．東京府，1918，762p.

15) 東京府統計書，大正 8 年．東京府，1922，972p.

16) 東京市統計年表，第 16 回．東京市役所，1920，1215p.

17) 東京都財政史研究会編．東京都財政史，上．東京都，1969，531p.

18) 東京市統計年表，第 29 回．東京市役所，1933，1155p.

19) 櫻井良樹．帝都東京の近代政治史：市政運営と地域政治．日本経済評論社，2003，434p.

20) "東京市行政整理：人員一割三分の淘汰俸給五万五千円節減"．東京朝日新聞．大正 2 年 3 月 23 日朝刊．

21) "市行政整理失敗：弱者虐めの整理大山鳴動鼠一匹"．東京朝日新聞．大正 2 年 4 月 2 日朝刊．

22) "市役所に大嵐が吹く：又々吏員百五十余名の馘首"．東京朝日新聞．大正 5 年 3 月 13 日朝刊．

23) 東京市統計年表，第 19 回．東京市役所，1923，1333p.

24) 歴代東京市長・助役一覧　http://www.soumu.metro.tokyo.jp/01soumu/archives/0702c_mayor.htm（参照 2023-6-29）

25) 阪谷芳郎著．阪谷芳郎東京市長日記．芙蓉書房出版，2000，700p.

26) 東京市会史，vol.4．東京市会事務局，1935，1331p.

27) 東京市会議事速記録：大正 3 年．東京市，1914，1367p.

28) 東京市事務報告書・財産表．複製版，東京都公文書館，2007（DVD-ROM）

29) 東京市立図書館処務規程設定．（東京市訓令内訓完 301.F4.18　東京都公文書館）.

30) 東京市統計年表，第 11 回．東京市役所，1914，991p.

31) 東京市統計年表，第 12 回．東京市役所，1915，989p.

32) 東京市統計年表，第 14 回．東京市役所，1917，1143p.

33) 東京市統計年表，第 15 回．東京市役所，1918，1125p.

34) 東京市統計年表，第 17 回．東京市役所，1921，1237p.

35) 今澤慈海. 大礼記念図書に就きて. 市立図書館と其事業. 1922, no.7, p.2-3.

36) 東京市立図書館一覧：大正7年−大正8年. 東京市, 1919, 38p.

37) 図書目録調整の順序. 市立図書館と其事業. 1922, no.5, p.7.

38) STU. 東京市立図書館の話（一）. 市立図書館と其事業. 1922, no.9, p.10-11.

39) STU. 東京市立図書館の話（二）. 市立図書館と其事業. 1922, no.11, p.7-11.

40) 告示第87号神田簡易図書館閲覧時間. 東京市公報. 954号. 明治44年11月4日.

41) "読書号図書館巡り", 1. 読売新聞. 明治45年4月20日別刷.

42) 奥泉和久. "第5章：公共図書館の出現". 公共図書館サービス・運動の歴史1：そのルーツから戦後にかけて. 日本図書館協会, 2006, p.134-181. (JLA図書館実践シリーズ 4).

43) 市立日比谷図書館開館式. 東京市教育会雑誌. 1908, no.51, p.45-47.

44) 第124号市42年度歳入出追加予算：深川図書館図書閲覧料徴収予算. (第1種 議事市会8冊ノ5 602.A8.08 東京都公文書館)

45) 小谷誠一. フリー・パブリック・ライブラリー. 図書館雑誌. 1935, vol.29, no.1, p.26-27.

46) 竹内善作. 東京市立図書館の館外図書帯出制度と其様式の変遷1. 市立図書館と其事業. 1926, no.33, p.1-5.

47) 竹内善作. 東京市立図書館の館外図書帯出制度と其様式の変遷2. 市立図書館と其事業. 1926, no.34, p.4-15.

48) 竹内善作. 東京市立図書館の館外図書帯出制度と其様式の変遷3. 市立図書館と其事業. 1926, no.35, p.1-5.

49) 東京市立深川図書館一覧：第1年報. 深川図書館, 1910, 39p.

50) 今澤慈海. 公開書架式閲覧法に就いて. 市立図書館と其事業. 1924, no.25, p.1-4.

51) "読書子の福音―図書館の統一と共通の書物貸出". 東京朝日新聞. 大正4年2月8日朝刊.

52) "図書館系統". 東京朝日新聞. 大正4年4月17日朝刊.

53) [同盟貸付写真説明]. 市立図書館と其事業. 1923, no.12, p.1.

54) 嘱託渡邊又次郎. (第1種 秘書進退9冊の8602.B5.09 東京都公文書館)

55) 今澤慈海. 日比谷図書館創立記念号の発刊に際して. 市立図書館と其事業. 1928, no.48, p.3.

56) 東京市立日本橋簡易図書館編. 東京市立日本橋簡易図書館蔵書目録. 1911, 200p.

57) 日本橋簡易図書館蔵書目録編纂に関し特別手当給与主事渡辺又次郎外8名. (第1種 秘書給与の1 603.B3.01 東京都公文書館)

58) 回報：日比谷図書館主事渡邊又次郎に図書館書籍標準目録編纂委員嘱託の件文部省より照会に付回答. (第3種 文書類纂・学事・第19類 629.D2.13 東京都公文書館)

59) 旧制高等学校物語. 財界評論社, 1968, 720p.

60) 戸野周二郎三重県四日市市長ニ就任ノ件. (行政文書内閣・総理府太政官・内閣関係第5類任免裁可書大正14年・任免巻48 本館-2A-019-00・任B01273100 国立公文書館) http://www.digital.archives.go.jp/（参照 2023-6-29）

61) "守屋恒三郎". 大正人名辞典. 東洋新報社, 1917, p.374.

62) 4月20日 講師嘱託 守屋恒三郎. (第1種 秘書進退録602.A7.21 東京都公文書館)

63) 守屋恒三郎. 京都大阪神戸及日比谷図書館. 図書館雑誌. no.18, 1913, p.24-30.

64)　"市教育課長の職を捨て静岡中学校長となる守屋氏". 東京朝日新聞. 大正 8 年 5 月 27 日朝刊.

65)　東京市教育会編. 小学校長団の観たる米国の教育. 佐藤出版部, 1920, 476p.

66)　"渡米小学校長の送別会". 東京朝日新聞. 大正 7 年 10 月 11 日朝刊.

67)　"市教育課長更迭". 東京朝日新聞. 大正 8 年 5 月 30 日朝刊.

68)　"東京を去るに臨みて，守屋前教育課長の将来に対する希望，学生でない青年等の為に倶楽部様のものを設けよ". 東京朝日新聞. 大正 8 年 5 月 31 日朝刊.

69)　公立中学校長兼公立中学校教諭守屋恒三郎外六名任免ノ件.（行政文書内閣総理府太政官内閣関係第 5 類任免裁可書大正 12 年・任免巻 34　国立公文書館）http://www.digital.archives.go.jp/（参照 2023-6-29）

70)　北海道帝国大学予科教授守屋恒三郎休職ノ件.（行政文書内閣総理府太政官内閣関係第 5 類任免裁可書大正 12 年・任免巻 70　国立公文書館）　http://www.digital.archives.go.jp/（参照 2023-6-29）

71)　"（広告）守屋恒三郎". 東京朝日新聞. 大正 13 年 3 月 3 日夕刊.

72)　山梨あや. 近代日本における読書と社会教育：図書館を中心とした教育活動の成立と展開. 法政大学出版局, 2011, 362p.

73)　小河内芳子. 児童図書館の道を示した今沢慈海（1882-1968）. 図書館雑誌. 1981, vol.75, no.3, p.110-111.

74)　今澤慈海. "図書館と自分と：日比谷の二十三年を顧みて，上". 読売新聞. 昭和 6 年 4 月 9 日朝刊.

75)　今澤慈海. "図書館と自分と：日比谷の二十三年を顧みて，中". 読売新聞. 昭和 6 年 4 月 11 日朝刊.

76)　今澤慈海. "図書館と自分と：日比谷の二十三年を顧みて，下". 読売新聞. 昭和 6 年 4 月 12 日朝刊.

77)　日本図書館協会の百年：1892〜1992. 日本図書館協会, 1992, 51p.

78)　守屋恒三郎. 欧米に於ける図書出版の状況. 図書館雑誌. 1914, no.20, p.36-44.

79)　"東京市の巡回文庫：只で本が読める". 東京朝日新聞. 大正 2 年 5 月 9 日朝刊.

80)　保管図書ヲ地方ニ回付閲覧セシムルノ件.（第 1 種　例規学事・冊の 5-2603.A6.14　東京都公文書館）

81)　山形県立図書館概覧：行啓記念. 山形県立図書館, 1910, 26p.

82)　森睦彦. ゴルドン夫人と日英文庫. 東海大学紀要. 1992, no.1, p.31-44.

●第Ⅵ章●
関東大震災前後の東京市立図書館
――東京市立図書館規模拡張組織変更計画

　関東大震災は，東京市に甚大な被害を与え，東京市立図書館もまた大きな被害を受けた。ところが，震災の直後に東京市立図書館はサービスを開始し，さらに日比谷図書館をしのぐ大規模な図書館として深川，京橋，一橋の 3 館を建設した。混乱した時期に，なぜ図書館の復旧復興はこれほど迅速に展開され，図書館は拡張されたのか。この謎を解くには，当時の東京市立図書館の全体像を示す見取り図を明らかにする必要がある。関東大震災前後の東京市立図書館はどのような状況で経営され，いかなる未来構想図を描いていたのか。まず，関東大震災時の東京市，東京市立図書館の状況から話を進めてみたい。

1　関東大震災と東京市立図書館

関東大震災による東京市の被害

　1923（大正 12）年 9 月 1 日午前 11 時 58 分，マグニチュード 7.9 とされる関東大震災が発生した。その被害は，死者，行方不明者総数 105,385 人，全壊・半壊，流失・焼失などを含む住家被害総数 372,659 棟に及んだ[1]。地震による被害は，1 府 6 県（東京府，神奈川県，千葉県，埼玉県，静岡県，山梨県，茨城県）にわたり，このうち東京市が受けた被害は，死者，行方不明 68,660 人，住家被害 168,902 棟であった。

　関東大震災の被害は，実際は地震よりも火災の被害が大きかった。東京市の死者，行方不明者総数のうち，火災によるものが 96％を占めた。特に東京市の中心部にあたる日本橋区，神田区，京橋区や隅田川東岸の本所，深川地域が大きな被害を受けた。山の手の本郷，小石川，四谷，牛込，赤坂，麻布等の地域では，家屋の損傷はみられたものの，火災による焼失は免れた[1]。

関東大震災による東京市立図書館の被害

　関東大震災によって，東京の図書館では東京市立図書館や大橋図書館，東京帝国大学図書館ほかの大学図書館，専門図書館が全焼，倒壊，破損等の大きな被害を受けた[2]。東京市立図書館は，独立館である深川，京橋，一橋の3館に加えて，学校付設図書館9館（麹町，外神田，日本橋，両国，月島，台南，浅草，本所，中和）の合計12館が焼失した。東京市立図書館はこの震災によって全蔵書225,547冊の半数にあたる103,683冊を失った。

　大正初期の東京市立図書館は，東京市の財政緊縮化の方針を受けて，新規の施設建設が抑制される状況が続いた。これを受けて，図書館数も現状維持の方針がとられていた。実際にこの間の図書館の新設は，1921（大正10）年に学校に付設した麹町図書館のみに限られ，極端な制限が行われていたことを示している[3]。しかし，関東大震災の被害にもかかわらず，東京市立図書館は震災直後からサービスを開始している。さらに，わずか7年後にあたる1930（昭和5）年には，図書館数は20館，蔵書数は31万冊に達するという急速な復興と躍進を果たした。昼夜開館の図書館は震災前の4館から7館になり，図書館所有の建物の坪数は震災前の826坪（2,730.6㎡）の3倍半に増加し，震災後には2,919坪（9,649.6㎡）に達している[4]。

　関東大震災を契機に，深川，京橋，一橋の3館は日比谷をしのぐ鉄筋コンクリート造の大図書館として生まれ変わった。関東大震災以後に東京市立図書館の方針は大きく変更されたようにみえる。東京市立図書館の大きな方針の変化があったのではないか。その糸口をつかむために，次に東京市立図書館の関東大震災の復旧復興事業に関するこれまでの研究をたどってみよう。

2　東京市立図書館の関東大震災からの復旧復興

震災からの迅速な復旧

　関東大震災による被害や震災直後の状況について，是枝英子が，『市立図書館と其事業』，『図書館雑誌』等の文献を基に東京市立図書館の震災対応について述べている[5]。1923（大正12）年9月1日の地震発生直後から，東京市立図書館

では，罹災者への救護活動や復旧情報の収集提供，特別調査による情報提供が開始され，臨時閲覧所が開設された。是枝によると，震災発生の翌日から収集された情報や記録類は，同年 12 月には展覧会を開催して公開されており，館頭の今澤慈海を中心とした震災直後の図書館の活動には目覚ましいものがあった。

是枝は『深川図書館史調査報告書』[6] [p.60-64] には，「一大拡張計画案」として今澤による図書館拡張計画が存在しており，その作成時期は 1924（大正 13）年頃であると推定している。是枝が，深川図書館史編纂作業に携わる過程で，深川図書館で手書きの「東京市立図書館規模拡張組織変更並ニ財源ニ関スル草案」（「大正十〜十五年深川図書館事務書類」[7] 原資料）が発見された。そして，草案の内容は『東京市立図書館と其事業』第 47 号に掲載された今澤の「東京市に中央図書館を建設すべきこと及び其規模に就て」[8] の趣旨に沿ったものであるとしている。これにより，震災後に拡張計画草案が作成されていたことは指摘されたが，作成時期を推定した根拠やその背景，東京市立図書館規模拡張組織変更計画自体に関する詳しい分析は行われてこなかった。

東京市の図書館復興計画の実施

関東大震災からの東京の復興事業はどのように行われたのか。佐藤政孝は国，東京府と東京市が分担して実施したとしている。東京市が主体になって実施したのが，小学校の建設や図書館その他の社会教育施設の建設と整備であった。佐藤によると，東京市が所轄する震災復興計画は 1924（大正 13）年 3 月にまとめられた東京市継続震災復興計画に基づいて推進された。市立図書館の再建計画は 2 種類に分けられる。1 つは各年度の図書館費の中から復旧費を捻出する形で実施された，学校に付設された自由図書館に関する計画であり，もう 1 つは，継続震災復興費によって耐火構造の大規模施設建設として進められた独立館 3 図書館（深川，京橋，一橋）の復興再建計画である。復興後に深川，京橋，一橋図書館は震災前をはるかにしのぐ大規模な図書館となり，地域の特性にあわせた特色あるサービスが展開された[9]。

図書館復興事業について，永末十四雄は日比谷図書館開館 50 周年記念誌の『五十年紀要』に基づいて，次のように指摘している。1924（大正 13）年度から

1930（昭和5）年度にわたって実施された図書館復興事業により，深川図書館は延坪591坪（1,953.7㎡），京橋図書館は延坪639坪（2,112.4㎡），駿河台図書館（1929年12月に一橋図書館から改称）は延坪726坪（2,400㎡）となった。3館ともに大阪府立図書館を除く県立図書館の最大規模に匹敵する図書館となった。そして，永末は戦前における東京市の図書館組織は，震災復興を契機として設立当初の構想を実現するとともに，その整備を終えたとしている[10][p.171-172]。

　是枝，佐藤，永末は震災関係の記録類に基づいて，復旧復興事業の実施について述べている。しかし，その事実を述べるにとどまり，背景について踏み込んだ研究は行われていない。なぜ震災後の東京市立図書館は国内最大規模の図書館として拡張されたのか。この疑問を明らかにするために，まず永末が典拠とした『五十年紀要』を取り上げてみたい。

東京市立図書館の復興計画と復興方針

　『五十年紀要』は，1959（昭和34）年に日比谷図書館開館50周年記念として刊行された資料である。全4編で構成され，第1編沿革，第3章発展期のうち，第4節の震災と復興の中で，関東大震災（該当ページp.28-44）について取り上げている。『五十年紀要』は東京市立図書館と関東大震災を取り上げるにあたり，繰り返し引用されてきた資料である。しかし，『五十年紀要』には，典拠資料が記載されていないため，『五十年紀要』の内容について，これまで踏み込んだ研究は行われてこなかった。そこで，東京市が刊行した関東大震災の概要を記録するために作成された『東京市教育復興誌』[11]と比較を行った。該当箇所の対照表は表VI-1のとおりである。

　表VI-1にみられるように，『五十年紀要』は『東京市教育復興誌』の文字や表の形式を改める程度で，ほとんどそのまま用いている。(2)の図書館の被害については，『東京市教育復興誌』の焼失図書総数のうち，誤植もそのまま引き写して用いている。また，(3)図書館の復興についても最後の部分3行分が修正されているのみである。具体的には，『東京市教育復興誌』では「現在なほ復興途上にあるもの多く閲覧人の数に於ては遺憾ながら災前に比し多少の遜色あることを免れないが，設備すでに成り，市民各位の一層の利用を期待してゐる」と書

いている。しかし，『五十年紀要』では該当箇所について，「なお復興途上にあるもの多く閲覧人の数においては遺憾ながら災前に比し多少の遜色あることを免れないが，設備すでに成った感がある」と修正している。

表Ⅵ-1 『五十年紀要』と『東京市教育復興誌』の対照表

『五十年紀要』の内容 第1編沿革第3章発展期4震災と復興(1)から(3)(p.28-44)	『東京市教育復興誌』の該当部分	『五十年紀要』で変更されている点
(1)大正震災前の市立図書館館名，所在地，蔵書数を示した表(p.28)	第1章震災概況，第3節災前に於ける本市の教育概況，第2項社会教育2図書館の説明文の一部と当時の各館分布の表(p.20)	震災前における市立図書館の説明文の一部を引き写し，表は縦書を横書に変更して使用
(2)図書館の被害(p.29-31)	第2章大災概況，第3節本市教育施設被害状況，第2項社会教育2図書館被害(p.62-65) p.65に掲載されている焼失図書総数の表のうち，たとえば氷川図書館の焼失蔵書数85冊は合計数からみると，58冊の誤植と考えられる	変更なし。焼失図書総数の表(p.30-31)は縦書を横書に変更して使用し，氷川図書館の焼失蔵書数の誤植をそのまま引き写している
(3)図書館の復興(p.31-44)	第5章復興概況，第2節社会教育，第2項図書館(p.442-456)	説明文に付されている「市立図書館所在図」は用いず，最後の文章を修正して使用

『東京市教育復興誌』は1930（昭和5）年に復興祭に際して，震災の概要を収録することを目的に作成された東京市による公式記録資料である。この『東京市教育復興誌』によれば，東京市立図書館の復興計画は，2つの計画と2つの方針に基づいて行われた。2つの計画とは「現状（原文のママ）回復策」と「復興帝都の一教化機関としての図書館復興案」である。最初の「現状回復策」とは，仮建築の図書館を市内数か所に設置する計画と，従来の学校付設図書館を小学校の仮建築竣成にともない復旧するという計画である。もう1つの「復興

帝都の一教化機関としての図書館復興案」とは，駿河台，京橋，深川図書館3
館に対する復興計画と学校付設図書館の復興策を意味している。

　そして，2つの方針とは「罹災12館を質的に充実向上させること」と「書
架公開を行うこと」である。第1番目の図書館の質的充実向上とは，東京市立
図書館の20か年にわたる経験によるものであり，東京市立図書館規模拡張組
織変更計画の一端とみるべきものであると説明している。第2番目の書架公開
は，誰もが自由に書架に接して自ら図書を選択することができるようにすると
いう考え方であり，京橋図書館の京橋会館付属建物における書架公開実験に基
づいているとしている。

　このように，『東京市教育復興誌』もそれを引用して書かれた『五十年紀要』
にも，震災復興計画が「東京市立図書館規模拡張組織変更計画」の一端とみる
べきものであると記されている。この計画はいつごろ考えられた，どのような
計画なのか。この時期の市立図書館の方針を知る上でこの計画は大きな意味を
持っているが，これまで取り上げられることはなかった。そして，この疑問を
解き明かす上で重要な鍵となるのが，江東区立深川図書館[12]に残されている
「東京市立図書館規模拡張組織変更並ニ財源ニ関スル草案」と題した文書を綴
じた『深川図書館事務書類』[7]である。

3　東京市立図書館規模拡張組織変更計画

東京市立図書館規模拡張組織変更並ニ財源ニ関スル草案

　「東京市立図書館規模拡張組織変更並ニ財源ニ関スル草案」は，江東区立深
川図書館の事務文書である『深川図書館事務書類：大正10〜15年』に綴じ込
まれている文書である。是枝が深川図書館史を編集する過程で発見したとして
述べている原資料である。この文書綴りは，深川図書館あてに送られた文書類
を1冊にまとめたもので，表紙と背には手書きで「大正十年〜十五年深川図書
館事務書類」と記されている。

　『深川図書館事務書類：大正10〜15年』の内容は多岐にわたり，市立図書館
内部書類（事務連絡，職員名簿，物品購入決定通知，吏員休暇規程等），外部機

関からの問い合わせ（図書寄贈の挨拶文，統計数値）等がみられる。異なる大きさ，作成年月日，内容の文書が1冊にまとめて綴じられ，文書の間で一定の基準による配列や整理が行われているわけではない。この文書綴りの中に，見開11枚の用紙（本文見開2枚分，付表見開9枚分）からなる「東京市立図書館規模拡張組織変更並ニ財源ニ関スル草案」（以下「草案」）と題した草稿が残されている。

　草案の本文は，次の4部分に分かれている。第1部は「市立図書館規模拡張の必要」，第2部は「市立図書館規模拡張の範囲」，第3部は「市立図書館の組織改善」，第4部は「市立図書館の拡張に関する経常費の財源」であり，それぞれの趣旨に関して述べている。

　第1部の「市立図書館規模拡張の必要」では，図書館は社会事情の変化や閲覧人の増加に応じて，その職能を果たす必要があるとしている。図書館の職能としては，図書を収集し目録を作成して市民の利用に供すること，市民のための調査を実施し報告書を作成する等の調査事務を行い，市民の娯楽と親睦を図ることをあげている。市中央図書館は全市の図書館の統括機能と参考図書館機能を持ち，市政参考図書部，巡回図書部，博物館，個人研究室，倶楽部室，大講堂，図書館学校，簡易食堂等のさまざまな施設が付されている必要がある。各区に1か所は地域の状況に応じた参考部を置き，付近の住民のための調査研究に役立つ倶楽部室を開放する。小規模でも学校付設ではなく新規の独立館を設置し，学校と連携し家庭文庫を設けて趣味や知識の普及を図る。従来からの市民のための通俗図書館機能に加えて，参考図書館機能を持つ必要性があると指摘している。

　第2部の「市立図書館規模拡張の範囲」では，東京市が代表的図書館としての中央大図書館を創設すること，無料通俗図書館（一部参考図書館の性質を持つ）を建設すること，学校に付設されている図書館を学校から分離拡大すること，児童図書館を新設することをあげている。第3部の「市立図書館の組織改善」では，改善案として中央大図書館の指導のもとに，各区図書館は小学校から分離した区内各図書館と連絡をとること，小学校から分離した区内の図書館は学校と連絡をとること，児童図書館は市中央図書館の指導のもとにその職能

を分担発揮することをあげている。

　第4部の「市立図書館の拡張に関する経常費の財源」では，欧米（アメリカ，イギリス，ドイツ）の例にならい，東京市でも新規に図書館税を徴収することを提案している。東京市が図書館税として直接国税の市税付加税に対し，その10分の1以上を徴収することで60～70万円を財源とすることが可能であるとしている。当時の東京市の税体系は，国税ないし府税に対する付加税方式が中心であった。直接国税とは，地租，所得税，戦時利得税，営業税，売薬営業税，鉱業税などである [13][p.294-295]。

　草案では，「中央図書館制により図書館を組織化すること」，「従来の通俗図書館機能に参考調査機能を加えて充実すること」，「学校付設図書館を学校から分離独立すること」，「児童図書館を新設すること」，「必要な図書館財源を確保すること」が重要であるとしている。つまり，組織としては，中央図書館のもとに参考図書館機能もあわせ持った通俗図書館を置き，児童図書館を新設することをあげている。各館の経営は学校に付設して図書館ではなく独立館とし，財源は欧米の例にならって税金によることをあげている。

草案の付表からみた図書館設置計画の概要

　草案には，本文のほかに9種類の表が付されている。各表の題名は，「歳入概算表」，「歳出概算表」，「図書館建設年次表」，「図書館数各区別調」，「用地費予算」，「市中央図書館建設費予算（二年継続総額）」，「区中央自由図書館建設費予算（一館当）」，「自由図書館建設費予算（一館当）」，「児童図書館建設費予算（一館当）」である。各表には建設予定図書館数のほか，具体的な予算の数値が盛り込まれ，1925（大正14）年から大正26年度，すなわち1937（昭和12）年までの計画が示されている。

　図書館建設の年次計画は，表Ⅵ-2の「図書館建設年次表」のとおりである。表中の年度の年号は草案の記載のとおりに記載した。1925（大正14）年に用地買収を行い，1926（大正15）年から1928（昭和3）年までの間に，各年3館ずつ焼失した図書館の復興が予定されている。表中の×印のついた図書館は新設を示している。1929（昭和4）年から1930（昭和5）年には，市中央図書館1館と児

童図書館 2 館の建設が計画されている。1933（昭和 8）年以後には，各区 1 館の区中央自由図書館を建設することを目指していることがわかる。

表VI-2　図書館建設年次表

西暦	年度	館　　　　名	備　　　考
1925	大正 14	用地買収	
1926	大正 15	両国，浅草，本所	本年度深川図書館建設費　276,150 円アリ
1927	大正 16	台南，麹町，月島	〃　　一橋　〃　　347,150 円アリ
1928	大正 17	中和，外神田，日本橋	〃　　京橋　〃　　308,700 円アリ
1929	大正 18	中央　　　　×児童	外　十三年度一橋用地費　68,000 円アリ
1930	大正 19	×児童	合計　　　　　1,000,000 円
1931	大正 20	三田，氷川，牛込，本郷，四谷	無印ハ現在館ノ新築
1932	大正 21	小石川，麻布，×神田，×京橋，×深川	×印ハ新設
1933	大正 22	×本郷区，×日本橋区	区トアルハ区中央自由図書館ノ略
1934	大正 23	×浅草区，×牛込区	
1935	大正 24	×本所区，×小石川区	
1936	大正 25	×芝区，×赤坂区	
1937	大正 26	×四谷区，×麻布区，×下谷区	

出典：「東京市立図書館規模拡張組織変更並ニ財源ニ関スル草案」の付表を基に作成

　各区別の図書館設置計画数を示した「図書館数各区別調」の記載内容は表VI-3 のとおりである。第 1 部の内容を各区別にまとめ，それぞれの設立予定図書館数が示されている。×印がついた図書館が新設である。この表から，麹町区に市中央図書館 1 館と自由図書館 1 館を置くことが計画されていたことがわかる。しかし，市中央図書館として日比谷図書館の名称は記載されておらず，既存の日比谷図書館を市中央図書館とするか否かについては明記されていない。区中央自由図書館の欄には一橋，京橋，深川の名称が記されており，この 3 館が区中央自由図書館として想定されていたことを示している。

　規模拡張組織変更計画の館種別設置予定総数は，市中央図書館 1 館，区中央

自由図書館 14 館，自由図書館 19 館，児童図書館 2 館，合計 36 館である。1924（大正 13）年の市立図書館総数 20 館の約 1.8 倍にあたる。建設予定の 16 館の内訳は，区中央自由図書館 11 館，自由図書館 3 館，児童図書館 2 館となっており，区中央自由図書館の設立がとりわけ重視されていることがわかる。

表Ⅵ-3　各区別図書館設置計画数

区名	市中央	区中央自由	自由	児童	計
麹町	1		1		2
神田		一橋 1	2		3
日本橋		×1 1	×1 2		3
京橋		京橋 1	2		3
芝		×1 1	×1 1	×1 1	3
麻布		×1 1	1		2
赤坂		×1 1	1		2
四谷		×1 1	1		2
牛込		×1 1	1		2
小石川		×1 1	1		2
本郷		×1 1	1		2
下谷		×1 1	1	×1 1	3
浅草		×1 1	1		2
本所		×1 1	2		3
深川		深川 1	×1 1		2
計	1	×11 14	×3 19	×2 2	×16 36

出典：「東京市立図書館規模拡張組織変更並ニ財源ニ関スル草案」の付表を基に作成

草案の付表の予算からみた図書館経費

次に、いかなる図書館経費として、用地費、図書館建設費がどのように予定されていたかを草案につけられている付表を基に比較してみよう。表Ⅵ-4は、「用地費予算」、「市中央図書館建設費予算（二年継続総額）」、「区中央自由図書館建設費予算（一館当）」、「自由図書館建設費予算（一館当）」、「児童図書館建設費予算（一館当）」の表を基に作成した。

用地費と建設予定費の予算は市中央図書館、区中央自由図書館、自由図書館別に示されている。1館あたりの坪数をみると、区中央自由図書館は自由図書館の2倍、市中央図書館は3.3倍の規模で設定されている。児童図書館の用地費だけが計上されていないのは上野公園と芝公園を予定していたからである。

表Ⅵ-4　用地費予算と図書館建設費

図書館	図書館数	用地費予算		図書館建設費（1館当）					合計（1館当）
	建設予定数	坪数（1館当）	用地経費（1坪300円）	建築費(A)	設備費(B)	設備費並監督費(C)	図書費(D)	備品費(E)	(A＋B＋C＋D＋E)
市中央	1	2,000	600,000	914,400	457,200	30,230		50,000	1,451,830
区中央自由	11	600	1,980,000	332,400	166,200	12,276	30,000	25,000	565,876
自由	19	300	1,710,000	94,500	47,250	10,088	15,000	15,000	181,838
児童	2			75,500	30,200	4,636	10,000	10,000	130,336

出典：「東京市立図書館規模拡張組織変更並ニ財源ニ関スル草案」の付表を基に作成

「歳出概算表」は経常費図書館費（給料、雑給、需用費、図書費、諸費、修繕費）と臨時費図書館建設費に分けられている。経常費図書館費は表Ⅵ-5のとおりである。

歳出概算表の経常費に関する備考には、1925（大正14）年度は両国、浅草、本所3館の開館時間を半日開館から昼夜開館に変更するための職員の増加分と図書価格の騰貴にともなう図書費の増額を見込んでいると記されている。また、1926（大正15）年度以後の歳出は、新築にともなう経費の自然的増額が含まれ

ているという説明がつけられている。

表Ⅵ-5　歳出概算表（経常費）

年度	給料	雑給	需用費	図書費	諸費	修繕費	図書館費計
1925 年度	74,685	58,861	38,774	65,281	1,108	2,300	241,009
1926 年度	89,868	75,573	38,774	65,281	1,108	2,300	272,904
1927 年度	101,688	92,285	42,774	75,376	1,108	2,300	315,531
1928 年度	113,208	108,997	46,774	90,776	1,108	2,300	363,163
1929 年度	117,816	125,709	50,774	106,176	1,608	2,600	404,683
1930 年度	122,424	142,421	54,774	111,176	1,608	2,600	435,003
1931 年度	171,400	173,749	58,774	151,396	2,108	3,000	560,427
1932 年度	184,600	205,077	62,774	166,796	2,108	3,500	624,855
1933 年度	219,320	236,405	66,774	187,956	2,108	4,000	716,563
1934 年度	245,240	267,733	70,774	207,956	2,508	5,000	799,211
1935 年度	271,160	299,061	74,774	227,956	2,908	6,000	881,859
1936 年度	297,080	330,389	80,774	247,956	3,108	6,600	965,907
1937 年度	342,360	361,717	86,774	267,956	3,508	7,200	1,069,515

出典：「東京市立図書館規模拡張組織変更並ニ財源ニ関スル草案」の付表を基に作成

　表Ⅵ-5 中の数値を比較すると，1925（大正 14）年度以降の図書館費総額は毎年 1 割程度の増加が見込まれて設定されている。1931（昭和 6）年については，市中央図書館と児童図書館を建設するために 3 割増加が想定されている。

　『深川図書館事務書類：大正 10〜15 年』に綴じ込まれている「大正 13 年度図書館費歳出予算経常部」によると，1924（大正 13）年度の図書館費の総額は203,574 円，給料 61,956 円，雑給 49,346 円とある。1924（大正 13）年度の予算を，表Ⅵ-5 の 1925（大正 14）年の図書館費総額 241,009 円，給料 74,685 円，雑給58,861 円の額と比較すると，2 割弱の増加が見込まれていることがわかる。

　表Ⅵ-5 の数値を基に，各年度の図書館費における各費の比率を示したのが図Ⅵ-1 である。給料と雑給をあわせた人件費が 55％から 65％，図書費が 24％から 27％程度を占めている。全体の中で人件費の占める割合が多いことがわかる。

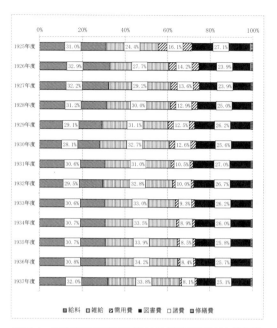

図Ⅵ-1　経常費図書館費における各費用の比率（草案）

出典：「東京市立図書館規模拡張組織変更並ニ財源ニ関スル草案」の付表を基に作成

　表Ⅵ-6 に歳出概算表のうちの臨時費図書館建設費を示した。13 年間の図書館建設費総額は 1563 万 2060 円（市中央図書館建設費 12.8%，区中央自由図書館建設費 52.5%，自由図書館建設費 33%，児童図書館 1.7%），区中央自由図書館建設費の占める割合が高い。

　草案に示されている「歳入概算表」によると，1925（大正 14）年度から 1930（昭和 5）年度までの歳入は 9,072 円，1931（昭和 6）年度から 1937（昭和 12）年度は 18,144 円となっている。この「歳入概算表」の備考には，「規模拡張組織変更計画」による増収を見込んで，2 倍の閲覧料収入があることを想定していると記されている。また，閲覧料金は日比谷図書館のみで徴収し，他館は料金改正を実施しない方針であると説明している。つまり，東京市立図書館では草案の時点では，1931（昭和 6）年度以降も閲覧無料にすることが計画されていたことがわかる。

表Ⅵ-6　歳出概算表（臨時費）

年度	市中央図書館建設費	区中央自由図書館建設費	自由図書館建設費	児童図書館建設費	図書館建設費合計
1925 年度	600,000	1,980,000	1,710,000		4,290,000
1926 年度			545,514		545,514
1927 年度			545,514		545,514
1928 年度			545,514		545,514
1929 年度	700,915			130,336	831,251
1930 年度	700,915			130,336	831,251
1931 年度			909,190		909,190
1932 年度			909,190		909,190
1933 年度		1,131,752			1,131,752
1934 年度		1,131,752			1,131,752
1935 年度		1,131,752			1,131,752
1936 年度		1,131,752			1,131,752
1937 年度		1,697,628			1,697,628
合計	2,001,830	8,204,636	5,164,922	260,672	15,632,060

出典：「東京市立図書館規模拡張組織変更並ニ財源ニ関スル草案」の付表を基に作成

草案の作成時期

　表Ⅵ-2 に示した草案の「図書館建設年次表」の備考欄には，この文書の作成時期を考える際に手がかりになる「本年度深川図書館建設費」，「本年度一橋図書館建設費」，「本年度京橋図書館建設費」，「13 年度一橋用地費」，「合計金額」についての記述がみられる。東京市が予算を東京市会に提案したのは 1924（大正 13）年 2 月であり，3 月に確定された。

　『読売新聞』1924（大正 13）年 1 月 14 日朝刊の「三図書館を大に拡張する復興工事読書子を満足させる為」と題した記事 [14] によると，東京市は一橋，京橋，深川の 3 館を独立館として復興し，日比谷図書館と同様に拡張する計画を立て，市会に提出することになったと述べている。この記事は，当事者によれば 3 館を復興するだけではなく，将来これらの中小図書館を主幹する中央大図書館を建設する計画があり，実現されるのも遠くはないと伝えている。深川図書館に

残されている草案の文書が作成された年度は，これらの点を考え合わせると予算が論議され，確定された 1924（大正 13）年度であると考えられる。

　すでに取り上げたように，『東京市教育復興誌』では東京市立図書館の復興計画は 2 つの方針，「罹災 12 館を質的に充実向上させること」と「書架公開を行うこと」に基づいて行われた。『東京市教育復興誌』では，最初の「図書館の質的充実向上」とは，東京市立図書館の 20 か年にわたる経験によるものであり，「東京市立図書館規模拡張組織変更計画」の一端とみるべきものであると述べている。『東京市教育復興誌』は，1930（昭和 5）年に刊行されており，20 年前にあたるのは 1910（明治 43）年頃ということになる。すなわち，深川図書館が設立された翌年にあたる。明治末期に学校付設図書館が増設された時期から 1924（大正 13）年にわたる 20 年間の経験が生かされたのが，「東京市立図書館規模拡張組織変更計画」であるということになる。

　深川図書館の事務文書に残る「東京市立図書館規模拡張組織変更並ニ財源ニ関スル草案」の題名に含まれる計画名は，『東京市教育復興誌』にみられる「東京市立図書館規模拡張組織変更計画」と一致する。「東京市立図書館規模拡張組織変更計画」という計画名は，東京市が作成した公式資料である『東京市教育復興誌』にあげられている。つまり，この計画は単なる図書館の内部計画ではなく，東京市において公式とみなされていた計画であると考えられる。文書名からみて，草案の内容は「規模拡張組織変更計画」に財源に対する対処を加えたものであることが推測できる。

東京市立図書館規模拡張組織変更計画の策定時期

　震災後の新聞記事や東京市立図書館の館報の記述内容から，東京市立図書館の目指していた図書館建設の方向性をみてみよう。1924（大正 13）年 7 月 27 日付『中央新聞』「百万円を投じて二十図書館設置」の記事 15) は，小見出しに「芝と上野には児童図書館」と書かれており，設置する図書館の規模について詳しく説明が加えられている。この記事の内容によると，市当局は，各区に最新式書架自由公開式自由図書館を 19 館設置し，合計 5,700 坪（18,842.9㎡），1 館あたり 300 坪（991.7㎡）の土地を買収し，建築費として 93,050 円を支出し，鉄

筋コンクリート 3 階建とし，基本図書 5,000 冊を 15,000 円で収集しようと計画
している。これにともない，東京市は児童図書館を芝，上野両公園に建設し，
建築費を 75,000 円，図書 4,000 冊の購入費を 10,000 円として，鉄筋コンクリー
ト 2 階建を建てる計画を進めていると伝えている。さらに，これらの図書館は
大正 21 年度にあたる 1932（昭和 7）年度までに竣工させる予定であるとしてい
る。日比谷図書館については，140 万円を投じて延坪数 3,000 坪（9,917.4㎡）
の鉄筋コンクリート 3 階建の大図書館として拡大し，市中央図書館とすると述
べている。『中央新聞』の記事内容と草案を比較すると，若干の相違はみられ
るものの，児童図書館建設場所，図書館規模等の内容では共通する点が多い。

　1924（大正 13）年 7 月 12 日付『東京日日新聞』「市が三百万円を投じ大図書
館を建てる：焼けた三つの図書館にも百万円かけて面目を一新」[16] の記事では，
東京市は罹災図書館の復旧を急いでおり，単なる復旧にとどめず大改善を加え，
欧米の書架自由公開式を応用し，鉄筋コンクリート 3 階建にし，　橋，京橋，
深川の 3 館は 100 万円で大正 17 年すなわち 1928（昭和 3）年までに竣成する予
定であるとしている。東京市は一大図書館を建設する予定であり，今澤が市の
依頼で 3 年前から考案中であったと報じている。その具体案が最近できあがり，
近く発表される予定であるとしている。今澤の説明によると，計画中の市中央
図書館には，一般図書閲覧のほか，市政研究室，科学調査室，市民博物館，講
演室，クラブ等も設けられることや中央図書館計画は向こう 15 か年計画で経
費は 300 万円であることをあげ，市中央図書館の下には各区 1 つずつの商店や
学校と連携した簡易図書館を設置する予定であると述べている。

　1921（大正 10）年に刊行が開始された図書館報『市立図書館と其事業』には，
草案で取り上げられている内容に関連した記事が頻繁に掲載されている。たとえ
ば，第 1 号には，「図書館税とは何ぞや」[17]，第 2 号には「市政参考図書館に就
いて」[18]，第 3 号には「大紐育の図書館」[19]，第 4 号には「廃物利用労働者家庭
文庫」[20] の記事がみられる。また，第 9 号の「米国各都市に於ける学校内設置
の図書館分館を考察して東京市の現状に及ぶ」[21] では北アメリカの各都市の
学校内の公共図書館分館の状況が取り上げられている。これらの図書館報の記
事内容を照らし合わせてみると，1921（大正 10）年頃から今澤が計画の検討を

開始していたとする『東京日日新聞』の新聞記事と時期的に符合している。

　以上の点を考え合わせると，表Ⅵ-2の図書館予算に関する備考からみても，草案の文面自体は 1924（大正 13）年 4 月から 7 月末ころに作成されたものとみられる。しかし，「東京市立図書館規模拡張組織変更計画」は，今澤により関東大震災発生以前の 1921（大正 10）年以後から検討が開始され，震災後の 1924（大正 13）年ころに具体的に提案されたものと考えられる。そして，深川図書館に残されている草案は「東京市立図書館規模拡張組織変更計画」と内容的にかなり近い案であることが推測できる。

草案からみた検討すべき課題

　草案の内容を詳細にみる中で，解明すべき 2 つの課題が浮き彫りになった。1 つ目の課題は，東京市の緊縮財政方針のもとで，1921（大正 10）年以後に，なぜこれほど大規模で壮大な図書館拡張計画が検討されたのかという点である。もう 1 つの課題は，震災発生以後の東京の地域状況の変化や行政需要の変化に対して，東京市立図書館がどのように対応しようとしたのかという点である。果たして震災前から検討されていた図書館拡張計画に対して，震災後にどのような変更が行われたのだろうか。

　この課題を解明するには，草案にそって，「東京市立図書館規模拡張組織変更計画」を基調としながら，東京市立図書館において，どのような方針のもとで図書館計画が進められていたのか，その方針の背後には東京市のどのような事情があったのかを，一次資料等を中心とした資料に基づいて解明する必要がある。

　関東大震災前後の東京市立図書館について「図書館組織」，「図書館の経営方針」，「図書館財政」の観点から，関東大震災の前後の東京市立図書館の変化と「東京市立図書館規模拡張組織変更計画」を比較しながら，背景となる東京市の方針や行財政，教育行政，都市東京の変化を具体的に明らかにしてみたい。

4　関東大震災前の東京市

関東大震災前の東京市の変容と財政状況

　第一次世界大戦による戦争ブームを通して，東京周辺には，資本や労働力が急速に集中し，集積し始める。地方農村地帯から流入した労働力は，旧市街地に定住できず周辺地区に集中した。東京市接続5郡の人口が急激に増大し，1922（大正11）年には1912（大正元）年の1.95倍に達した。人口集中による生活環境の悪化，生産合理化により，労働条件の悪化，失業者の大量発生，労働災害の発生，貧困層の沈殿，疾病の蔓延等が引き起こされた[22]。

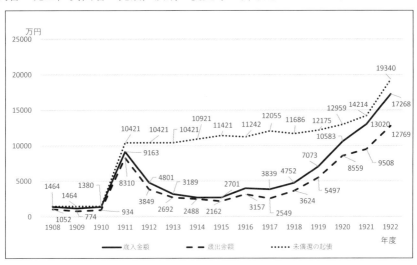

図Ⅵ-2　東京市の歳入，歳出と未償還の起債（震災前）

出典：『東京市統計年表』第29回を基に作成

　図Ⅵ-2は，『東京市統計年表』第29回[23]を基に，日比谷図書館が開館した1908（明治41）年から1922（大正11）年までの東京市の歳入歳出と東京市の起債のうち，未償還の起債金額の推移を示すために作成したグラフで，図Ⅳ-3に続くグラフである。東京市は1911（明治44）年に東京鉄道を買収し，電気局を創設した。軌道事業（路面電車）や電気事業（火力発電）を開始し，大都市公営

企業の成立はその後の市財政を著しく圧迫する結果となった。大正初期，国からの予算緊縮の指摘を受け，東京市としては緊縮方針をとらざるを得ない状況にあった。1912（大正元）年度には歳出入ともに半減し，1913（大正2）年度の歳出は前年に対して3割減となり若干規模が縮小された。

　しかし，大正に入って東京市では1913（大正2）年度と1918（大正7）年度を除いて毎年起債が繰り返された[22]。各年度に大量の市債が発行され，市財政はその後も多額の元利償還費の負担を負うことになった。点線で示したのは，起債額のうちの償還されていない起債の額を示している。東京市では財源不足を補うために常に高額の起債が繰り返されて蓄積していたことがわかる。1918（大正7）年11月の大戦終結後に，東京市は未曽有の不況に襲われた。それにもかかわらず，1919（大正8）年以後に再び東京市の歳出入は，急速に膨張している。

東京市の政治と職員数

　政治面からみると，東京市では関東大震災以前の大正年間に，短期間にもかかわらず5名の市長が就任している。この間に就任した歴代の市長は，第4代阪谷芳郎（在任期間1912年7月12日～1915年2月25日），第5代奥田義人（在任期間1915年6月15日～1917年8月21日），第6代田尻稲次郎（在任期間1918年4月5日～1920年11月27日），第7代後藤新平（在任期間1920年12月17日～1923年4月27日），第8代永田秀次郎（ながたひでじろう）（1876-1943）（在任期間1923年5月29日～1924年9月8日）である[24], [25]。東京では地方からの人口流入により都市問題が急増し，これにともなう行政事務の増加に対応するために，東京市の職員数も増員されている。しかし，大正初期は東京市にとって深刻な財政難の時期であり，市政運営でも予算の節減や役所組織の簡素化と効率化が大きな課題になっていた。

　表Ⅵ-7は，東京市の職員合計数と各年度の増減を示すために『東京市統計年表』の第20回[26]，第22回[27]を基に作成した。東京市では1915（大正4）年に深刻な財政難にともなう人員削減が実施された。具体的には，1914（大正3）年の職員合計数が2,523人であるのに対して，1915（大正4）年は2,120人となり，403人減らしている。しかし，1916（大正5）年に，職員数は再び増加に転じている。特に1920（大正9）年度には急激な増加を示している。東京市の財政規模

が膨張するにつれて職員数の増加も，1920（大正9）年度の頃から，顕著になり始めていることがわかる。

表Ⅵ-7　東京市の職員合計数の変化（震災前）

年度	1915	1916	1917	1918	1919	1920	1921	1922	1923
東京市職員合計	2,120	2,413	2,407	2,460	2,737	4,124	5,096	5,682	5,834
前年度比較増減	−403	293	−6	53	277	1,387	972	586	152

出典：『東京市統計年表』第20回，第22回を基に作成

東京市の教育と学齢児童数

　震災前の東京市の教育状況について，小学児童の学齢児童数（満6歳から14歳の人数）の変化をみると，『東京市統計年表』第23回[28]によれば，表Ⅵ-8のようになる。1915（大正4）年から1921（大正10）年まで，児童数は毎年増加し続けているが，1922（大正11）年に減少に転じている。つまり，児童数の減少は関東大震災を契機に発生したのではなく，震災発生以前にすでに始まっており，1921（大正10）年が節目の時期であることを示している。東京市は，児童数の減少にあわせて小学校の大幅な増設から二部授業撤廃へと教育面での方針変更を行っている。

表Ⅵ-8　震災被災前学齢児童数の推移

年度	1915	1916	1917	1918	1919	1920	1921	1922	1923
学齢児童数	242,564	255,092	269,609	280,595	292,698	299,532	305,704	304,750	263,216
前年度比較増減	3,724	12,528	14,517	10,986	12,103	6,834	6,172	−954	−41,534

出典：『東京市統計年表』第23回を基に作成

　児童数の変化とともに，貧困児童救済のための学校建設の面でも震災前の1921

（大正 10）年の頃に，同じように転換期を迎えている。東京市教育課長を務めた渋谷徳三郎は，その著書『教育行政上の実際問題』[29]［p.214-215］の中で，1922（大正 11）年度の東京市の小学教育統一として，市立小学校の教員俸給の統一，学校衛生機関の新設，市立小学校建設速成計画をあげている。渋谷は市立小学校建設速成計画として，二部授業撤廃と新築および改築の校舎に，1922（大正 11）年度以後は鉄筋コンクリートを用いるという方針をあげている。

　　『東京都教育史　通史篇 3』「第 8 章　教育行財政」によれば，東京市では小学校の増設計画と各区間の教育水準格差解消のための学政統一問題が継続的な課題であった。第一次世界大戦後の恐慌による不況と財政難は深刻だったが，後藤市政の時代には，教育費の統一は負担の公平，教育機会の均等，都市社会政策上からきわめて望ましい改革策であるという認識に立っていた。小学校建設費については，建物は区の造営物として保管するが，建築費補給金は市財源である家屋税付加税に求め，大幅に増額されることになった。その際，区会の顔を立てるために学校建設費は一度市から区に補給され，これを受けた区が支払うことになった[30]。

　　一方，社会教育の面では，1921（大正 10）年 5 月 31 日に市役所処務規程の更改があり，社会教育課が独立の一課として新設された。社会教育課が，18課（内記，文書，調査，監査，庶務，経理，会計，学務，社会教育，商工，衛生，水道，水道拡張，下水，公園，河港，地理，建築）の 1 課として設置され，市立図書館は，教育課から社会教育課に移されている[31]−[34]。

5　関東大震災前の東京市立図書館

震災前の図書館組織

　　1908（明治 41）年 11 月に第一番目の東京市立図書館として日比谷図書館が開館した。この時期に，東京市は日比谷図書館と同一様式の独立館を各区あたりに 1 館設立することを計画していた。しかし，1909（明治 42）年 1 月に深川図書館が開設された後に計画は変更され，独立館ではなく，小学校校舎の一部を利用した学校付設で運営された閲覧無料の簡易図書館が次々に設置された。こ

れらの図書館は, 1915（大正4）年4月の組織改正によって統一され, 日比谷図書館を中央館とした総数19館の東京市立図書館網が構築された。

　図書館の組織改正が実施された発端は, 東京市の財政緊縮化にともなって1914（大正3）年に実施された第2回市政検査（市教育事務検査）の指摘である。図書館に対して経営改善と業務の効率化の必要性が指摘された。特に深川図書館の経営は非効率的であるとみなされ, 深川図書館を自由図書館とすることが求められた。図書館は, この機会に設立時からの方針だった深川図書館の閲覧料の撤廃を実現し, 日比谷図書館を市中央図書館とした市立図書館網の構築を実現した。日比谷図書館長にあたる館頭が市立図書館全体を統括することで, 業務の重複をさけて合理的経営を図り図書館網を構築し, 市民のための新たなサービスである同盟貸付を創出することに結びつけた。

震災前の図書館員数

表Ⅵ-9　図書館職員数の変化（震災前）

年	主事	事務員	雇員	臨時雇	嘱託員	職員数合計	図書館数
1915	1	27	30	12	17	87	19
1916	1	29	32	9	17	88	19
1917	1	28	34	7	17	87	19
1918	1	28	27	12	16	84	19
1919	1	28	30	11	16	86	19
1920	1	30	35	8	45	119	19
1921	1	30	37	12	48	128	20
1922	1	33	31	21	49	135	20
1923	1	31	43	6	15	96	20

出典：『東京市事務報告書』を基に作成

　表Ⅵ-9は,『東京市事務報告書』に基づいて, 1915（大正4）年の組織改正以後に東京市立図書館で働いていた職員の現員数（出納手以外）の推移を示した表である。現員数は, 1915（大正4）年の組織改正後も1919（大正8）年まで, ほぼ同規模の90名弱のまま推移している。しかし, 1920（大正9）年になると嘱

託員数が前年の3倍に増加し，1923（大正12）年には再び元の人数に戻っている。1920（大正9）年に増加する傾向は，表Ⅵ-7に示した東京市全体の職員増の場合と同じである。しかし，東京市立図書館の職員数は，再び元の人数に戻っており，この期間のみの増員に限られていることがわかる。

表Ⅵ-10　1921（大正10）年の図書館員数

図書館名	事務員	雇	嘱託員			小計	出納手	館丁		職工（製本）	計
			監事	児童監督	その他			兼務	専務		
日比谷	10	19				29	21		9	5	64
深川	2	4				6	3		2		11
一橋	2	6		1	1	10	7		4		21
外神田	1	1	1	1		4	1	1	1		7
日本橋	1	1	1	2		5	2	1	1		9
両国	1	1	1	2		5	1	1	1		8
京橋	1	1	1	2		5	3	1	1		10
月島	1	1	1	2		5	1	1	1		8
三田	1	1	1	2		5	1	1	1		8
麻布	1	1	1	2		5	1	1	1		8
氷川	1	1	1	2		5	1	1	1		8
四谷	1	1	1	2		5	2	1	1		9
牛込	1	1	1	2		5	1	1	1		8
小石川	1	1	1	2		5	2	1	1		9
本郷	1	1	1	2		5	1	1	1		8
台南	1	1	1	2		5	1	1	1		8
浅草	1	1	1	2		5	2	1	1		9
本所	1	1	1	2		5	1	1	1		8
中和	1	1	1	2		5	1	1	1		8
麴町	1	1	1	2		5	1	1	1		8
計	31	46	17	34	1	129	54	17	32	5	237

出典：『東京市立図書館一覧』大正9年－大正10年　館員図書費備品費各別配当表から作成

　表Ⅵ-10は1921（大正10）年の各館別の図書館員数を，『東京市立図書館一覧』1920（大正9）年から1921（大正10）年の「大正10年館員図書費備品費各別配当表」を基に示した。1921（大正10）年度予算の嘱託員数の合計は52名となっ

ており，その内訳は監事 17 名，児童監督 34 名，一橋図書館勤務の 1 名となっている [35]。日比谷，深川，一橋図書館以外の学校付設図書館には，事務員 1 名，雇員 1 名と嘱託員 3 名（監事各 1 名，児童監督 2 名）が配置されている。このほかに各図書館には出納手，館丁がそれぞれ 1 ～ 2 名配置されており，多くの学校付設図書館では出納手等を含めると 8 ～ 9 名が配置されていたことがわかる。

　1915（大正 4）年の組織改正により，学校付設図書館には館頭を補佐して所属図書館の事務を監査するために各館あたり監事 1 名を配置することが定められ，これに学校長があてられていた。したがって，1920（大正 9）年の段階での嘱託員増加の要因は学校付設図書館に配置された児童監督であると推測できる。すなわち，この時期の嘱託員増加は児童に対するサービスの充実を図った結果とみることができる。

　図書館数は 1915（大正 4）年から 1920（大正 9）年まで総数 19 館のままで推移し，独立館 3 館（日比谷，深川，一橋）と学校付設図書館 16 館で構成されていた。新館の建設という点では，1921（大正 10）年 1 月に麹町図書館が学校付設図書館として建設されたのみにとどまり，それ以外は，1919（大正 8）年に焼失した牛込図書館が 1920（大正 9）年 4 月に復旧されている。ここで注目すべきは，1922（大正 11）年 4 月には，京橋図書館が独立館として竣工していることである。

独立館としての京橋図書館の建設

　京橋図書館は，1911（明治 44）年 1 月の開設時には京橋尋常小学校に付設して建設された図書館である。1912（明治 45）年に京橋図書館に赴任した久保七郎（1884-1975）は，学校付設図書館は開館時間等の制約があり，利用を阻害するとして，独立館にする必要があると主張した。久保によれば，東京市の財政事情により彼の意見は当局には省みられず，図書館の区への移管を区に交渉したが，この案も東京市の大方針に適さないという理由で却下された。そこで，久保は 1914（大正 3）年の御大典記念事業を契機に独立館を建設するように京橋区長に働きかけ，1916（大正 5）年に京橋図書館計画を提案し，区内有志者の寄付金を募ったと回想している [36]。

こうした久保による働きかけの結果，京橋図書館は1921（大正10）年に京橋会館付属の児童閲覧室や婦人閲覧室を備えた建物として起工した。学校内付設図書館から独立した図書館となり，1923（大正12）年4月に閲覧を開始している[37]。京橋図書館は，区内の有志により計画され，当初から図書館用として，公開書庫，道路に面した飾窓を持った特徴のある図書館として建築された[38]。つまり，関東大震災以前に京橋図書館は，すでに学校付設図書館の学校からの分離，開架式書架の導入という方針のもとに建設され，運営されていたのである。

図書館報にみられる震災前の図書館組織の構成

東京市立図書館は，図書館報の中で利用者に対して，どのように図書館組織を紹介していたのだろうか。表VI-11は，図書館報に用いられている図書館組織に関する名称について，その変遷をまとめた表である。東京市立図書館は，1917（大正6）年9月から『東京市立図書館報』と題した図書館報を月刊で発行している[39]。そして，同志社大学竹林文庫には，1917（大正6）年3月に刊行された『東京市立図書館報』第4号が残されている。この第4号第1ページ目の「東京市立図書館案内」[40]では，独立館（日比谷，深川，一橋）については所在場所を示し，学校付設図書館については小学校名が記載され，独立館の次に学校付設図書館が各区別にまとめて配列されている。

1921（大正10）年11月の『市立図書館と其事業』第2号[41]では，日比谷図書館の次に麹町図書館を追加し，深川図書館を最後に配置して，所在区別に配列している。記載項目は，図書館の住所に加えて最寄電車停留場が追加され，来館のための交通手段についての情報が盛り込まれている。閲覧時間，定期休館日，日比谷図書館の閲覧料金表も添えられている。

また，『市立図書館と其事業』第10号（1923（大正12）年1月刊）巻末の「東京市図書館の体系」と題した系統図では，図書館名は中央図書館（日比谷図書館），独立分館（3館），学校内分館（16館）と貸出文庫常置所にそれぞれ分けて記載されている[42]。貸出文庫常置所には，設置場所とサービス対象者が説明として付され，東京市文書課（特に市役所の給仕のために），本所簡易宿泊所（宿

泊者のために），東京市中央職業紹介所（特に商工業者の子弟のために），有隣園大森図書館（特に貧児のために）となっている。

表VI-11　図書館報の記載にみる組織の変遷（震災前）

時期	1918年3月		1921年11月	1923年1月	
典拠資料	『東京市立図書館報』第4号		『市立図書館と其事業』第2号	『市立図書館と其事業』第10号	
1	日比谷図書館	日比谷公園内	日比谷図書館（閲覧料徴収）	中央図書館（閲覧料徴収）	日比谷図書館
2	深川図書館	深川公園内	麹町図書館	独立分館（閲覧無料）	一橋図書館
3	一橋図書館	神田区一ツ橋通町21	一橋図書館		京橋図書館
4	外神田図書館	芳林尋常小学校内	外神田図書館		深川図書館
5	日本橋図書館	城東尋常小学校内	日本橋図書館	学校内分館（閲覧無料）	麹町図書館
6	両国図書館	千代田尋常小学校内	両国図書館		外神田図書館
7	京橋図書館	京橋尋常小学校内	京橋図書館		日本橋図書館
8	月島図書館	月島尋常小学校内	月島図書館		両国図書館
9	三田図書館	御田高等小学校内	三田図書館		月島図書館
10	麻布図書館	南山尋常小学校内	麻布図書館		三田図書館
11	氷川図書館	氷川尋常小学校内	氷川図書館		麻布図書館
12	四谷図書館	四谷第二尋常小学校内	四谷図書館		氷川図書館
13	牛込図書館	市谷尋常小学校内	牛込図書館		四谷図書館
14	小石川図書館	小石川高等小学校内	小石川図書館		牛込図書館
15	本郷図書館	本郷高等小学校内	本郷図書館		小石川図書館
16	台南図書館	御徒町尋常小学校内	台南図書館		本郷図書館
17	浅草図書館	浅草尋常小学校内	浅草図書館		台南図書館
18	本所図書館	本所高等小学校内	本所図書館		浅草図書館
19	中和図書館	中和尋常小学校内	中和図書館		本所図書館
20			深川図書館		中和図書館
21				貸出文庫常置所（閲覧無料）	東京市文書課
22					本所簡易宿泊所
24					東京市中央職業紹介所
25					有隣園大森図書館

「東京市図書館の体系」の説明から，東京市立図書館が，独立館，学校付設図書館，巡回文庫や家庭文庫等に分けてとらえる考え方に立ち，実業従事者や貧困児童を対象とした巡回文庫や家庭文庫等を重視していることが読み取れる。東京市立図書館では，1915（大正4）年に実施された組織改正によって，図書館の統一的運営が実現された。この時期には，統一された独立館や学校付設図書館による図書館網を基盤に，貸出文庫常置所という新たなサービスポイントを増設することで，図書館網の拡充を図っていることがわかる。

『市立図書館と其事業』第15号の「大正十一年に於ける東京市立図書館の概況」[43] には，貸出文庫の予算が査定の際に費目を削除されたと記されている。この記事によれば，貸出文庫は常置と臨時の2種類に分かれており，それぞれの図書館ごとに取り組みが行われていた。麻布図書館の活動について，秋岡梧<ruby>郎<rt>ろう</rt></ruby>（1895-1982）は1922（大正11）年度中に「主婦文庫」，「軍隊文庫」，「床屋文庫」を実施したいと考えているが，予算や蔵書数の関係があるので，最初の段階では試験的に始めたいと述べている。この記事から震災前の東京市立図書館が貸出文庫の推進を図っていたものの，そのための予算獲得がかなり困難だったことがわかる。

図書館報にみられる震災前の図書館の経営方針

図書館報に掲載された記事の内容は，東京市立図書館の経営方針をみる上で重要である。東京市立図書館では，1917（大正6）年に『東京市立図書館報』の刊行が始まり，10号まで刊行されている。1918（大正7）年3月に刊行された第4号の第1ページでは，「図書館のすすめ」と題して，図書館は知識の倉庫であり，学校とは異なり無料で年齢制限もなく誰でも勉強できるところであると述べている。図書館を知恵の倉とすれば，目録は鍵であり，本を9門に大別して館によっては書庫を公開して自分の好きな本を選べるようにしてあるという説明がある。この説明から，東京市立図書館が年齢を問わず，誰でも利用できる無料の図書館を目指していることがわかる。

東京市立図書館は，1921（大正10）年10月に『東京市立図書館報』に続けて『市立図書館と其事業』と題した図書館報の発行を開始している。『市立図書館

と其事業』の編集に携わった竹内善作は，図書館報の発行に際して，一市立図書館の館報にとどまらず，「わが公共図書館の将来の標的たらしめよう」と発刊の意気込みを述べている[44]。竹内の意気込みは『市立図書館と其事業』に，欧米の図書館事情や市立図書館のサービス事例，テーマ別図書目録等の紹介が積極的に行われていることからもうかがえる。

　『市立図書館と其事業』第1号の巻頭には「公共図書館は公衆の大学なり」と題した記事が掲載され，今澤館頭の図書館に対する考え方が示されている[45]。今澤は，学校教育は一生に対する教育の出発であり，実生活に入った後の教育は公共図書館の設備と普及によって継続されるとしている。すなわち，今澤は公共図書館とは「公衆の大学」であると位置づけているのである。今澤は，各人が自由な意思で自らを教育するために，最も有力な機関が公共図書館であり，公共図書館は，第一かつ唯一の教育の場であると述べている。

　今澤は1920（大正9）年5月の第15回全国図書館大会において，「公共図書館の使命と其達成：人生に於ける公共図書館の意義」[46]と題した講演を行っている。このことからも，彼が市民のために公共図書館が果たすべき役割や使命を重要視していたことがわかる。公共図書館の使命達成の方法として，「積極的態度」，「児童室の設置と積極的サービス」，「学校との協力連携」，「分館配本所巡回文庫等を介した図書貸出の推進」，「事業広告」，「郷土関係誌料の収集」，「図書の案内，参考調査指導」，「書架の公開」，「帯出規程の簡素化と配達」，「館内娯楽設備の配置」，「図書館普及運動の開始」，「図書館員の養成」の12項目をあげている。

震災前の図書館財政

　1915（大正4）年の組織改正後，1922（大正11）年までの東京市立図書館の図書館費予算の変化を，『東京市統計年表』第12回[47]［p.829］，第13回[48]［p.828］，第14回[49]［p.981］，第15回[50]［p.961］，第16回[51]［p.1049］，第17回[52]［p.1069］，第18回[53]［p.1021］，第19回[54]［p.1110］を基に示した表が表Ⅵ-12である。

　『東京市立図書館一覧』（大正15年）[3]によれば，「給料」は主事，事務員，雇員の月給，「雑給」は嘱託，館丁，人夫等の報酬にあたり，この2種類が人件費

に相当することになる。その他,「需用費」は,備品,消耗品,印刷,製本,通信運搬費,賄費,被服費,瓦斯電気料,「図書費」は普通図書,大礼記念図書費,諸費は講演会費,展覧会費,雑費である。

表VI-12 の下段に示した括弧内の数値は,1915（大正4）年を100とした各年の数値である。図書館費予算の総計を比較すると,1918（大正7）年に増加し始めている。1920（大正9）年には1915（大正4）年の約2倍,1921（大正10）年には4倍に達している。

表VI-12　東京市立図書館の図書館費予算（組織改正後から関東大震災前まで）

年度	給料 A	雑給 B	人件費 A＋B	需用費 C	図書費 D	諸費 E	修繕費 F	図書館費予算総計 A＋B＋C＋D＋E＋F	図書館費決算額総計
1915	20,016 (100)	9,423 (100)	29,439 (100)	9,951 (100)	10,000 (100)	460 (100)	150 (100)	50,000 (100)	48,688 (100)
1916	20,016 (100)	9,385 (100)	29,401 (100)	9,981 (100)	15,240 (152)	360 (78)	150 (100)	55,132 (110)	56,720 (116)
1917	20,919 (105)	10,019 (106)	30,938 (105)	10,286 (103)	15,200 (152)	375 (82)	350 (233)	57,149 (114)	58,014 (119)
1918	23,204 (116)	12,587 (134)	35,791 (122)	12,864 (129)	18,000 (180)	315 (68)	350 (233)	67,320 (135)	69,775 (143)
1919	25,704 (128)	19,135 (203)	44,839 (152)	15,673 (158)	23,000 (230)	340 (74)	500 (333)	84,352 (169)	84,566 (174)
1920	27,652 (138)	24,105 (256)	51,757 (176)	24,387 (245)	37,370 (374)	447 (97)	677 (451)	114,638 (229)	152,543 (313)
1921	56,760 (284)	50,139 (532)	106,899 (363)	41,203 (414)	53,605 (536)	215 (47)	3,401 (2267)	205,323 (411)	197,562 (406)
1922	65,934 (329)	53,219 (565)	119,153 (405)	39,278 (395)	55,283 (553)	1,296 (282)	2,600 (1733)	217,610 (435)	202,688 (416)

出典：『東京市統計年表』第12回,第13回,第14回,第15回,第16回,第17回,第18回,第19回を基に作成

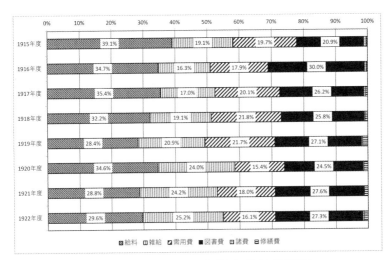

図Ⅵ-3　図書館費における各費用の比率（震災前）

出典：『東京市統計年表』第12回，第13回，第14回，第15回，第16回，第17回，第18回，第19回を基に作成

　表Ⅵ-12の図書館費の額に占める各費用の比率を示すために作成したのが，図Ⅵ-3である。

　1915（大正4）年には60％弱を占めていた人件費（給料＋雑給）は1919（大正8）年に50％前後に減少し，1920（大正9）年に再び上昇している。人件費のうち，嘱託員給与の該当する雑給が増加している。

震災前の図書費

　図書費は，大礼記念図書費（大正天皇即位礼の際に下賜された10万円の利子約5,000円を，図書館特別費にあてて収集された資料）を含んでいる。1915（大正4）年12月に東京市議会議員の坪谷善四郎によって，大礼記念図書の購入に関する提案が東京市会になされ，満場一致で可決された。大礼記念図書費の3分の1は東京誌料（江戸開府以来明治に至るまでの東京市研究に価値のある資料），残りの3分の2は一般図書（市民必読の良書）の購入にあてられた[55]。1916（大正5）年以後に，図書費の比率が25％以上に安定して維持されていることは，大礼記念図書費の運用が要因であると考えられる。

1923（大正 12）年の図書館調査結果 56) によると，1922（大正 11）年度末の東京市立図書館の普通図書費総額は 49,980 円（日比谷 14,580 円，一橋 3,800 円，深川 3,200 円，京橋 2,800 円，その他の学校付設図書館 1 館あたり 1,600 円）である。大礼記念図書総額は 5,305 円（日比谷 1,885 円，その他は 1 館あたり 180 円）である。普通図書費の配分比率は，独立館が 48.8％（日比谷 29.2％，一橋 7.6％，深川 6.4％，京橋 5.6％）を占め，大礼記念図書費の場合も多くが日比谷図書館（35.5％）に配分されていた。中央館である日比谷図書館には図書費のうちの約 3 割が配分されていたことになる。東京市立図書館における図書の選定に際しては，日比谷図書館で各館の主任を集めた選定会議が開催されていた。市立図書館内では分担収集と相互貸借を前提とした選定が実施されていた。図書費は各館別に分割配付されていたわけではないが，中央館である日比谷図書館への配分が重視されていたものと考えられる。

6　関東大震災後の東京市

震災後の復興事業の分担

　関東大震災発生後の復興事業は内務省，東京府，東京市によって分担して実施された。内務省は都心部主要 15 地区の区画整理や主要幹線道路の整備，復興三大公園，隅田川に架かる復興橋梁等の大型橋梁など，東京府は府立学校等の府管轄施設や街路整備などを担当した。東京市は 50 区の区画整理，市立小学校および付設小公園の建設，道路・橋梁の復旧改築，上下水道設備，電気事業設備，中央卸売市場建設等を分担した。震災直後の 1923（大正 12）年 10 月の段階では，小学校の建設および費用負担はすべて帝都復興院が担当する方針で，その具体案は市の学務課が作成した。しかし，その後，国政レベルでの論議を経て，小学校建設を含む多くの事業が自治体に委譲された。市直営小学校 8 校を除く区営 109 校分の学校建設費は，東京市の建設費ではなく従来どおり区の建設費への補給費として支出された。そして，1924（大正 13）年 2 月開会の東京市会に永田市長によって予算案が提示され，同年 3 月 12 日に議決された 57)。

　当時の新聞記事をみると，『東京朝日新聞』1923（大正 12）年 10 月 12 日付に

は，帝都復興院と東京市が事業分担について協議したという記事がみられ，具体的な分担が示されている[58]。また，1924（大正13）年1月31日付の『東京朝日新聞』の記事には，小学校復旧費が区に補給されることが参事会で決定されたとしている[59]。震災を転機として東京市財政状況は極度に財政危機を深めていた。

震災後の東京市の財政状況

　『東京財政百年の歩み』によれば，東京市の財政危機の原因は，復興事業費の遺産と社会事業費の激増，予定歳入の不実現，復興事業完成に伴う経常維持費増と同事業債の累積負担にあった。『東京市統計年表』第29回［p.862-863］を基に作成した図Ⅵ-4をみると，関東大震災後の東京市の歳入は1925（大正14）年に一旦は減少するが，その後は増加し，1929（昭和4）年には歳入歳出ともに一旦減少し，再び増加に転じている。

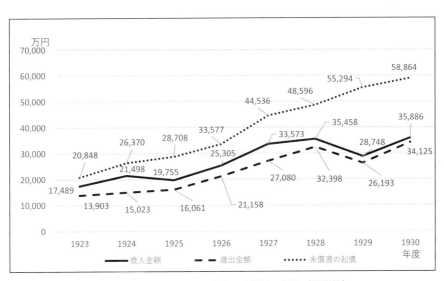

図Ⅵ-4　東京市の歳入，歳出と未償還の起債（震災後）

出典：『東京市統計年表』第29回を基に作成

震災後は，震災復興による緊急対策と不況下の都市的需要の増大により，財政膨張が発生し，歳出のうち土木費，教育費，衛生費，市債費が占める割合が特に高かった。土木費は，1923（大正12）年度には全体の約30%を占めていたが，1928（昭和3）年度には約60%に達している。教育費の全体に占める比率は1927（昭和2）年度が最も高く，それ以後は減少している。起債は1927（昭和2）年度には1億9930万3055円の大量市債が実施されている。特に1930（昭和5）年度には2億2309万4210円の起債に対して，償還金額は1億8739万9384円に及んでいる。未償還の起債は，5億8863万6820円に達しており，昭和初期における東京市の財政状況は逼迫していた。

震災後の東京市の政治と職員数

政治面では，震災後の1923（大正12）年から1931（昭和6）年までに，第8代から第14代までの市長が就任している。第8代永田秀次郎（在任期間1923年5月29日～1924年9月8日），第9代中村是公（なかむらこれきみ）（1867-1927）（在任期間1924年10月8日～1926年6月8日），第10代伊沢多喜男（いざわたきお）（1869-1949）（在任期間1926年7月16日～1926年10月23日），第11代西久保弘道（にしくぼひろみち）（1863-1930）（在任期間1926年10月29日～1927年12月12日），第12代市来乙彦（いちきおとひこ）（1872-1954）（在任期間1928年1月7日～1929年2月14日），第13代堀切善次郎（ほりきりぜんじろう）（1884-1979）（在任期間1929年4月24日～1930年5月12日），第14代永田秀次郎（1876-1943）（在任期間1930年5月30日～1933年1月25日）の7名の市長が市政を担当している。後藤市長，永田市長，中村市長と続いた市政運営に対する批判が高まり，関東大震災事業の遅れを争点とした市政刷新運動が行われた。

表Ⅵ-13　東京市の職員合計数の変化（震災後）

年度	1924	1925	1926	1927	1928	1929	1930
東京市職員合計数	7,228	7,787	7,015	7,490	8,010	7,709	6,427
前年度比較増減	1,394	559	− 772	475	520	− 301	− 1,282

出典:『東京市統計年表』第23回，第24回，第25回，第26回，第27回，第28回を基に作成

　表Ⅵ-13 は 1924（大正 13）年度から 1930（昭和 5）年度の東京市の雇員以上の職員数の変化を示すため，『東京市統計年表』第 23 回[28][p.1176-1177]，第 24 回[60][p.1206-1209]，第 25 回[61][p.1326-1329]，第 26 回[62][p.1174-1177]，第 27 回[63][p.1010-1013]，第 28 回[64][p.1080-1083]に基づいて作成した。東京市の職員数は 1928（昭和 3）年度が最も多く，それ以後は減少している。『東京朝日新聞』の 1931（昭和 6）年 3 月 21 日夕刊「市の大整理：先づ退職希望者を募る総数で約五百名」[65]の記事は，永田市長が復興事業の完了にともない土木局や水道局関係の大規模な人員整理を迫られているとしている。東京市の財政が逼迫し，人件費削減が喫緊の課題であったことがわかる。

　『東京市政』によれば，東京市の人口は市制施行当時から増加の一途をたどっていたが，その増加率は 1920（大正 9）年以後に低下し，隣接 5 郡の町村の人口増が急速に進んだ。そして，この傾向をさらに促進したのが関東大震災であり，急速な人口増に見舞われた町村では，上下水道，病院などの施設を整備する必要があった。しかし，個々の町村の財政規模は小さく，東京市と合併して総合的な計画のもとに施設の建設と運営を行うことが求められ，これが 1932（昭和 7）年に市域拡張の背景となった[66]。

7　関東大震災後の東京市立図書館

震災後の図書館組織

　東京市立図書館は，震災発生時には社会教育課に属していた。しかし，1924（大正 13）年 3 月 27 日の東京市役所処務規定改正により，社会教育課が社会局に属することになり，図書館は社会教育課から分離されて学務課に位置づけられた[67]。『東京都教育会六拾年史』[68]によると，東京市教育会は 1923（大正 12）年に「東京市教育行政機関ノ改善ニ関スル建議」において，東京市の教育の発展のためには，学校教育と社会教育両者をあわせた教育局の設置が必要であり，学務課を拡張して社会教育課を併合して教育局とし，5 課（総務，教務，学校衛生，建築，社会教育）を置くという提言を行っている。

　しかし，この提言は実現せず，1925（大正 14）年 4 月 24 日には学務課が廃止

されて学務局が新設された。これにともない，学務課の分掌に属していた市立図書館も，学務局に配属されることになった。1926（大正15）年5月には，学務局が教育局になり，社会教育課は教育局に属することになった。学校教育と社会教育の関係の変化とともに，図書館の位置づけも変化していることがわかる。

図書館報にみられる震災後の図書館組織の紹介

　表Ⅵ-14に示したように，『市立図書館と其事業』第17号[69]の組織図によると，1924（大正13）年3月に，関東大震災で失われた12館のうち6館が仮校舎内図書館として復旧され，そのほかにバラックの臨時閲覧所が設けられている。これらのバラックは1924（大正13）年6月までに閉館され，同年7月には，中央館1館，独立分館6館，学校内分館13館になっている。『市立図書館と其事業』第21号[70]に掲載された「東京市図書館の現状」をみると，図書館の組織は中央図書館，独立分館，学校内分館，貸出文庫常置所，学級文庫に分けられている。図書館数の合計は，関東大震災以前の20館と同じ図書館数に達し，独立館数は震災前の3館から6館に増加した。『市立図書館と其事業』第33号[71]では，建物によって特設図書館と学校内図書館が分けて示されている。

　表Ⅵ-15に示したように，『市立図書館と其事業』第42号[72]では開館時間をもとに昼夜開館の図書館と特殊時間内に開館する図書館に分けている。1928（昭和3）年4月1日に東京市立図書館館則が改正され，深川，京橋，一橋の3館では新館落成とともに閲覧料を徴収することになった[73]。これを反映し，『市立図書館と其事業』第48号[74]では日比谷，深川図書館が閲覧有料の図書館となり，『市立図書館と其事業』第61号[75]では有料の図書館数が日比谷，駿河台，京橋，深川図書館4館に増加している。

表Ⅵ-14　図書館報の記載にみる組織の変遷（震災後　大正期）

時期	1924年3月		1924年8月		1926年2月	
典拠資料	『市立図書館と其事業』第17号		『市立図書館と其事業』第21号		『市立図書館と其事業』第33号	
1	中央図書館（閲覧料徴収）	日比谷図書館	中央図書館	日比谷図書館	中央図書館	日比谷図書館
2	学校内図書館（閲覧無料）	三田図書館	独立分館（閲覧無料）	一橋図書館	特設図書館（閲覧無料）	一橋図書館
3		麻布図書館		京橋図書館		京橋図書館
4		氷川図書館		深川図書館		深川図書館
5		四谷図書館		両国図書館		両国図書館
6		牛込図書館		浅草図書館		浅草図書館
7		小石川図書館		本所図書館		本所図書館
8		本郷図書館	学校内分館（閲覧無料）	麹町図書館	学校内図書館（閲覧無料）	麹町図書館
9	仮校舎内図書館（閲覧無料）	麹町図書館		外神田図書館		外神田図書館
10		外神田図書館		日本橋図書館		日本橋図書館
11		日本橋図書館		月島図書館		月島図書館
12		月島図書館		三田図書館		三田図書館
13		台南図書館		麻布図書館		麻布図書館
14		中和図書館		氷川図書館		氷川図書館
15	臨時閲覧所（閲覧無料）	日比谷臨時閲覧所		四谷図書館		四谷図書館
16		九段臨時閲覧所		牛込図書館		牛込図書館
17		芝公園臨時閲覧所		小石川図書館		小石川図書館
18		芝離宮臨時閲覧所		本郷図書館		本郷図書館
19		青山臨時閲覧所		台南図書館		台南図書館
20		上野臨時閲覧所		中和図書館		中和図書館
21	貸出文庫常置所（閲覧無料）	東京市文書課	貸出文庫常置所（閲覧無料）	東京市内記課		
22		有隣園　大森図書館		有隣園　大森図書館		
23	未開設図書館	一橋図書館	学級文庫	成城小学校		
24		両国図書館				
25		京橋図書館				
26		浅草図書館				
27		本所図書館				
28		深川図書館				

表Ⅵ-15　図書館報の記載にみる組織の変遷（震災後　昭和初期）

時期	1927年11月		1928年11月		1932年4月	
典拠資料	『東京市立図書館と其事業』第42号		『東京市立図書館と其事業』第48号		『東京市立図書館と其事業』第61号	
1	中央図書館（閲覧料徴収）	日比谷図書館	閲覧料を徴収する図書館	日比谷図書館	閲覧料を徴収する図書館	日比谷図書館 駿河台図書館 京橋図書館 深川図書館
2	昼夜開館の図書館（閲覧無料）	一橋図書館		深川図書館		
3		京橋図書館	閲覧無料の図書館（一）	一橋図書館		
4		深川図書館		両国図書館		
5		両国図書館		京橋図書館	無料図書館昼夜開館	両国図書館
6		浅草図書館		浅草図書館		浅草図書館
7		本所図書館		本所図書館		本所図書館
8	特殊時間内に開館の図書館（閲覧無料）	麹町図書館	閲覧無料の図書館（二）	麹町図書館	無料図書館昼間開館	氷川図書館
9		外神田図書館		外神田図書館		麻布図書館
10		日本橋図書館		日本橋図書館	無料図書館午後開館	麹町図書館
11		月島図書館		月島図書館		外神田図書館
12		三田図書館		三田図書館		日本橋図書館
13		麻布図書館		麻布図書館		月島図書館
14		氷川図書館		氷川図書館		三田図書館
15		四谷図書館		四谷図書館		四谷図書館
16		牛込図書館		牛込図書館		牛込図書館
17		小石川図書館		小石川図書館		小石川図書館
18		本郷図書館		本郷図書館		本郷図書館
19		台南図書館		台南図書館		下谷図書館
20		中和図書館		中和図書館		東駒形図書館

震災後の図書館職員数

　表Ⅵ-16は，関東大震災以後の図書館職員数の変化を示した表である。関東大震災直後の1924（大正13）年の職員数は100名前後である。変化は，守衛の項目が設定され主事が2名増員されたことである。主事については，『東京市職員録』1928（昭和3）年版から1930（昭和5）年版によると，今澤館頭のほかに，1928（昭和3）年[76]［p.179-182］は加藤善助，1929（昭和4）年[77]［p.177］には神絢一（1877-?），1930（昭和5）年[78]［p.147］には廣谷宣布の名前があげられている。1931（昭和6）年3月に今澤は退任することになるが，すでにその4

年前に図書館の体制は主事 2 名体制に変化していることがわかる。

表Ⅵ-16　図書館職員数の変化（震災後）

年	主事	事務員	雇員	臨時雇	守衛	嘱託員	職員数合計
1924	1	33	42	7	0	13	96
1925	1	37	53	1	0	14	106
1926	1	32	44	4	1	14	96
1927	1	35	45	2	3	14	100
1928	2	37	49	1	3	13	105
1929	2	37	50	0	3	13	105
1930	2	35	52	3	3	14	109
1931	2	35	51	1	3	14	106

出典：『東京市事務報告書』を基に作成

　1931（昭和 6）年 4 月に東京市立図書館処務規程が改正され，日比谷図書館を中央館とする東京市立図書館網は解体された。教育局社会教育課に図書館掛が新設され，『東京市事務報告書』の現在職員数および職員異動では，東京市立図書館の人員は全員転出扱いになる。1930（昭和 5）年に主事となった廣谷は，1928（昭和 3）年と 1929（昭和 4）年には日比谷図書館の事務員として『東京市職員録』に記載されており，1931（昭和 6）年 7 月[79]には日比谷図書館長に就任している。1931（昭和 6）年の職員録には，社会教育課長の下に，主事日比谷図書館長廣谷宣布，事務員深川図書館長田所糧助，駿河台図書館長波多野賢一（1896-1943），京橋図書館長秋岡梧郎として各館長名が記載されている。

　1927（昭和 2）年 11 月 30 日の図書館別の職員数内訳は，『東京市事務報告書』（昭和 2 年）を基に具体的に示すと，表Ⅵ-17 のとおりである。表Ⅵ-17 に示した 1927（昭和 2）年の職員数合計（100 名）に出納手，小使，職工の合計（119 名）を含めると全体の職員数の規模は 219 名になる。中央館の日比谷図書館に館長にあたる館頭を置いて主事をあてている。学校付設図書館には館頭を補佐する監事を置き嘱託員をあて，それぞれ事務員 1 名と雇員 1 名，出納手 1 名，小使 2 名が配置された。表Ⅵ-17 の関東大震災後に設立された独立分館（一橋，京橋，深川，両国，浅草，本所）のうち，本所図書館以外の図書館名に※をつけた図書

館の職員構成は，嘱託員を置かず，事務員と雇員はそれぞれ2名以上になっている。

表Ⅵ-17　東京市立図書館各館の職員内訳（1927年11月30日現在調査）

図書館名	主事	事務員	雇員	臨時雇	守衛	嘱託	小計1(A)	出納手	小使	職工	小計2(B)	合計(A＋B)
日比谷	1	10	15	1	3		30	23	8	4	35	65
麹町		1	1			1	3	1	2		3	6
※一橋		2	3				5	4	3		7	12
外神田		1	1			1	3	1	2		3	6
日本橋		1	1			1	3	1	2		3	6
※両国		1	2				3	5	3		8	11
※京橋		2	4				6	4	3		7	13
月島		1	1			1	3	1	2		3	6
三田		1	1			1	3	1	2		3	6
麻布		1	1			1	3	1	2		3	6
氷川		1	1			1	3	1	2		3	6
四谷		1	1			1	3	1	2		3	6
牛込		1	1			1	3	1	2		3	6
小石川		1	1			1	3	1	2		3	6
本郷		1	1			1	3	1	2		3	6
台南		1	1			1	3	1	2		3	6
※浅草		2	2				4	5	3		8	12
本所		2	1			1	4	4	3		7	11
中和		1	1			1	3	1	2		3	6
※深川		3	5	1			9	5	3		8	17
合計	1	35	45	2	3	14	100	63	52	4	119	219

出典：『東京市事務報告書』を基に作成

　1928（昭和3）年9月の『東京市立図書館と其事業』第47号に，今澤は「東京市に中央図書館を建設すべきこと及び其規模に就て」と題して，新たな中央大図書館の建設を提案している。今澤が「東京市に中央図書館を建設すべきこと」を発表した1928（昭和3）年は，3月に竹内が東京市立図書館から大橋図書館に転出し，7月には『市立図書館と其事業』の名称が『東京市立図書館と其事業』と変更された年にあたる。そして，1928（昭和3）年は主事が1名から2

名に増員された時期と符合しており，東京市立図書館の転機ということができる。

震災後の東京市立図書館の財政

　焼失図書館 12 館の復興費用の負担は，継続震災復旧費による 3 館（一橋，京橋，深川）の復興と小学校の本建築にともなって市費によって実施された 9 館の復興に分けられる。『東京市立図書館と其事業』第 50 号の「東京市立図書館復興状況一覧」[80] によると，1929（昭和 4）年 1 月の復興状況は表Ⅵ-18 のとおりである。

表Ⅵ-18　東京市立図書館復興状況（1929 年 1 月）

図書館名	坪数	経費 / 予算　　円	開館年月日，建築場所，所在地など
1　建築竣工せるもの			
台南図書館	33.0	9,900	1926（大正 15）年 9 月 3 日開館
麹町図書館	33.0	9,900	1927（昭和 2）年 4 月 23 日開館
外神田図書館	33.0	9,900	1928（昭和 3）年 2 月 19 日開館
月島図書館	33.0	9,900	1928（昭和 3）年 6 月 1 日開館
深川図書館	504.0	276,150	1928（昭和 3）年 9 月 6 日開館
2　建築中のもの			
日本橋図書館	33.0	9,900	城東小学校と共同建築
京橋図書館	580.0	308,700	京橋区役所と共同建築
中和図書館	33.0	9,900	明徳小学校と共同建築
両国図書館	90.0	30,000	千代田小学校と共同建築
一橋図書館	648.0	347,150 68,000	神田区北甲賀町 5
3　当分バラック建築にて開館するもの			
浅草図書館	54.0		所在地　浅草区松清町東本願寺境内
本所図書館	47.0		所在地　本所区太平町 1 の 91 へ移築
4　経費			
復興経費予算総額		1,089,400	
継続震災復旧費		1,000,000	
図書館費		89,400	

出典：『東京市立図書館と其事業』第 50 号の「東京市立図書館復興状況一覧」を基に作成

9 館の復興は，1 館の規模を 33 坪（109.1㎡）とし，建設費 9,900 円があてられた。1928（昭和 3）年の両国図書館建設に際して，1 館の規模は 90 坪（297.5㎡）で経費は 30,000 円に改められた。また，その後に建設された浅草，本所図書館の建築では，この方針が維持された。

震災後の図書館の状況と東京市の考え方を，1924（大正 13）年 1 月 9 日付『東京朝日新聞』の記事「せめて三図書館を大々的に復興　一ツ橋＝京橋＝深川，規模を日比谷図書館級に」[81] は，次のように述べている。焼失せず残存した図書館が連日満員のため，焼失した学校付設図書館は小学校の本建築落成と同時に回復させる。東京市としては，独立館 3 館は鉄筋コンクリートの 4 階建，総建坪 300 坪（991.7㎡）以上として日比谷図書館級の規模とする予定である。しかし，一橋図書館の敷地は帝国教育会に取り上げられ，深川，京橋図書館の敷地は市有地だが苦情を申し出られているため，東京市としては復興計画が確立するまでによい敷地を探して実現を期するそうであるとしている。震災直後からの東京市立図書館の利用が活発であったため，東京市としては 1924（大正 13）年 1 月の段階では，独立館 3 館は日比谷図書館と同規模に復興する方針を推進したものと考えられる。

学校に付設された図書館建設の実際

東京都公文書館に残された文書によると，学校との共同建築は，麹町図書館の例では次にあげるような手続で実施された[82]。1926（大正 15）年 1 月 30 日に東京市助役が麹町区長にあてて書いた文書では，簡易図書館に関して審議中のため，予算が成立した場合は，小学校建設工事と一括処理してほしいこと，予算が不成立の場合は設計変更または契約更正等の条件をつけ，小学校建設工事に付随させて実施してほしいことが依頼された。

1926（大正 15）年 7 月には，東京市建築局学校建設課長から建築局庶務課長あてに麹町図書館建設工事予算執行委託に関する文書が送られている。東京市長から麹町区長にあてた文書（同年 7 月 8 日起案）では，図書館の建築は市が本来は直接施行すべきだが，区が施行中の麹町小学校と合併建設し，施行するほうが監督施行上便利なため，予算を区に配付し事業を委託するとある。東京市

が区に対して予算を配付する際の条件としては，区が工事着手の際に着手月日と契約金額を市に報告すること，工事の施行は東京市作成の設計内訳ならびに図面によること，工事が竣工した場合は直ちに区が竣工月日および工費精算額を市に報告すること，それを受けて市が竣工検査を行って引渡しを受けることが示されている。そして，麹町図書館建築費として，9,900円が市，臨時部，図書館費，建築費，簡易図書館建築費の費目で配布された。

　1927（昭和2）年9月27日付の文書には，麹町区長が東京市教育局長にあてた簡易図書館建設費精算書が添付されており，追って精算書1通を土木局建築課学校建設掛へ回送するとある。麹町区から東京市教育局と土木局に報告が送付され，1927（昭和2）年11月28日に工事検査を実施し，土木局建築課から教育局あてに12月2日付の建物引渡書が提出されている。建物引渡書によれば，麹町図書館は1926（大正15）年5月10日に工事に着手，1927（昭和2）年3月31日竣工，鉄筋コンクリート造30.38坪（100.4㎡），工事実施額9,832円2銭となっている。この例から，学校付設図書館の建設委託にあたっては，東京市は予算を配付するだけではなく，区に対して図面による指示を行っていたこと，区は工事着手に関する日程や契約金額等の報告を求められていたこと，完成後に東京市による工事検査が実施されて，区から市に建物の引渡しが行われていたことがわかる。

震災後の図書館費

　表Ⅵ-19は『東京市統計年表』第20回［p.926］，第22回［p.1311］，第24回［p.1269］，第25回［p.1409］，第26回［p.1003］，第27回［p.839］を基に，関東大震災以後の図書館費予算額と決算額の推移を示した表である。1930（昭和5）年度と1923（大正12）年度を比較すると，人件費が1.3倍に増加している。図書館費決算額の総額は1.2倍に増加している。

　図Ⅵ-5は，表Ⅵ-19の数値を基に算出した図書館費に占める各費の割合を示している。図書費は，震災後3年間はほぼ同じ割合を維持しているが，昭和期に入ると図書館費に占める割合が減少する。印刷費を含む需用費も減少しているものの，図書費よりも削減の割合は少ない。

表VI-19　東京市立図書館の図書館費（震災後）

年度	給料 A	雑給 B	人件費 A＋B	需用費 C	図書費 D	諸費 E	修繕費 F	図書館費予算　総計 A＋B＋C＋D＋E＋F	図書館費決算額総計
1923	61,956 (100)	49,438 (100)	111,394 (100)	34,701 (100)	55,285 (100)	1,189 (100)	1,870 (100)	204,439 (100)	190,373 (100)
1924	61,956 (100)	49,346 (100)	111,302 (100)	33,052 (95)	55,285 (100)	1,108 (93)	2,827 (151)	203,574 (100)	206,837 (109)
1925	70,125 (113)	57,408 (116)	127,533 (114)	35,535 (102)	55,285 (100)	1,108 (93)	2,300 (123)	221,761 (108)	218,871 (115)
1926	67,140 (108)	56,527 (114)	123,667 (111)	32,711 (94)	45,285 (82)	3,734 (314)	2,300 (123)	207,697 (102)	205,074 (108)
1927	67,365 (109)	56,815 (115)	124,180 (111)	30,414 (88)	43,609 (79)	7,694 (647)	1,300 (70)	207,197 (101)	197,631 (104)
1928	74,440 (120)	60,766 (123)	135,206 (121)	32,161 (93)	48,609 (88)	7,603 (639)	1,300 (70)	224,879 (110)	223,654 (117)
1929	72,830 (118)	62,882 (127)	135,712 (122)	33,700 (97)	45,554 (82)	5,115 (430)	1,000 (53)	221,081 (108)	225,041 (118)
1930	79,164 (128)	64,446 (130)	143,610 (129)	29,694 (86)	46,600 (84)	3,551 (299)	500 (27)	223,955 (110)	226,068 (119)

出典：『東京市統計年表』第 20 回，第 22 回，第 24 回，第 25 回，第 26 回，第 27 回を基に作成

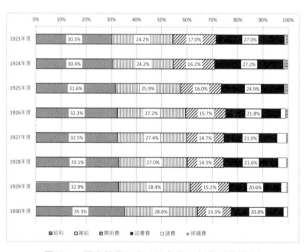

図VI-5　図書館費に占める各費の割合（震災後）

出典：『東京市統計年表』第 20 回，第 22 回，第 24 回，第 25 回，第 26 回，第 27 回を基に作成

　経費節減は東京市にとって大きな課題であり，1930（昭和5）年の各図書館の経営も不況下で相当困難な状況であった。図書館報には当時の各館の財政状況が，次のように記されている。『東京市立図書館と其事業』第59号の「昭和五年中東京市立図書館の状況（一）」の記事[83]では，1930（昭和5）年は世界的に暗澹たる経済的受難の年であり，東京市立図書館の経営もかなり困難であったとしている。また，同記事では四谷図書館が1930（昭和5）年は事業整理に終始し，大震災を免れ震災による特殊地域的発展と近接郊外の拡大の波にのって，きわめて順調な道程をたどったが，近代の図書館としての施設設備改善の必要が生じ，多くの事務上の整理すべき事柄を生んだと述べている。京橋図書館の秋岡は『東京市立図書館と其事業』第60号の「昭和五年中東京市立図書館の状況（二）」[84]の中で，1930（昭和5）年は経費節減のため何ら進展を見ることができず，電燈料等の節約が大きな仕事の一つであったとしている。

　関東大震災被災後，1923（大正12）年12月10日に永田市長は，後藤復興院総裁に対して復興事業に対する意見書を提出している。この意見書では，東京市普通経済所属復旧費総額468万5000円のうちに，図書館費100万円を含めることが提案された。秋岡によれば，この100万円という金額は，社会教育課から各所属の図書館費の枠を計上するように依頼された久保七郎が算出した数値であり，一橋図書館の建物老朽化にともなって要求していた予算30万円を参考にした案である。秋岡は，この3館の復興に対する東京市の方針について，震災前に独立の建物を持った図書館は独立館として認めるが，震災前から学校に付設されていた図書館については独立を認めないという考え方であったと回想している。すなわち，この時点で東京市は震災前の状況を維持するという立場に立っていたことになる。

震災後の経営方針

　関東大震災によって東京市立図書館は大きな被害を受けたにもかかわらず，震災直後から応急措置が迅速に進められた。「大震火災当時の東京市立図書館とその善後」[85]によると，震災を機に図書分類の改正を行う案と，焼失した図書館の跡に仮施設を設けて，帯出図書の回収を図る案，罹災者が集まっている地

域に建物を設けて優良な娯楽用図書と新聞雑誌を供給する案が出された。そして，この3案はいずれも実施されることになった。このほか，社会教育課に適当な者を派出して事務を補助する必要があるという意見があり，久保京橋図書館主任が担当することになった。久保は関東大震災以前にすでに独立館としての京橋図書館の建設と運営を実現した経験を持つ人物であり，社会教育課との事業調整や計画推進を円滑に進めるために彼を起用したものと考えられる。

　震災直後に日比谷図書館は救護活動に従事しつつ，震災に関する資料を収集し屋外に新聞縦覧所を開設している。ここでは震災関係の案内質問への応答，すなわちレファレンスサービスも実施されている。件名カードを作成して質問内容の整理を行うなど，震災前の経験を生かした具体的な図書館サービスが展開された。1925（大正14）年の時点で専任案内係が配置されていた。震災直後の東京市立図書館では，分類改正も実施されている。震災以前の東京市立図書館では「八門分類法」が用いられていたが，蔵書数の増加とともに分類改訂の必要性が指摘されていたため，震災を契機に，日比谷図書館の目録担当者により原案が起草された。館内に特別委員会を設置して分類改訂の検討が行われ，1924（大正13）年4月から新分類による整理が開始された。秋岡は，震災によって分類改訂はかえって早まったと回想している[86]。

　小谷は「名簿類の目録に就て」の中で，閲覧者から職員録，紳士録，医者の名簿などの質問を受ける機会が頻繁にあるため，『名簿類の目録』（昭和元年刊）を作成したとしている。小谷は名簿を道具，名簿類の目録を道具箱にたとえ，名簿類の利用を促進する必要があるとしている[87]。『東京市事務報告書』は『名簿類の目録』の発行目的を，東京市の震災からの復興には産業の復興が必要であるという見地に立って，200種類の名簿を掲載した目録を市内の商工業者に配布したと説明している。

8　関東大震災と東京市立図書館規模拡張組織変更計画

規模拡張組織変更計画の検討

　東京市の財政状況は，1920（大正9）年，第6代田尻市長から第7代後藤市長

の時代にかけて，緊縮から膨張に転じている。東京市全体の職員数が膨張に転じたことに呼応し，東京市立図書館の方針も変更され，図書館員数も増加し，図書館計画も規模拡張に向かっている。この転換期にあたる1920（大正9）年5月の第15回全国図書館大会において，館頭職であった今澤は「公共図書館の使命と其達成：人生に於ける公共図書館の意義」と題した講演を行い，市民のために公共図書館が果たすべき役割や使命の重要性に言及している。

　当時の新聞記事によれば，今澤は関東大震災の発生する以前にあたる1921（大正10）年頃から東京市の依頼により，図書館拡張計画の検討を開始し，具体案をまとめあげている。すなわち，東京市立図書館の規模拡張組織変更計画は，震災前に東京市の財政状況が拡張に転じた時期に今澤によって検討が開始され，震災後もこの計画に基づいて規模拡張の方針はそのまま進められていたのである。

　今澤の規模拡張組織変更計画の具体的内容を示すのが，江東区立深川図書館の『深川図書館事務書類：大正10～15年』と題した事務文書の「東京市立図書館規模拡張組織変更並ニ財源ニ関スル草案」である。すでに述べたように，この草案は，『市立図書館と其事業』で論議されている内容や当時の新聞記事から見て，「東京市立図書館規模拡張組織変更計画」の内容とほぼ近いと考えられる。そこで，草案の内容と市立図書館の関東大震災からの復興事業の実施状況を比較してみた。

復旧復興計画（草案）と実際の図書館復興状況

　関東大震災後の東京市立図書館の復興状況を草案の復旧復興計画と比較した表が，表Ⅵ-20である。震災によって建物を焼失した図書館については，1926（大正15）年以後に学校付設図書館7館（台南，麹町，外神田，月島，日本橋，両国，中和），独立館3館（一橋，京橋，深川）の復興が進められ，1930（昭和5）年までに終了している。『東京市事務報告書』によると，中和図書館は明徳小学校とともに1930（昭和5）年4月に開館し，同年10月に東駒形図書館と改称された。また，一橋図書館は，1929（昭和4）年に駿河台図書館と改称され，1930（昭和5）年3月には開館している。

表Ⅵ-20　草案の計画と実際の復興

年	草案の予定 （無印は現在館の新築，×印は新設 区は区中央自由図書館）＜　＞は実現済	東京市立図書館の復興状況
1925	用地買収	
1926	＜両国＞，＜浅草＞，＜本所＞	9 月：台南図書館開館
1927	＜台南＞，＜麹町＞，＜月島＞	4 月：麹町図書館開館
1928	＜中和＞，＜外神田＞，＜日本橋＞	2 月：外神田図書館開館 4 月：小石川図書館が東京市窪町尋 　　　常小学校に移転 6 月：月島図書館開館 9 月：深川図書館開館
1929	中央 ×児童 ×児童	7 月：日本橋図書館開館 11 月：京橋図書館開館 12 月：一橋図書館が駿河台図書館と 　　　改称，氷川図書館火災により焼失 三田，四谷，本郷図書館の施設改善
1930		1 月：氷川図書館開館 2 月：両国図書館開館 3 月：駿河台図書館開館 4 月：中和図書館開館 8 月：麻布図書館開館 10 月：台南図書館が下谷図書館，中 　　　和図書館が東駒形図書館と改称
1931	＜三田＞，＜氷川＞，＜牛込＞，＜本郷＞， ＜四谷＞	
1932	＜小石川＞，＜麻布＞，＜×神田＞， ＜×京橋＞，＜×深川＞	
1933	×本郷区，×日本橋区	
1934	×浅草区，×牛込区	
1935	×本所区，×小石川区	
1936	×芝区，×赤坂区	
1937	×四谷区，×麻布区，×下谷区	

出典：「東京市立図書館規模拡張組織変更並ニ財源ニ関スル草案」と『東京市事務報告書』を基に作成

　東京市の小学校復興に関して記した『東京市の小学校建築』[88] の中で，東京市建築局技師古茂田甲午郎（1894-1982）は，簡易図書館の設置方針について次のように述べている。簡易図書館は，小学校の1階で，出入りが便利であまり児童の往復の盛んでない場所に設置する。各図書館は，面積30坪（99.2㎡）ほどの簡易な書庫と，貸出事務を扱う設備を持ち，珍本奇書ではなく小学校の児童や付近の商家，家庭等の子女の間に一般貸出を行い，隣室の教室を閲覧室として利用し，夜間や日曜の読書に備えるとしている。つまり，昭和初期の東京市建築局の簡易図書館に対する考え方が，貸出機能を重視した市民のための身近な通俗図書館として位置づけられていたこと示している。東京市立図書館では，1915（大正4）年以降は全館で館外帯出（本を借りて自宅で読む貸出）が実施されており，館外帯出制度が重視されていたことがわかる。

表Ⅵ-21　草案と主な復興図書館の規模比較

	草案		『東京市教育復興誌』の主な復興図書館			復興状況
	1館あたりの延坪数	建築費（円）	復興図書館名	延坪数（坪）	経費予算（円）	
市中央図書館	3,048坪（10,076㎡）	1,401,830				日比谷図書館が市中央図書館機能を果たし，新館は建設されず
児童図書館	302坪（998.3㎡）	75,500				建設されず
区中央自由図書館	1,108坪（3,662.8㎡）	332,400	深川図書館	591.3坪（1,954.7㎡）	276,150	独立館新築
			京橋図書館	639.2坪（2,113.1㎡）	308,700	
			駿河台図書館	726.2坪（2,400.6㎡）	347,150	
					敷地68,000	
自由図書館（独立館）	315坪（1,041.3㎡）	94,500	両国図書館	90.0坪（297.5㎡）	30,000	独立館は建設されず，学校付設図書館を新築

延坪数を比較するために「東京市立図書館規模拡張組織変更並ニ財源ニ関スル草案」と『東京市教育復興誌』の「主な復興図書館」を基に作成

表VI-21 は，草案と『東京市教育復興誌』の「主な復興図書館」[11][p.450-457]
の復興図書館建築概要の図書館規模を比較した表である。草案と復興図書館の
各階の床面積を合計した延坪数を比較した。当初から独立館であった深川，京橋，
駿河台図書館は，100 万円の予算で独立した新館として建てられ，草案の区中
央自由図書館に相当する図書館ということになる。震災前に比較すると規模は
拡大しているものの，草案が目指していた延坪数の 6 割程度の規模にあたる。

　自由図書館と児童図書館は延坪数 300 坪（991.7㎡）程度の独立館が想定さ
れていたが，独立館としては建設されなかった。自由図書館は学校付設図書館
として建設された。自由図書館のうち，両国図書館のみは他の学校付設図書館
の約 3 倍にあたる 90 坪（297.5㎡）の規模を持ち，昼夜開館をすることができ
る図書館として建設された。草案と比較すると，草案の目指した規模がいかに
大きいかがわかる。

　表VI-21 のように，区中央自由図書館の草案の 1 館あたりの延坪数は，大規
模な坪数が予定されている。しかし，建築費は 332,400 円となっており，金額
的には 30 万円に近い数字である。つまり，草案の建築費の金額は，久保が想
定したとされる一橋図書館の計画を参考にして作成され，実際に必要支出を実
務的に算出したものと考えられる。草案では表VI-5 の歳出概算表にみられる
ように，1925（大正 14）年度の歳出を 241,009 円に想定しているが，表VI-19 の
図書館費予算合計額は，1925（大正 14）年度の予算では 221,761 円，決算額で
は 218,871 円となっている。各年度の予算規模はそれ以後も 21 万円から 22 万
円となっており，増加していない。

　歳入の面では，草案は収入源である閲覧料について，日比谷図書館のみを有
料にし，その他は無料としており，従来の東京市立図書館の方式を継続する形
をとっている。ところが，震災復興後に東京市立図書館では館則を変更して，
新館落成とともに日比谷以外の 3 館でも閲覧料の徴収をするようになった。草
案では図書館規模拡大にともなう経費は，市民から徴収する図書館税によると
している。しかし，関東大震災後の東京市の財政緊縮の状況では，図書館税と
いう名目での増税は難しく，草案の考え方が歳入面では当時の東京市の財政逼
迫状況と大きくかけ離れていたことがわかる。

規模拡張計画の実現を困難にした要因

　震災前の図書館状況への復興という意味では，図書館の復興は「規模拡張組織変更計画」に近い形と順序で進められた。草案で予定された独立館の規模拡張は，深川，京橋，一橋の3図書館では実現している。しかし，その規模は日比谷図書館と同規模の図書館としての復興にとどまった。草案では区中央自由図書館の建設に重点が置かれていたが，この3館以外には区中央自由図書館にあたる規模の図書館は建設されなかった。また，「規模拡張組織変更計画」が意図していた，参考調査機能を備えた市中央図書館の設立や児童サービス拡充のための児童図書館の建築は実現していない。学校付設図書館は，震災後に各学校の復興と合わせて建設されたが，学校から学校付設図書館を分離することは実現できなかった。つまり，「東京市立図書館規模拡張組織変更計画」が目指していた大規模な拡張は実現していない。図書館の復旧復興は，震災以前の規模の復元という規模を脱してはいないことがわかる。

　「規模拡張組織変更計画」が達成されなかった要因は，関東大震災という予期できなかった大災害が発生したからだけではない。東京市の人口分布の変化や行財政需要の変化が影響している。東京市では，関東大震災以前から人口分布状況に変化が生じ始めていた。人口増加地域は東京市部から新市域へと移動し始めていた。この人口移動にともなって，昭和初期に東京市の政策展開は東京市を中心とする政策から，新市域を対象とした政策へと変化していた。当時の東京における政策展開は，すでに東京市中心ではなく，新市域を含めた東京府全体にわたる視点が必要とされていた。

　しかし，今澤が設計した「規模拡張組織変更計画」は，アメリカ等の先進事例を参考にしつつ，東京市を中心とした図書館サービスの展開を志向していた。当時の東京市が標榜していた，新市域を含めた東京に関する図書館計画は組み込まれていなかった。つまり，東京市立図書館の規模拡張計画は，東京市の行政方針の変化や転換に対応していなかった。むしろ，震災前に設計した拡張計画をそのまま守り続けようとしていた。このことが，図書館規模拡張組織変更計画の実現を難しくした要因ではないか。

　図書館経営のための財源についても，規模拡張計画の考え方は，関東大震災

後の東京市の逼迫した財政状況とは大きくかけ離れていた。特に図書館運営に
必要な経費を図書館税で賄うという考え方は，当時の行財政の方針との間に大
きな隔たりがある。今澤によって震災前から準備されていた「規模拡張組織変
更計画」は，震災後に速やかに図書館が復旧復興計画を立案し推進できたとい
う意味では，大きな役割を果たした。しかし，震災後の東京市の財政や市域に
対する政策や現実に対応せず，図書館と市との認識が乖離していたことが，「規
模拡張組織変更計画」の実現を困難にした大きな要因となったと考えられる。

注・参考文献

1) 北原糸子. 関東大震災の社会史. 朝日新聞出版, 2011, 370p.
2) 佐藤政孝. 東京の近代図書館史. 新風舎, 1998, 359p.
3) 東京市立図書館一覧, 大正 15 年. 東京市立図書館, 1926, 31p.
4) 五十年紀要. 東京都立日比谷図書館, 1959, 103p.
5) 是枝英子. 関東大震災と東京市立図書館. みんなの図書館. 1995, no.221, p.34-41.
6) 深川図書館. 深川図書館史調査報告書. 江東区立深川図書館, 1994, 179p.
7) 東京市立図書館. 深川図書館事務書類：大正 10～15 年, 1 冊.
8) 今澤慈海. 東京市に中央図書館を建設すべきこと及び其規模に就て. 東京市立図書館と
   其事業, 1928, no.47, p.2-6.
9) 佐藤政孝. "東京都：第 1 章　公立図書館略史". 近代日本図書館の歩み：地方篇. 日本
   図書館協会, 1992, p.211-246.
10) 永末十四雄. 日本公共図書館の形成. 日本図書館協会, 1984, 352p.
11) 東京市. 東京市教育復興誌. 東京市役所, 1930, 495p.
12) 江東区立江東図書館. 江東区のとしょかん：令和 3 年度事業概要. 2022, 54p.　http://
    www.koto-lib.tokyo.jp/portals/0/images/kakukan/koto/令和3年度事業概要.pdf（参照 2023-6-29)
13) 東京市勢提要, 第 14 回. 東京市役所, 1927, 301p.
14) "三図書館を大に拡張する復興工事読書子を満足させる為". 読売新聞. 大正 13 年 1 月
    14 日朝刊.
15) "百万円を投じて二十図書館設置：芝と上野には児童図書館読書好きへの福音". 中央新
    聞. 大正 13 年 7 月 27 日.（新聞集成図書館　第 3 巻：大正・昭和戦前編, 大空社, 1992,
    370p.）
16) "市が三百万円を投じ大図書館を建てる：焼けた三つの図書館にも百万円かけて面目を
    一新". 東京日日新聞. 大正 13 年 7 月 12 日.（新聞集成図書館　第 3 巻：大正・昭和戦前編,
    大空社, 1992, 370p.）
17) 図書館税とは何ぞや. 市立図書館と其事業. 1921, no.1, p.6-7.
18) 今澤慈海. 市政参考図書館に就いて. 市立図書館と其事業. 1921, no.2, p.2-3.
19) 大紐育の図書館：カ氏の寄付金で建てた三十七の図書館と大紐育に鼎立する三大図書館

の体系. 市立図書館と其事業. 1921, no.3, p.2-7.

20)　今澤慈海. 廃物利用労働者家庭文庫. 市立図書館と其事業. 1922, no.4, p.10-11.

21)　竹内善作. 米国各都市に於ける学校内設置の図書館分館を考察して東京市の現状に及ぶ.
市立図書館と其事業. 1922, no.9, p.2-8.

22)　東京都財政史研究会. 東京の財政百年の歩み. 東京都, 1971, 179p.

23)　東京市統計年表, 第29回. 東京市役所, 1933, 1155p.

24)　歴代市長助役一覧　http://www.soumu.metro.tokyo.jp/01soumu/archives/0702c_mayor.htm（参
照 2023-6-29）

25)　櫻井良樹. 帝都東京の近代政治史：市政運営と地域政治. 日本経済評論社, 2003, 434p.

26)　東京市統計年表, 第20回. 東京市役所, 1924, 1115p.

27)　東京市統計年表, 第22回. 東京市役所, 1926, 1543p.

28)　東京市統計年表, 第23回. 東京市役所, 1927, 1469p.

29)　渋谷徳三郎. 教育行政上の実際問題. 敬文館, 1922, 238p.

30)　東京都教育史：通史篇3. 東京都立教育研究所, 1996, 1074p.

31)　東京市事務報告書・財産表. 複製版, 東京都公文書館, 2007（CD-ROM）

32)　東京市組織の変遷：1922-1926　http://www.soumu.metro.tokyo.jp/01soumu/archives/0702c_
hensen_t2.htm（参照 2023 6 29）

33)　STU. 東京市立図書館の話（三）. 市立図書館と其事業. 1923, no.12, p.7-11.

34)　STU. 東京市立図書館の話（一）. 市立図書館と其事業. 1922, no.9, p.10-11.

35)　東京市立図書館一覧：大正9年－大正10年. 東京市立図書館, 1922, 36p.

36)　久保七郎. 京橋図書館の復旧に際して. 市立図書館と其事業. 1929, no.53, p.2-3.

37)　東京市立図書館京橋図書館沿革. 市立図書館と其事業. 1929, no.53, p.4.

38)　彙報：京橋図書館新館へ移転す. 市立図書館と其事業. 1922, no.6, p.4.

39)　奥泉和久. 『市立図書館と其事業』の成立と展開. 図書館界. 2000, vol.52, no.3, p.134-147.

40)　東京市立図書館報. 東京市立日比谷図書館, 1917, no.4, p.1.
　　同志社大学竹林文庫　https://doors.doshisha.ac.jp/duar/repository/ir/18439/?lang=0&mode=0&op
key=R144889820104744&idx=1&chk_schema=60000&cate_schema=60000（参照 2023-6-29）

41)　東京市立図書館案内. 市立図書館と其事業. 1921, no.2, p.8.

42)　東京市図書館の体系. 市立図書館と其事業. 1923, no.10, p.16.

43)　大正十一年に於ける東京市立図書館の概況（上）. 市立図書館と其事業. 1923, no.15,
p.6-12.

44)　竹内善作. その頃のことども. 図書館雑誌. 1941, vol.35, no.10, p.24-30.

45)　今澤慈海. 公共図書館は公衆の大学なり. 市立図書館と其事業. 1921, no.1, p.2-3.

46)　今澤慈海. 公共図書館の使命と其達成：人生に於ける公共図書館の意義. 図書館雑誌.
1920, no.43, p.1-6.

47)　東京市統計年表, 第12回. 東京市役所, 1915, 989p.

48)　東京市統計年表, 第13回. 東京市役所, 1916, 995p.

49)　東京市統計年表, 第14回. 東京市役所, 1917, 1143p.

50)　東京市統計年表, 第15回. 東京市役所, 1918, 1125p.

51) 東京市統計年表, 第 16 回. 東京市役所, 1920, 1215p.

52) 東京市統計年表, 第 17 回. 東京市役所, 1921, 1237p.

53) 東京市統計年表, 第 18 回. 東京市役所, 1922, 1197p.

54) 東京市統計年表, 第 19 回. 東京市役所, 1923, 1333p.

55) 今澤慈海. 大礼記念図書に就きて. 市立図書館と其事業. 1922, no.7, p.2-3.

56) 図書館調査に関する件東京府内務部長. (雑書冊の1　305.B4.27　東京都公文書館)

57) 小林正泰. 関東大震災と「復興小学校」：学校建築にみる新教育思想. 勁草書房, 2012,
356p.

58) "復興院と東京市の事業分担の範囲：継続事業を分割". 東京朝日新聞. 1923 年 10 月 12
日朝刊.

59) "小学校復旧費は区に補給：三千五百十九万二十円昨日市参事会で決定". 東京朝日新聞.
1924（大正 13）年 1 月 31 日朝刊.

60) 東京市統計年表, 第 24 回. 東京市役所, 1927, 1579p.

61) 東京市統計年表, 第 25 回. 東京市役所, 1928, 1729p.

62) 東京市統計年表, 第 26 回. 東京市役所, 1929, 1319p.

63) 東京市統計年表, 第 27 回. 東京市役所, 1930, 1181p.

64) 東京市統計年表, 第 28 回. 東京市役所, 1931, 1225p.

65) "市の大整理：先づ退職希望者を募る総数で約五百名". 東京朝日新聞. 1931 年 3 月 21
日夕刊.

66) 源川真希. 東京市政：首都の近現代史. 日本経済評論社, 2007, 374p.

67) 彙報：主管課の更改. 市立図書館と其事業, 1924, no.19, p.7.

68) 東京都教育会六拾年史. 東京都教育会, 1944, 867p.

69) 東京市図書館の現状. 市立図書館と其事業. 1924, no.17, p.62.

70) 東京市図書館の現状. 市立図書館と其事業. 1924, no.21, p.8.

71) 現在の東京市立図書館. 市立図書館と其事業. 1926, no.33, p.8.

72) 東京市立図書館案内. 市立図書館と其事業. 1927, no.42, p.20.

73) 彙報：東京市立図書館館則の改正. 市立図書館と其事業. 1927, no.46, p.14.

74) 東京市立図書館一覧. 東京市立図書館と其事業. 1928, no.48, p.24.

75) 東京市立図書館一覧. 東京市立図書館と其事業. 1932, no.61, p.12.

76) 東京市職員録, 昭和 3 年. 東京市役所, 1928, 258p.

77) 東京市職員録, 昭和 4 年. 東京市役所, 1929, 266p.

78) 東京市職員録, 昭和 5 年. 東京市役所, 1930, 237p.

79) 東京市職員録, 昭和 6 年. 東京市役所, 1931, 251p.

80) 東京市立図書館復興状況一覧. 市立図書館と其事業. 1929, no.50, p.4.

81) せめて三図書館を大々的に復興：一ツ橋＝京橋＝深川, 規模を日比谷図書館級に. 東京
朝日新聞. 1924 年 1 月 9 日朝刊.

82) 図書館建設工事（麹町小学校内併設）. (図書館費・臨時建築費冊の 1306.D8.02　東京都
公文書館)

83) 昭和五年中東京市立図書館の状況（一）. 東京市立図書館と其事業. 1931, no.59, p.9-15.

84)　昭和五年中東京市立図書館の状況（二）．東京市立図書館と其事業．1931, no.60, p.2-13.

85)　大震火災当時の東京市立図書館とその善後．市立図書館と其事業．1924, no.18, p.6-14.

86)　秋岡梧郎，中島春之，清水正三．関東大震災前後の図書館界：戦前における開架の動きを中心に．図書館雑誌．1968, vol.62, no.8, p.22-33.

87)　小谷誠一．名簿類の目録に就て．市立図書館と其事業．1925, no.39, p.12-13.

88)　古茂田甲午郎．東京市の小学校建築．建築学会，1927, 80p.（建築学会パンフレット，vol.1, no.6）

●第Ⅶ章●
その後の東京市立図書館
──市立図書館から都立図書館へ

　第Ⅰ章から第Ⅵ章までに，中心とするテーマに関する検討はほぼ終了した。本章では，その後，すなわち第二次世界大戦までの東京市立図書館について簡単に取り上げてみたい。前章では，今澤館頭が「規模拡張組織変更計画」を実現できなかった要因が，東京市の視点が急速に都市化の進む郊外地域にすでに移っていたにもかかわらず，依然として東京市中心の図書館サービスの展開を志向していたことにあったことを指摘した。明治末から先進的なサービスを展開していた東京市立図書館が，関東大震災後にどのように輝きを失い，消えていったのか，本章ではその経緯についてまとめてみたい。

郊外発展と市域の拡張

　『東京都の歴史』[1]によれば，1898（明治31）年に187万人余だった東京府の人口は，1920（大正9）年には370万人とほぼ倍増した。市部の人口はほぼ停滞期に入っており，市周辺郡部の市街地化が府人口の急増の要因であった。1923（大正12）年9月1日の関東大震災で，東京府内では死者・不明者約10万人，同時に発生した火災で，東京の下町は壊滅的被害を受けた。震災の翌日に元東京市長後藤新平が内務大臣に就任し，11億円に及ぶ「東京復興計画」が発表された。実際の事業は6億円余に縮小され，近代的な都市計画方法を導入した「帝都復興事業」が1923（大正12）年から1930（昭和5）年まで実施された。

　関東大震災以後，東京の大都市化は急速に進んだ。とりわけ旧市の外側に接した郊外の市町村では最も激しい都市化が進展した。隣接6郡では1920（大正9）年から1925（大正14）年までに人口がほぼ倍増し，「郊外に住み，市内に通勤する」という住居と職場の地域分化が進んだ。人口移動により郊外と市部を

結ぶ交通網の整備が進み，市内と郡部を結ぶ私鉄の発達が促進され，こうした鉄道の発達は人口移動にさらに拍車をかけた[1]。

　東京郊外の農耕地は急速に住宅地や工場用地へと変貌していった。人口移動の大部分は，市部に定着できない低所得低資産層，担税力の乏しい勤労階級で占められた。彼らの都市的施設に対する要求は切実だったにもかかわらず，市町村はその財政需要に見合った財源が調達できず，その財政困難は深刻化していった。低所得層や低資産層の人々の増加とその定着は道路，学校，上下水道，社会施設などの公共資本のさらなる不足を引き起こし，社会問題の要因になった。

　1932（昭和7）年10月1日には隣接82か村が合併され，大東京市が成立する。東京市の人口は1930（昭和5）年の国勢調査時に207万人であったが，1932（昭和7）年の推計人口は，531万人に達している[2]。人口からみると，東京市はニューヨーク市に次ぐ世界第2位の規模を持つ大都市に変貌した。東京市は市域の拡張によって，行政領域の拡張と人口倍増の両方を実現することができた。しかし，同時に編入した町村の財産，負債，職員も引き継ぐことになった。市域の拡張後も人口流入は続き，新市域と旧市域の道路，上下水道，教育施設などの状況には大きな格差が生じていた。東京市にとって，編入地域の都市的施設拡充が大きな課題となった。

市域拡張後，戦時下の東京の財政

　東京といっても，府，市，区によってその財政状態は大きく異なる。東京府の状況は，東京市が新市域の都市的施設の拡充や公共事業経営の悪化にともなう経費膨張による赤字財政に苦しんでいたのとは対照的だった。東京府は1934（昭和9）年以降は，財源と好況に恵まれ，市域拡張後は新市域の土木事業の縮小により，多額の剰余金を有することになった。

　東京市は市域の拡張によって，既存15区と新たに編入した20区をあわせて35区から構成されるようになった。区全体の歳出規模は約3倍強に増加し，教育費がこのうちの80％を占めた。その大部分が小学校の二部授業の解消のための校舎建設費にあてられた。区の歳入は区に属する市税が40％，市からの補助

金が30%を占めた。つまり，小学校校舎の建設費のほとんどは市からの補助金で賄われており，区の財政は著しく制約されていた。さらに1940（昭和15）年の地方税制改革により，4月1日に区に属する市税が廃止された。財政交付金制度が設けられ，1941（昭和16）年2月の学区廃止により，区の財産権は大幅に縮小された[3]。

　日中戦争の勃発を契機に，政府による地方団体の締め付けは厳しさを増し，地方団体は予算の緊縮整理の徹底と時事関連経費の重点的集中への転換を求められた。歳出では，時局に関連した防空施設の整備や企業整備のための社会事業費が増加し，時局に関連しない土木事業費などは減少傾向をたどった。

　1943（昭和18）年7月には，東京府と東京市が合体し，東京都制が施行された。戦局の傾きとともに府市の二重行政に代わって，統合と強化が強められた。都民生活は窮乏し，生活必需物資の欠乏が生じ始めていた。東京都の財政も戦況を反映し，戦争関連経費が圧倒的に高い比重を占めるようになった。

東京市立図書館網の解体と図書館活動の停滞

　東京市立図書館では，1915（大正4）年4月1日に新たな市立図書館規程が施行され，日比谷図書館を中心とした館頭，主任，監事による命令系統と図書館網の統一が実現した。この図書館体系による活発な活動が展開された時期は，東京市立図書館の黄金期と称される[4]。関東大震災で東京市立図書館は甚大な被害を受けるが，1928（昭和3）年までに震災までの復興は完了している。ところが，1931（昭和6）年3月29日の今澤慈海館頭の退任とともに黄金期は終焉を迎えた。

　1931（昭和6）年4月1日には処務規程が改められ，日比谷，駿河台，京橋，深川の各館に館長，その他の図書館には監事が置かれた。日比谷図書館長に他館との直接的な関係や責任はなくなり，各図書館は東京市教育局長の監督下に置かれるようになった。今澤退任の3日後の4月1日に処務規程が改正され，図書館網は解体されたのである。これにより，各館は個々に運営され，図書館間の事業連絡は教育局社会教育課図書館掛が行うようになった。この図書館網の解体により，東京市立図書館は不振の時代に入った。

今澤の退任とその中央図書館構想

　退任後の今澤は,『読売新聞』1931（昭和6）年4月に「図書館と自分と」[5]－[7]を発表し，自らの23年間に及ぶ日比谷図書館生活を振り返っている。4月12日付の記事の中で，今澤は日比谷図書館を市中央図書館として恥じない図書館とするために，個人の委託文庫を作り，委託者が自分の書斎にいるような快適な読書室を与えるなどの提案をした。この提案は，一時は実現に近いところまでいったが，予算の都合で思うようにならなかった。せめて市立図書館網を完成して図書館を去りたかったと当時の状況を回顧している。

　弥吉光長（1900-1996）の「今澤慈海先生の回想」[8][p.4]には，1931（昭和6）年3月の退任時の今澤の様子について，人間は引き際が大切であり，東京市が自分を余計者と思い始めたので急いで身を引かねばならないと語ったとある。弥吉は，今澤は図書館予算が通らなかったために辞表を提出したとしている。

　実現できなかった今澤の中央図書館構想は，どのようなものだったのだろうか。1928（昭和3）年9月の『東京市立図書館と其事業』第47号の「東京市に中央図書館を建設すべきこと及び其規模に就て」[9]の中で，今澤は次のように述べている。一般閲覧人が増加し，読書程度が著しく進歩し，官庁，銀行，会社等による参考図書の借用希望も増加している。中央図書館は通俗図書館と参考図書館を兼ねることが求められている。東京市に中央大図書館を設け，閲覧室を拡張し，市政参考，大講演室等を付設する。図書館と，家庭文庫を含む巡回文庫を設け，独立の建物を有する図書館は市中央図書館の分館として位置づけ，大々的に読書趣味の開発に取り組むべきである。

　市立図書館を拡張するためには，新たな財源が必要となる。そのために今澤は図書館税を徴収し，欧米にならって直接国税の市税付加税の10分の1以内を財源にあてることを想定していた。アメリカにおける4都市(ニューヨーク，フィラデルフィア，クリーブランド，インディアナポリス)を具体例として取り上げている。さらに，今澤は中央本館の規模を決定するには，その都市の富力，人口，風習，現在の施設等の条件を十分に勘案し，現状のみならず将来の発展を予想して選ぶ必要があると指摘している。

　今澤は東京市立図書館網の構築によって得られた閲覧人数の増加や利用者の

読書程度の向上などの成果を生かし，東京市立図書館を新たな段階に進めることを提案している。今澤は関東大震災以前の1921（大正10）年頃から東京市の依頼で図書館規模拡張計画の検討を開始していた。そして，通俗図書館機能と参考図書館機能を併せ持った中央図書館を建設し，東京市の図書館網の拡充を図ることが必要であると主張していた。

　すでに述べたように今澤は退任にあたり，この中央図書館構想を一時は実現に近いところまで漕ぎつけた案だが，予算のために実現しなかったと回顧している。今澤は東京市立図書館を退任した1931（昭和6）年に「図書館教育」と題した文章を発表しており，その中で図書館事業の発展はその収入の確実程度と大いなる関係があるとし，英国と米国の図書館税の制度を取り上げ，次のように説明している[10]。

　英国については，1855年にアイルランド，スコットランド，イングランド全部に一般図書館条例が適用され，庭園および農業地に対してわずかに免除または軽減するほか，全所有物の1年の評価額の1ポンドにつき1ペニーを限度とした課税が認められている。これにより，英国本土の公共図書館は顕著な発展を示している。一方，米国では図書館税は各州一様ではないが，一般に1ドルについて1ミルが設定されている。公共図書館の維持費として，米国図書館協会の「図書館歳入調査委員」によると，1つの市に図書館を設け，よい図書館員を任命し，近代公共図書館として運用するには，その市の住民の有権者数1人頭，年1ドルを最小限度として支出するのが適当であるとされている。

　さらに今澤は日本について，図書館財政は貧弱であり，英米のように目的税としての図書館を許さず，学校教育万能主義の夢が冷めないために，図書館が一般に理解されず経費の支出が貧弱であると指摘している。しかし，当時の東京市の財政困窮状況，郊外への人口移動の継続，激しい都市化の進展などを考えあわせると，財源として財政制度の仕組みが日本とはまったく異なり，個別の目的税的な位置づけにあった英米を根拠に図書館税を論じることにはかなり無理があったと考えられる。

　1915（大正4）年4月に守屋恒三郎が日比谷図書館長から教育課長となり，今澤がその後任として館長職に就任する。今澤が方針を引き継ぎ守屋教育課長と

連携しながら実践することで,日比谷図書館を中心とした図書館体制が実現し,いわゆる黄金期の図書館事業が展開された。しかし,1928（昭和3）年の今澤による中央図書館構想は,当時の東京の現実や行政需要や課題とかけ離れていた。第Ⅵ章の関東大震災後の図書館員数の中で取り上げたように,1928（昭和3）年は主事の人数が1名から2名に増員された時期にあたる。このころから理想と現実の乖離が人事面でも,影響し始めていたことが推測される。語学堪能な今澤は,外国文献を基に英米の図書館諸事情を根拠として主張を展開していた。ところが,最も重要な東京の現実や実情が考慮されていなかった。この現実との乖離が,今澤の図書館構想が理想主義的とみなされ,その実現を難しくした要因になったと考えられる。

市域拡張後の東京市立図書館

1932（昭和7）年の市域拡張により,市立図書館は市域拡張以前に存在した町立図書館4館（渋谷,中野,寺島,西巣鴨）が東京市に移管された。また,私立品川図書館の施設と蔵書が東京市に寄付され,市立品川図書館として開館している。しかし,新市域と旧市域では図書館設置状況には依然として大きな格差が存在し,図書館が存在しない15区の図書館整備の必要性に迫られていた。

1933（昭和8）年6月に図書館令が改正され,中央図書館制度の法的な根拠が確立するが,東京市立図書館は中央図書館制を導入せず,各館個々の形で運営された。1942（昭和17）年5月に処務規程が改正され,日比谷図書館は他の館に対して直接の責任を持つことになった。日比谷図書館長のもとに管理掛,事業掛が設けられ,他の市立図書館を指導し,連絡統一を図ることになる。

1943（昭和18）年7月に,東京市と東京府が合併されて東京都が誕生し,これにより,東京都は文部大臣の認可を得て日比谷図書館を中央図書館に指定した[11]。しかし,同じ中央図書館制といっても,戦況が悪化の一路をたどる中での中央図書館体制は,今澤が志向していた中央図書館を中心とした図書館網の拡充によるサービス展開とはまったく異なっていた。

東京市立図書館の黄金期,その先進的サービスはいかにして実現されたのか。それを考える上での重要なポイントとして,大胆な経営方針の転換や経営革新

を推進したことをあげることができる。東京市立図書館の経営は，常に東京の変遷や都市問題を踏まえながら，都市東京の行政需要や財政事情に配慮しながら展開されていた。関東大震災以後に東京市立図書館が急速な復興を遂げる背景には，関東大震災以前から今澤が策定していた規模拡張組織変更計画が存在している。

　しかし，東京市立図書館の経営は次第に東京の行政需要や財政実態に合わない状況が生じ始め，東京市立図書館の経営上の対処と東京市の現実に大きな食い違いがみられるようになる。計画にみられる現実との乖離が東京市立図書館を停滞期に導き，その輝きを急速に失わせた大きな要因になったものと考えられる。

　東京市立図書館の成長，繁栄，衰退について当時の新聞や公文書類等を基に，東京市立図書館の変化を詳細に追い，設置母体である東京市の変化と対照して分析を行ってきた。東京市立図書館の歴史は，その背景となる東京市の政治的，社会的，経済的な変化等と密接に結びついている。図書館史を研究するにあたって，図書館だけではなく，より広い観点からとらえることでさまざまな発見があった。

　東京では日比谷図書館の開設以前から，都市東京にはどのような図書館がほしいか，どのような図書館が必要かという論議が繰り返し行われていた。日比谷図書館設立後に相次いで学校付設の図書館が設立され，1915（大正4）年の組織改正により東京市立図書館網が構築された。この図書館網をめぐって人々の期待や夢の実現が図られた。しかし，1931（昭和6）年4月に図書館網は解体され，東京市立図書館は東京市教育局の直接監督下に置かれた。この年の9月には満州事変が勃発し，日本は日中戦争，太平洋戦争への道を進んだ。翌1932（昭和7）年には市域拡張により大東京市が誕生したが，東京市立図書館は衰退していった。東京市立図書館規模拡張組織変更計画の推進を阻んだのはどのようなことだったのか。東京市の行政側と図書館との間にいかなる考え方の相違が生まれたのか。図書館網計画をめぐる夢と現実について，引き続き多角的な視点から一次資料に基づいた研究を続けていきたい。

注・参考文献

1) 竹内誠ほか著. 東京都の歴史. 山川出版社, 1997, 349p.

2) 東京市統計年表, 第29回. 東京市役所, 1933, 1155p.

3) 東京都財政史研究会. 東京の財政百年の歩み. 東京都, 1971, 179p.

4) 細谷重義. 東京市立図書館の変遷：日比谷の創立から現代まで. ひびや. 1958, no.4, p.1-5.

5) 今澤慈海. "図書館と自分と：日比谷の二十三年を顧みて, 上". 読売新聞. 1931（昭和6）年4月9日朝刊.（新聞集成図書館　第3巻：大正・昭和戦前編, 大空社, 1992, 370p.）

6) 今澤慈海. "図書館と自分と：日比谷の二十三年を顧みて, 中". 読売新聞. 1931（昭和6）年4月11日朝刊.（新聞集成図書館　第3巻：大正・昭和戦前編, 大空社, 1992, 370p.）

7) 今澤慈海. "図書館と自分と：日比谷の二十三年を顧みて, 下". 読売新聞. 1931（昭和6）年4月12日朝刊.（新聞集成図書館　第3巻：大正・昭和戦前編, 大空社, 1992, 370p.）

8) 弥吉光長. 図書と師友への随想. 日外アソシエーツ, 1983, 163p.（弥吉光長著作集　6）

9) 今澤慈海. 東京市に中央図書館を建設すべきこと及び其規模に就て. 東京市立図書館と其事業. 1928, no.47, p.2-6.

10) 今澤慈海. 図書館教育. 岩波講座教育科学. 第2冊. 岩波書店, 1931, 106p.

11) 東京都公立図書館長協議会編. 東京都公立図書館略史：1872-1968. 東京都立日比谷図書館, 1969, 193p.

東京市立小学校並市立図書館分布図（附中等学校）

出典：『東京市教育復興誌』東京市編，1930　東京都立中央図書館所蔵

東京市立図書館関係年表

年	月	東京市立図書館関係事項	月	東京市や社会情勢の関連事項
1871（明治4）			7	廃藩置県
1872（明治5）			8	文部省が博物局所管の下に書籍館を設立し，開館
1875（明治8）			2	書籍館　博物会事務局より分離文部省所轄となる
			5	文部省は東京書籍館を開館
1877（明治10）			2	東京書籍館文部省の管轄から東京府所属へ（5月開館）
1878（明治11）			11	郡区町村編制法により，東京府は新たに15区6郡に改編
1880（明治13）			7	東京府書籍館を文部省の所轄とし，東京図書館と改称
1882（明治15）			12	図書館示諭事項
1887（明治20）			3	大日本教育会付属書籍館を一ツ橋通町に設置
1888（明治21）			4	市制町村制公布
			7	「東京図書館規則」制定
			8	東京市区改正条例の公布
1889（明治22）			3	東京図書館官制公布
1891（明治24）			9	大日本教育会付属書籍館書庫新築落成式，辻新次落成式演説
1892（明治25）			3	日本文庫協会創設（1908年3月日本図書館協会と改称）
1894（明治27）			8	日清戦争（1895年4月まで）
1896（明治29）			12	大日本教育会国家教育会と合併し，帝国教育会となる
1897（明治30）			4	帝国図書館官制
			6	東京図書館が帝国図書館となる
			11	全国小学校尋常科の授業料月額制限を機に東京市会を中心に学政統一問題が発生
1898（明治31）			4	東京府の勧告(10か年以内に市

年	月	事項	月	事項
				の負担による小学校90校の増設）
			10	市制特例を廃止し，東京市は市制により一般市となる 第1代東京市長松田秀雄就任（1903年6月まで）
1899（明治32）			11	図書館令制定
1900（明治33）	11	東京市教育会調査部伊東平蔵等の図書館設置案の作成提案（11月7日） 東京市立図書館の規模につき東京市より諮詢せられたき旨,日本文庫協会より申出（11月17日） 東京市教育会調査部会案（中央図書館及び支館設置案）の作成提案（11月27日）	7	東京市教育会創設
1901（明治34）			3 5 12	東京市教育会評議員会「図書館設置の方法に関する件」を決定 坪谷善四郎が東京市議会議員に当選 東京市教育会は社団法人となり，調査委員として中鉢美明，渡瀬寅次郎，坪谷善四郎，松山傳十郎を選任
1902（明治35）	10	『東京教育時報』に寺田勇吉「東京市に通俗図書館設置に関し富豪家に望む」，坪谷善四郎「東京市立図書館論」を発表	6 10	私立大橋図書館開館 東京市教育会長，東京市長に「通俗図書館設立建議書」を提出
1903（明治36）			6	1902年起工した日比谷公園が開園 東京市教育会評議員会で通俗図書館の設置無期延期を決定 第2代東京市長尾崎行雄市長就任（1908年9月まで）
1904（明治37）	3	東京市会において,坪谷善四郎	2	日露戦争（1905年9月まで）

	7	等が提出した市立図書館設立の建議を議決 寺田勇吉，『教育時論』に「東京市図書館の創立に就て」を発表		
1905（明治38）	7	尾崎東京市長，東京通俗図書館建築の設計案に関して，日本文庫協会の意見を徴す。和田万吉，日本文庫協会より東京通俗図書館建築設計案に関して答申	7	戸野周二郎教育課長就任
1906（明治39）	4	通俗図書館設置のため，調査費を設け，日比谷公園内に位置を確定	3	帝国図書館新築落成，開館式挙行
	7	建設費予算 133,180 円を市会で議決	4	三橋四郎，東京市技師に任用（1908 年 4 月に辞任）
	9	東京市立図書館設立趣旨書が出される	10	竹貫直人，竹貫少年図書館設立
	10	東京市図書館準備事務所を市役所内におく 東京市立図書館開館準備のため，伊東平蔵を主事に嘱託		
	11	東京市日比谷図書館と命名 坪谷善四郎，江戸名所図会外 55 種 87 冊を寄贈 日比谷図書館備付図書選択標準公表		
	12	図書館評議委員決定（肥塚龍，田中稲城，稲茂登三郎，市島謙吉，林謙三，中鉢美明，坪谷善四郎） 文部大臣より日比谷図書館設置の認可 東京市日比谷図書館を東京市立日比谷図書館と名称訂正		
1907（明治40）	11	雑誌『建築世界』に日比谷図書館仕様設計書掲載開始（1908 年 9 月まで掲載）	9	高楠順次郎により日英文庫（Dulce Cor Library）東京市へ寄託請願

		東京外国語学校より日英文庫図書受領 東京市立日比谷図書館開館準備に渡邊又次郎を嘱託	10	日英文庫受入決定
1908（明治41）	1	東京市立日比谷図書館処務規程制定	9	第3代東京市長尾崎行雄就任（1912年6月まで）
	3	東京市立日比谷図書館渡邊又次郎主事就任	10	南葵文庫公開式（10月10日〜14日）
	8	日比谷図書館建物落成（9月上旬移転）	12	戸野周二郎「今後十年間に於ける東京市の教育」を東京新聞記者に語る
	11	東京市立日比谷図書館（11月16日開館式，21日開館） 東京市立日比谷図書館閲覧規程制定 東京市立日比谷図書館規定制定		
1909（明治42）	1	戸野周二郎『学校及教師と図書館』を刊行		
	9	東京市立深川図書館閲覧開始		
1910（明治43）	6	日比谷図書館館外図書帯出（貸出）開始		
1911（明治44）	6	帝国教育会附属書籍館は東京市に委託され，10月東京市立神田簡易図書館として開館（1912年7月神田第一簡易図書館と改称，大正2年4月一橋図書館と改称）	3	市制町村制の改正
			8	東京市が東京鉄道を買収，東京市電経営
			9	電気事業の開始にともない東京市の歳出増大，市債の急増 八王子町立図書館設立
	11	日比谷図書館主事に守屋恒三郎就任		
1912（明治45）			3	東京市会が「市立小学校建設費補給ニ関スル建議」（小学校建設費用の全部を市補給）を決議
			7	第4代東京市長阪谷芳郎就任（1915年2月まで） 天皇没，大正と改元
1913（大正2）	4	東京市立図書館館則，閲覧規		

220

		程，帯出規程を制定 市立簡易図書館を自由図書館に変更			
1914（大正3）	8	両国図書館，中和図書館が閲覧を開始（市立図書館は合計19館となる）	4	京王電鉄（笹塚調布間）の開通
			6	東京市会議員総選挙で常盤会が大敗（非常盤会系議員により新会派市政倶楽部が組織された） 東京市会で市政検査委員会の設置を決議
	10	一橋図書館が館外貸出を開始		
	12	今澤慈海が，守屋恒三郎の後任の日比谷図書館主幹となる	7	第一次世界大戦が勃発，日本参戦（1919年1月パリ講和会議まで）
			12	東京市会に，第1回市政検査委員会報告（市公金管理に関する事項の検査報告）提出 東京市が三部制を廃止し，11課制を導入 戸野周二郎教育課長が下谷区長へ転任。後任として守屋恒三郎が教育課長に就任
1915（大正4）	3	東京市立図書館処務規程改正 日比谷図書館を中央図書館とする図書館網が形成され，新体系が構成された	1	日本，中国に対華21か条の要求を提出
			2	東京市会に，第2回市政検査委員会報告（市教育事務に関する検査報告＝1913年12月26日付）を提出
	4	組織改正の実施。今澤慈海，東京市立日比谷図書館館頭に就任。学校付設図書館に監事を置く	6	第5代東京市長奥田義人就任（1917年8月まで）
	5	同盟貸付の開始	11	大正天皇即位礼
	12	即位礼に際して東京市に下賜された10万円を基金としてその利子を図書費とする大礼記念図書を収集することになる	12	東京株式市場大暴落により大戦景気始まる
1916（大正5）			9	工場法施行
1917（大正6）	9	『東京市立図書館報』刊行開始	10	八王子町立図書館が市制施行により，八王子市立図書館と改称

1918（大正7）			4	第6代東京市長田尻稲次郎就任（1920年11月まで）
			8	富山県で米騒動，以後全国に波及
1919（大正8）			5	東京市守屋教育課長更迭
			8	カーネギー死去
1920（大正9）	5	今澤慈海「公共図書館の使命と其達成：人生に於ける公共図書館の意義」を講演（第15回全国図書館大会）カーネギー寄贈図書が日比谷図書館に届けられる	12	第7代東京市長後藤新平就任（1923年4月まで）
1921（大正10）	4	「カーネギー国際平和財団文庫」寄贈図書授与式実施	5	市役所に社会教育課が新設される
	10	東京市立図書館報『市立図書館と其事業』刊行		
1923（大正12）	9	関東大震災により日比谷等3館破損，各市立麹町等12館焼失	5	第8代東京市長永田秀次郎就任（1924年9月まで）
1924（大正13）	3	震災で失われた12館のうち6館が仮校舎内図書館として復旧	7	南葵文庫寄贈式（東京帝国大学へ寄贈）文庫廃止を開申
	4	市立図書館分類改訂，新分類による整理開始	10	第9代東京市長中村是公就任（1926年6月まで）
	7	一橋，京橋，深川の3図書館の独立館としての建設決定		
1926（大正15）	3	市立図書館『和漢図書分類表並ニ索引』刊行	7	第10代東京市長伊沢多喜男就任（10月まで）
	9	台南図書館開館	10	第11代東京市長西久保弘道就任（1927年12月まで）
			12	天皇没，昭和と改元
1928（昭和3）	10	伊東平蔵「廿年前に於ける我が國図書館事業を顧みて」講演	1	第12代東京市長市来乙彦就任（1929年2月まで）
1929（昭和4）			4	第13代東京市長堀切善次郎就任（1930年5月まで）
1930（昭和5）			3	『東京市教育復興誌』刊行

			5	第14代東京市長永田秀次郎就任（1933年1月まで）
1931（昭和6）	4	東京市立図書館処務規程改正（市立図書館全館が市教育局長の監督下に置かれる）	9	満州事変始まる
1932（昭和7）			10	大東京市誕生（5郡82町村を20区に統合，旧15区にあわせて35区となる）
1938（昭和13）	10	日比谷図書館改修工事着手（1939年3月改築落成）		
1939（昭和14）			9	第二次世界大戦始まる
1943（昭和18）	7 10	都制施行により市立図書館はすべて都立図書館となる 東京都立日比谷図書館は図書館令による中央図書館に指定	7	東京都発足
1945（昭和20）	5	日比谷図書館戦災により建物焼失	3 8	東京大空襲 終戦　日本降伏
1957（昭和32）	10	東京都立日比谷図書館新築落成		
1959（昭和34）	3	『五十年紀要』出版		
1973（昭和48）	1	東京都立中央図書館開館		
2009（平成21）	3	東京都立日比谷図書館閉館（7月，千代田区へ移管）		
2011（平成23）	11	千代田区立日比谷図書文化館開館		

索引

■著者紹介

吉田　昭子（よしだ・あきこ）

文化学園大学国際文化学部教授。慶應義塾大学大学院文学研究科博士課程後期単位取得退学。論文「東京市立図書館の成立と変遷：設立論議から黄金期まで」で学位（図書館・情報学博士）を取得。東京都立中央図書館，東京都立大学附属図書館等で司書として勤務。論文「東京市立日比谷図書館構想と設立経過」により 2011 年三田図書館・情報学会賞受賞。専門は東京等の日本公共図書館史，レファレンスサービスに関する研究等。著書に『新訂情報サービス論』（共著，東京書籍）等。

東京市立図書館物語──戦前の市立図書館網計画をめぐる夢と現実

定　価：本体 3,000 円（税別）

2024 年 4 月 30 日　　初版第 1 刷発行

著　者　吉田昭子

発行者　公益社団法人　日本図書館協会
　　　　〒 104-0033　東京都中央区新川 1 丁目 11-14
　　　　Tel 03-3523-0811（代）　FAX 03-3523-0841

印刷所　㈱丸井工文社

JLA202403　　　　　　　　　　　　　　　　　　　　　Printed in Japan

ISBN978-4-8204-2401-7

本文の用紙は中性紙を使用しています